W0059630

Knaur.

Von Oliver Stöwing außerdem bei Knaur erschienen:
Wann kommt denn endlich der blöde Prinz
auf seinem dämlichen Gaul? (79856)

Über den Autor:
Oliver Stöwing ist Sprachwissenschaftler mit Zusatzausbildung Psychologie, Kommunikationspsychologie und NLP. Er war jahrelang Society-Reporter und arbeitet heute als Journalist in Berlin. Mit diesem Buch schließt er an seinen Bestseller *Wann kommt denn endlich der blöde Prinz auf seinem dämlichen Gaul?* an.

Oliver Stöwing

Warum ruft der blöde Prinz denn nicht mehr an?

100 Wahrheiten, die jede Frau kennen sollte

KNAUR TASCHENBUCH VERLAG

Besuchen Sie uns im Internet:
www.knaur.de

Originalausgabe April 2011
Copyright © 2011 by Knaur Taschenbuch.
Ein Unternehmen der Droemerschen Verlagsanstalt
Th. Knaur Nachf. GmbH & Co. KG, München.
Alle Rechte vorbehalten. Das Werk darf – auch teilweise – nur mit
Genehmigung des Verlags wiedergegeben werden.
Redaktion: Bettina Huber
Umschlaggestaltung: ZERO Werbeagentur, München
Umschlagabbildung: Buena Vista Images / artpartner-images
Satz: Adobe InDesign im Verlag
Druck und Bindung: CPI – Clausen & Bosse, Leck
Printed in Germany
ISBN 978-3-426-78439-6

2   4   5   3

Vielen Dank an die Menschen,
die mir für dieses Buch Privates verraten haben.

»Die Liebe, welch lieblicher Dunst!
Doch in der Ehe, da steckt die Kunst!«
Theodor Fontane

Inhalt

Einleitung

Der Tag, an dem ich den verschollen geglaubten **Andreas** *auf Facebook entdeckte, war ein Tag, an dem seine Freundin* **Sarah** *eine neue Lektion über Männer lernte. Leider keine gute. Sieben Monate waren sie zusammen ausgegangen. Und nun plötzlich Funkstille. Er rief einfach nicht mehr an. »Er meldet sich bestimmt bald, ist einfach gerade nur wahnsinnig beschäftigt«, sagte sie nervös. »Bestimmt«, sagte ich lahm und dachte: »Träum weiter.« »He, denkst du gerade ›Träum weiter‹?«, fuhr Sarah mich an. Sie kennt mich einfach zu gut. Hastig sagte sie: »Er ist Polizist bei einer Sondereinheit. Er ist bestimmt wieder auf einem gefährlichen Einsatz, beschützt Politiker und Botschafter oder Wahlurnen in Bagdad oder Afghanistan. Vielleicht wühlt er sich durch wüstenartige Grenzgebiete, um Osama bin Laden zu finden. Auf solchen Missionen ist der Handy-Empfang nicht immer perfekt.« Plötzlich bekam sie einen angstvollen Ausdruck: »O Gott, was ist, wenn ihm was passiert ist? Was ist, wenn er mit verbundenen Augen vor Plakaten mit arabischen Schriftzeichen kniet und vermummte Männer Macheten an seinen Hals halten? Ich mache mir schreckliche Sorgen! Er hat ja auch seit zwei Wochen nichts bei Facebook gepostet!« Da wusste ich, dass der Moment gekommen war, grausam zu sein: »Gibt es in Bagdad Wodkakübel und halbnackte Transvestiten, die in Käfigen tanzen?« Sie sah mich an, als sei ich irre. Deswegen warf ich den Laptop an, loggte mich bei Facebook ein und zeigte Sarah ein Profil. Nicht das von Andreas, sondern das von einem seiner Kumpel, mit dem ich »befreundet« war. Er hatte ganz frisch Partyfotos von sich aus dem Club Space auf Ibiza gepostet. Neben ihm: Andreas. Er trug ein Muskel-Shirt mit der Aufschrift »Lost in Space« und eine verspiegelte Sonnenbrille, riss beide Arme in die Höhe, und zwei Partygirls in Hotpants tanzten ihn an. »Oh«, sagte Sarah. »Es geht ihm also gut.« Sie schluckte, sagte dann: »Dieses bekloppte Face-*

book raubt einem ja jede Heldenillusion.« Sie schluckte noch einmal und klickte dann zur Seite von »Air Berlin«. »Was tust du?«, fragte ich. Sarah: »Ich buch einen Flug nach Ibiza. Die Saftnase stelle ich vor Ort zur Rede.« »Tu es nicht«, warnte ich. »Da kannst du dir besser hier Sand in deine Wohnung schütten, einen Bikini anziehen und weinen. Das hätte denselben Effekt, und du sparst dir das Geld fürs Flugticket.«

Nicht viel besser erging es **Doro**. *Sie war zu einem neuen Zahnarzt gegangen, ein junger Typ, der ihre kräftigen Zahnwurzeln und ihr rosiges Zahnfleisch bewundert hatte. Sie hatten sich dann auch privat getroffen, Doro hatte ihn verführt, indem sie kraftvoll in einen Apfel biss. Es folgten ein paar Monate Paradies. »Ein Zahnarzt!«, hatte Doro gejubelt. »Da hat Gott wohl doch die Gebete meiner Mutter erhört! Wie geschickt er Sachen einfädelt, wenn er sich mal Mühe gibt!« Irgendwann nach rauschhaftem Sex im Anschluss an seine Sprechstunde auf seinem Zahnarztstuhl hatte sie ein paar verhängnisvolle Worte ausgesprochen, darunter »Zukunft«, »Perspektive«, »bin dreißig und ein paar Gequetschte«, »Eltern vorstellen«. Er stammelte irgendetwas wie »bin noch nicht so weit« und »bei Kindergeschrei krieg ich Zahnschmerzen«, sortierte hektisch seine Instrumente und meldete sich dann nicht mehr. Doro, nicht der Typ, um lange zu warten, rief selbst an, erreichte immer nur die Mailbox. Dann eine SMS: »Musste verreisen, um einen klaren Kopf zu bewahren. Melde mich, wenn zurück. Kuss.« Auch Doro hatte Krisengebiet-Phantasien, stellte sich vor, dass er, aufgewühlt von seiner Liebe zu ihr, für »Ärzte ohne Grenzen« Kinderzähne in Haiti behandelt und sich mit Dengue-Fieber ansteckt. Fiebrig auf einem Feldbett wird ihm klar, dass nur ein Leben mit ihr, Doro, für ihn einen Sinn ergibt. Aber da sein iPhone auf Haiti in den Besitz von Menschen übergegangen ist, die es dringender benötigen, kann er sie nicht erreichen.*

So falsch lag Doro mit ihren Phantasien gar nicht, wie sie von ihrer Freundin Vera erfuhr. Deren Haushaltshilfe putzte auch beim Zahnarzt und war immer für eine Indiskretion zu haben. Sie berichtete Folgendes: Der Zahnarzt war zu dem Zeitpunkt wirklich in der Karibik, allerdings auf Martinique. Er begleitet seine neue Freundin, eine finnische Tierfilmerin namens Anniki, die dort einen Film über Kolibris drehte. Er hatte Anniki kennengelernt (»eine sehr nette Mädchen und sooo hübsch wie eine Sommertag in Georgien!«), als sie sich bei ihm drei neue Zähne einsetzen ließ. Die waren ihr bei Dreharbeiten in Afrika von einem Gnu ausgetreten worden.

Wochen später erkannte Doro ihren Zahnarzt im Supermarkt, rammte ihm an der Gemüseabteilung ihren Einkaufswagen in die Kniekehlen und lächelte zuckersüß: »Is' was, Doc?« »Dorothea!«, *stammelte er.* »Ich wollte dich anrufen, aber ...« »Dorotheaaaa«, *äffte sie nach.* »Hör mal zu, du mäulerdurchwühlender Halbaffe, Frauen haben sich das Wahlrecht erkämpft, Deutschland aus Trümmern aufgebaut, BHs verbrannt, und wir sind Bundeskanzler. Wie kommst du da drauf, dass eine Frau im Jahr 2010 nichts Besseres zu tun hat, als auf den Anruf eines Zahnarztes zu warten? Wenn du keine Lust mehr hast, sei Mann genug und ruf an und sag es!« *Sie rammte ihm den Einkaufswagen gegen die Kniescheiben. Doro kann wütend sehr angsteinflößend wirken.* »Sag es wenigstens jetzt. Was war los?« »Es lässt sich nicht in ein, zwei Sätzen sagen, es ist sehr komplex ...«, *stotterte er. Sie bedrohte ihn mit einer steinharten Avocado aus ihrem Wagen:* »Was war los?« *Hastig sagte er:* »Es hat nicht richtig gefunkt zwischen uns. Und dann traf ich Anniki, und es funkte.« »Das war wirklich komplex«, *sagte Doro.* »Danke, dass du dir die Zeit genommen und es mir erklärt hast.« *Dann legte sie die Avocado zurück in den Wagen und ging.* »Doro?«, *rief er hinterher. Sie drehte sich um.* »Ist es okay, wenn ich dir fürs letzte Bleeching und die Zahnreinigung noch die Rechnung schicke? Beides wäre noch offen.« »Ist es okay für dich, wenn du gleich an deinen eigenen Genitalien erstickst?«, *sagte sie und ging zur Kasse.*

»Warum sagen Männer nie, was los ist?«, fragte Doro, als sie später im Freundeskreis ihre Geschichte erzählte, die sich so oder ähnlich zugetragen hatte. »Oliver, du hast ein Buch geschrieben, was man tun kann, damit der blöde Prinz mit seinem Gaul kommt. Aber du hast nichts gesagt, wie man sich verhält, wenn sich der Prinz in einen Frosch verwandelt. Und woran liegt es, wenn Männer sich im Morgengrauen davonstehlen und wegreiten, weil sie denken, woanders wäre es noch besser? Die wahren Gründe erfährt man nie, und man bleibt allein mit seinen Spekulationen.«

Sind Prinzen wirklich Telefonmuffel und Kommunikationsverweigerer?

Ich beschloss, ihren Fragen nachzugehen. Warum rufen Männer nicht mehr an? Oder warum rufen sie manchmal nicht mehr so gerne an? Warum machen sie sich meistens so sang- und klanglos aus dem Staub? Warum würden sie sich auch in längerfristigen Beziehungen manchmal am liebsten absetzen, auch wenn sie es nicht tun? Was nervt sie an ihrer Partnerin? Und vor allem, warum können sie ihrer Liebsten nicht verständlich machen, was sie wirklich stört? Ein Jahr lang sammelte ich Männerbeschwerden. Ich wollte, dass Frauen erfahren, was Männer wirklich denken, was sie (in den meisten Fällen zumindest) höchstens untereinander bereden, wenn Bier ihre Zungen in Schwung bringt. Ich stellte fest, dass sich viele Beschwerden erstaunlich glichen. Ich beschloss, Frauen mit den Beschwerden zu konfrontieren. Was hatten sie dazu zu sagen? Was ist ihre Sicht der Dinge?

Doch ich wollte mehr als eine Neuauflage des Geschlechterkampfes. Ich wollte, dass etwas Gutes aus den Beschwerden wächst. Was können Mann und Frau von den ungeschönten Wahrheiten des anderen lernen? Wo gibt es gemeinsame Bedürfnisse und Ziele, wo finden sich Lösungen? Wie lässt sich eine Partnerschaft produktiv statt destruktiv gestalten? Aus meinen Analysen der jeweiligen Situation habe ich Wahrheiten abgeleitet, die hoffentlich neue Sichtweisen für beide Geschlechter bereithalten. Dazu habe ich auf Erkenntnisse der Kommunikationswissenschaft, der Psychologie, der Linguistik und des Buddhismus zurückgegriffen. Außerdem wende ich Methoden aus dem Neurolinguistischen Programmieren (NLP) an, eine Methode, mit der sich Einstellungen und Handlungen optimieren lassen.

Auch wenn ich mich in den Situationsanalysen in erster Linie an Frauen richte, glaube ich, dass Männer ebenfalls wertvolle Hinweise daraus ziehen können. Es sind Hinweise für Ehen, langjährige Partnerschaften, für frische Paare oder für gerade erst beginnende Romanzen, bei denen noch niemand weiß, wo die Reise hingeht. Meine Anliegen: die Kommunikation zu verbessern, Konflikte sinnvoll zu lösen, anstatt gleich das Handtuch zu werfen und die Telefonnummer zu löschen. Bewusst habe ich auf allzu viele Ratschläge verzichtet. Ein Ratschlag bedeutet, dass ich glaube, etwas besser zu wissen als Sie. Aber ich kenne Sie und Ihre Situation nicht. Sie allein sind die Expertin bzw. Experte für Ihr Leben. Sie wissen am besten, was zu tun ist. Ich kann Ihnen allenfalls Anregungen und Anstöße geben. Ich kann Ihnen Wahrheiten über Männer nennen, die Teil der Wirklichkeit sind, in der wir leben. Ich kann Mythen aufdecken, um zu zeigen, dass wir viele der Glaubenssätze in uns und Trugbilder um uns immer wieder hinterfragen sollten. Was Sie damit anfangen, bleibt Ihnen überlassen.

Zunächst einmal eine Botschaft an alle Männer: Einfach nicht mehr anzurufen (und nicht auf Anrufe zu reagieren) ist unfair und feige. Es zwingt die Frau in die Rolle der passiv Wartenden, es lässt sie allein mit Spekulationen. Ein Streit kann eine Beziehung mit einem Ausrufezeichen beenden, ein letztes Gespräch mit einem

Punkt. Plötzlich nicht mehr anzurufen hinterlässt nichts als ein Fragezeichen. Wer Mut hat, stellt sich dem Konflikt.

Konflikte sind Teil einer guten Beziehung

Jede Männerbeschwerde, die ich gesammelt habe, ist nichts anderes als die Schilderung einer Konfliktsituation. Deswegen stelle ich das Kapitel über Konflikte an den Anfang – denn ein produktiver Umgang mit Konflikten lässt eine Beziehung fruchtbar werden und überleben. Auch wenn meine Freundin Sarah beim Probelesen der Rohfassung meinte, meine Prämissen für Konflikte lesen sich ein bisschen wie ein Ehevertrag von Tom Cruise – es fehle nur noch »Wenn Sie ein Kind von Ihrem Prinzen bekommen, schreien Sie niemals vor Schmerz« –, denke ich, dass sie das Rüstzeug für erfolgreiche Streite sind.

Anschließend geht es zu den eigentlichen Männerbeschwerden über, unterteilt in die Kapitel »Daheim«, »Unterwegs«, »Freunde & Familie«, »Lebensstil«, »Job«, »Geld & Konsum«, »Kommunikation«, »Gefühle«, »Persönlichkeit« und »Sex«. Sie müssen nicht ein Kapitel nach dem anderen lesen, die Reihenfolge bestimmen Sie, jede »Beschwerde« steht für sich. Ich verstehe meine Beiträge eher als Vorschläge. Wie Sie sie umsetzen, überlasse ich Ihnen. Ob Sie ein Angebot annehmen, es ablehnen, es besser wissen, es schon kennen, es variieren oder es ablehnen – ich werte jede Ihrer Reaktionen als Erfolg.

Ich hoffe, dass Sie nach dem Lesen noch lange Zeit Lust haben, Ihren Prinzen anzurufen – und er sie.

Kapitel 1

KONFLIKT

Mythos Nr. 1:

Jede Spannung ist negativ, ein Problem schädlich, der Konflikt unser Feind

»In der Ehe muss man sich hin und wieder streiten,
sonst erfährt man ja nichts voneinander.«
Goethe

Nie lässt sich genau voraussagen, wann der Moment kommt. Doch irgendwann ist er da, so viel ist sicher: der Zeitpunkt, wenn die Hormone aufhören zu tanzen, weil sie ein bisschen müde geworden sind. Das ist der Zeitpunkt, an dem Sie erkennen: Der neue Prinz an Ihrer Seite ist doch auch nur ein Mensch. Und der benimmt sich nicht immer prinzenhaft. Er hinterlässt Barthaare im Waschbecken, er sieht eine langweilige Sportübertragung im Fernsehen, wenn das Wetter ideal für einen Spaziergang wäre, und er vertilgt konzentriert schweigend seine Mahlzeit, hatte man doch noch vor kurzem jedes Gericht kalt werden lassen, weil es so viel wichtiger war, sich gegenseitig die Welt zu erklären und Gemeinsamkeiten zu entdecken. Es ist der Moment, an dem der erste Konflikt auftaucht. Wahrscheinlich handelt es sich nur um einen klitzekleinen Minikonflikt, den Sie ganz allein mit sich selbst ausmachen, Sie wissen ja, zickig sein geht gar nicht, das hat man doch längst verinnerlicht. Es ist der Moment, wo der Prinz nicht ganz so will, wie Sie wollen. Wo seine Krone ein kleines bisschen verrutscht. Der Moment, in dem Sie sich fragen, ob er wirklich so ein Edelmann ist, wie Sie anfangs dachten.

Aber keine Panik! Jetzt wird es doch erst richtig spannend! Der

Rückfall in Teenie-Euphorie ist überwunden. Jetzt ergibt sich die Chance, etwas über den anderen und vor allem sich selbst zu lernen. Die Chance, eine Reise anzutreten, von der noch niemand sagen kann, wie sie ausgeht. Aber ganz sicher werden Sie diese Reise, wenn Sie irgendwann auf sie zurückblicken, nicht missen möchten. Nutzen Sie diese Chance, statt den Prinzen zurück in den Froschteich zu werfen und nicht mehr anzurufen. Oder sich so zu verhalten, dass Ihr Prinz Sie nicht mehr anrufen mag. Denn ob es weitergeht mit Ihnen und Ihrem Prinzen, entscheidet sich dadurch, wie Sie beide mit den ersten Konflikten umgehen.

Konflikte als Chance

Was ist ein Konflikt? Ein Konflikt zwischen zwei Menschen entsteht, wenn Wünsche, Ziele, Einstellungen oder Handlungen unvereinbar scheinen.

Zunächst: Der Rhythmus einer Partnerschaft ist der Wechsel zwischen Konflikt und Harmonie, zwischen Spannung und Entspannung. Der Konfliktfall bedeutet also keinen Ausnahmezustand, sondern eine Variante des Normalzustands. Konflikte machen unser Leben von der frühesten Kindheit an aus. Durch sie lernen wir, Frustrationen zu ertragen und uns selbst zu disziplinieren, um ein Ziel zu erreichen. Konflikte führen dazu, dass wir ausprobieren, wo wir uns an unsere Umwelt anpassen und wo wir uns unterscheiden möchten. Konflikte ermöglichen uns überhaupt erst eine Ich-Entwicklung. Auch ein Wir kann sich erst durch Konflikte entwickeln. Zwei Partner lernen durch den Konflikt, Gemeinsamkeiten zu entwickeln und Unterschiede auszuhalten. Sie prüfen, wie tragfähig die Beziehung ist. Das Ergebnis ist im günstigen Fall ein intensiveres Gefühl dafür, zusammenzugehören.

Der Konflikt birgt jedoch auch Risiken: Gräben können vertieft werden, Verletzungen können Wunden hinterlassen, er kann zerstörerisch wirken. Er kann dazu führen, dass das Telefon, durch das gerade noch gesäuselt wurde, plötzlich stillsteht. Doch wo Schatten ist, ist auch Licht, und so bedeutet jeder Konflikt Chance und Risiko zugleich.

Chris, 34, strategischer Einkäufer, Köln: Man kann 1000 Regeln aufstellen und Ratgeber lesen: den anderen ausreden lassen, in Ich-Aussagen sprechen usw. Ich habe festgestellt: Wenn man sich wirklich streitet, ist das alles wie weggefegt. Wenn es hart auf hart kommt und die Gefühle hochkochen, ist sich doch wieder jeder selbst der Nächste.

Also Bahn frei für hemmungsloses Streiten? Möge der Stärkere gewinnen?

Nur weil es schwer ist, sich bei einem Streit an Regeln zu halten, heißt es nicht, dass wir kapitulieren müssen. Es ist auch schwer, laufen oder sprechen zu lernen oder Auto fahren, und trotzdem ist es uns gelungen. Man kann sich auf faires Streiten vorbereiten und es üben, und wie immer, wenn man übt, gibt es Rückschläge, die man als Teil des Weges akzeptieren muss. Über den Erfolg einer Romanze entscheidet letztlich nicht die Art oder Häufigkeit der Konflikte, sondern wie man sie löst. Manche Lieben hatten unter widrigsten Umständen Bestand, andere scheiterten, weil man sich nicht einig wurde, wer den Tisch abräumt.

Erfolgreich streiten lässt sich also lernen! In diesem Kapitel habe ich einige grundlegende »Beschwerden« von Männern gesammelt, die häufig Ursache dafür waren, dass sie keine Lust mehr hatten, zum Telefon zu greifen und ihre Prinzessin anzurufen (hier wollte ich eigentlich »zum Hörer zu greifen« schreiben, aber wer greift heutzutage schon noch zu einem Hörer?). Aufgrund dieser »Beschwerden« stelle ich in den nächsten Kapiteln Prämissen auf, die ich als Hinweis verstehe, wie Grundregeln für faires Streiten aussehen könnten. Damit weiterhin »Traumprinz« im Display leuchtet, wenn das Telefon klingelt.

Wahrheit Nr. 1: Ein Konflikt ist Teil des Normalzustands. Die Art, wie Sie und Ihr Prinz mit dem Konflikt umgehen, entscheidet, ob Ihr gemeinsames Märchen weitergeht.

»Für sie ist jede Auseinandersetzung ein Drama«

Frank, 33, Bauingenieur, Bonn: Ina und ich waren zwei Jahre zusammen – und irgendwann hatte ich keine Lust mehr, sie anzurufen. Ich konnte nicht mehr, obwohl gar nichts Spezielles vorgefallen war. Ich war zermürbt. Besonders schlimm war es für mich, dass sie mit jedem Streit unsere Beziehung in Frage stellte, und so sind wir ganz schnell vom eigentlichen Streitthema abgerückt. Es wurde so grundsätzlich, so schwer und so dramatisch. Sie sagte dann etwa: »Merkst du es nicht auch? Wir streiten doch nur noch, was für einen Sinn soll das Ganze mit uns noch haben?« Für mich bedeutet eine Beziehung aber auch Arbeit, dass man sich den Problemen stellt. Ich glaube, wir sind gescheitert, weil wir es irgendwann zu sehr als Problem empfunden haben, ein Problem zu haben, anstatt es zu lösen.
Ina, 32, Projektleiterin, Düsseldorf: Dazu muss ich was sagen: Nun war es so, dass er nur die Auseinandersetzungen

lösen wollte, die für ihn von Belang waren. Er bestimmte, was ausdiskutiert wurde – bei allem anderen machte er dicht. Das war reine Willkür.

Warum fällt es so schwer, bei einem Streit »bei der Sache zu bleiben«? Ganz einfach: Jeder Streit um eine Sache ist immer auch ein Streit um eine Beziehung. Es geht um Wertschätzung, Liebe, Kränkung und Macht, um das immer gleiche Spiel: Wer ist hier der Boss? Insofern ist eine völlige Trennung von Sach- und Beziehungsebene utopisch. Tun Frauen sich schwerer, einen Konflikt auf der Sachebene auszutragen und die Beziehungsebene dabei auszublenden? Dieser Meinung ist die Buchautorin Katja Kessler im Gespräch mit der »taz«: »Also, das typische Frauending ist doch: Konsens schaffen. So eine Art verbales Kuschelbedürfnis«, sagt sie. »Das muss man als Frau wirklich lernen: dicke Luft und emotionale Spannungen auszuhalten. Männer können das tausend Mal besser. Wahrscheinlich, weil sie ihre Rituale haben: Erst hauen sie sich eines auf die Mütze, dann gehen sie zusammen ein Bier trinken.« Bei Frauen dagegen bleibe immer ein Stachel im Fleisch: »Wir sind da viel nachtragender.«

Mit der Prämisse Nr. 1 geben wir dem Konflikt einen neuen Rahmen: Statt als Problem betrachten wir ihn als Möglichkeit, etwas zu lernen. Welche Lektion hält der Konflikt für uns bereit, die wir bisher noch nicht lernen durften?

Prämisse Nr. 1: Wir betrachten das Problem als Möglichkeit, etwas zu lernen.

»Sie macht aus einer Mücke eine Elefantenherde«

Phillip, 34, Biologe, Düsseldorf: Nervige Sätze von Frauen, die dazu führen, dass man gar nicht mehr anrufen mag? Hier meine kleine Auswahl: »Du hast mich gestern komisch verabschiedet!«/»Wie meintest du gestern, du vermisst die Uni-Zeiten? Heißt das, du warst damals glücklicher, ohne mich?«/»Ich finde, du hörst mir nicht genug zu.«/»Du hast der Freundin von Mike immer in den Ausschnitt geguckt.«
Die meisten Probleme, die man sich macht, sind gar keine! Sie sind einfach nur Hirnschiss, unwichtig, überflüssig! Nicht wert, sich groß damit zu befassen. Wir sollten öfter mal das Problemewälzen lassen und mal wieder Spaß haben! Kerstin ist die erste Frau, die ich kenne, die sich die Mühe macht, das Wichtige vom Unwichtigen zu unterscheiden. Es ist eine ganz einfachere Rechnung: Wenn man weniger streitet, hat man mehr Zeit, zusammen das Leben zu genießen!

Kerstin, 32, Ärztin, Düsseldorf: Ich könnte 100-mal am Tag einen Streit anfangen! Denn ich bin eifersüchtig, verunsichert, giere nach Zuwendung – so wie die meisten Menschen. Und was habe ich früher zermürbende Streite mit meinen Partnern geführt! Doch immer öfter hatte ich das Gefühl, dass sich Nichtigkeiten erst im Gespräch richtig aufbauschen. Sie erschaffen sich dadurch selbst. Inzwischen filtere ich stärker als früher, was ich in die Beziehung herantrage, was ich mit mir selbst ausmache und was ich besser wegwische. Denn das meiste, was mir so durch den Kopf schwirrt, ist einfach zu lächerlich. Ich frage mich: Ist es in einem Jahr noch wichtig? Wenn nicht, dann ist es auch jetzt nicht wichtig.

Anmerkung des Autors: Kerstin und Phillip sind ein Paar, das nur nett voneinander redet. Deswegen kommen die beiden ab jetzt nur noch selten vor, versprochen. Ich dachte erst, sie sind vielleicht nicht ganz dicht, aber sie scheinen sich wirklich gut zu verstehen. Indirekt spielen sie in diesem Buch weiterhin eine große Rolle: Viele meiner Schlussfolgerungen habe ich ihnen zu verdanken!

Gedanken ziehen lassen

Das menschliche Gehirn rackert ständig auf Hochtouren. Es ist von der Natur darauf angelegt. Denn sich Gedanken zu machen war früher der einzige Schutz gegen Lebensgefahren – der Mensch hat keinen Panzer, keine Klauen, keine Beißzähne, keinen Giftstachel. Aber er hat ein Gehirn, das abstrakt denken kann und Gefahren vorwegnimmt. Doch diese Fähigkeit ist es auch, die uns heute, wo es nur noch selten um Leben und Tod geht, das Leben zur Hölle macht. Wir denken zu viel nach und bauschen Angelegenheiten zu Bedrohungen auf, die keine sind. Unser Gedankenfluss verselbständigt sich und schafft so erst Probleme. Wir verleihen Bedeutungen, wo keine sind. Wir lassen uns leiten von unserem Verlangen nach Anerkennung, Sicherheit und Kontrolle. In der Umkehrung bedeutet das: Minderwertigkeitsgefühl und Angst werden unsere ständigen Begleiter. Das Leben wird so schnell ein einziger gefühlter Notfall. Wir identifizieren uns übermäßig mit dem Problem. Wie Kerstin es sagte: Meist lohnt es sich nicht, das, was uns durch den Kopf schießt, an den Partner heranzutragen. Denn einmal ausgesprochen, entwickelt das Problem eine Eigendynamik.

Wahrheit Nr. 2: Was wir denken und was wir fühlen, ist nicht mit der Wirklichkeit gleichzusetzen.

Wir können lernen, uns nicht übermäßig mit negativen Gedanken und Gefühlen zu identifizieren. Sie sind nicht wir und sie sind nicht die Wirklichkeit. Wir können sie gelassen beobachten und dann einfach ziehen lassen. Denn Gedanken kommen und gehen.

Wir können uns dafür entscheiden, auf bestimmte Wahrnehmungen mit positiven statt mit negativen Gedanken zu reagieren. Dann werden auch unsere Gefühle positiv. Das heißt nicht, alles zwanghaft positiv sehen zu müssen. Es bedeutet nur, besser auszuwählen, was wirklich die Mühe wert ist und was nicht. Denn:

Wahrheit Nr. 3: Es ist leichter, seine Gedanken zu ändern, als die Umstände.

Wenn Sie daran interessiert sind, an Ihrem negativen Gedankenstrom zu arbeiten, empfehle ich Ihnen das Büchlein »Wie Sie Ihre Hirnwichserei abstellen und stattdessen das Leben genießen« von Giulio Cesare Giacobbe. Es ist preiswert, liest sich schnell und gut und geht mit buddhistischer Psychologie statt mit penetrantem Positivismus an das Thema heran.

Prämisse Nr. 2: Ich unterscheide das Wichtige vom Unwichtigen.

»Sie =
personifizierter Widerspruch«

Mick, 32, Arzt, Düsseldorf: Veras Schwester Irina kündigte
sich an. Das bedeutet: wechselnde Launen, überall liegen
Teebeutel rum, sie schläft bis mittags, lässt sich stundenlang Turkmenisch-Vokabeln abfragen und übt existenzialistische Theaterstücke ein. Das Ende ihres Besuchs ist offen.
Während sie am Anfang noch betont, wie bald sie wieder
zurück nach Berlin müsste, weil dort 1000 Dinge auf sie
warten, staune ich, wie viel Zeit sie am Ende hat. Als ich
murrte: »O je, muss das denn sein?«, reagierte Vera gereizt
und hielt mir einen Vortrag, ich solle zu schätzen wissen, wie
rührend ihre Schwester sich immer um unsere Kleinen kümmere und wie sie uns damit entlasten würde. Tatsächlich
konnte Leo nach Irinas letztem Besuch einige Schlachtrufe
auf Turkmenisch, wobei mir lieber gewesen wäre, jemand
würde mit ihm zunächst mal Englisch üben. Egal, ich würde
mich niemals zwischen zwei Schwestern stellen, und ich
mag Irina auch sehr gerne, gerade weil sie so verschroben
ist. Also sagte ich: »Okay, sie ist willkommen«, worauf Vera
aber nicht aufhörte, mich zu rügen, nun dafür, dass ich keine
klaren Entscheidungen treffe und nur nachgebe, weil es ihre
Schwester ist, aber nicht, weil ich mir ihren Besuch von Herzen wünsche. Ich müsse schließlich auch einmal mithelfen,
Grenzen zu ziehen, die Arbeit, die Irinas Besuch mache, bleibe schließlich immer an ihr hängen. Ich dachte nur: Wie bitte? Erst bin ich der Böse, weil ich vorsichtig einen Einwand
gegen Irinas Besuch erhoben hatte, nun bin ich der Böse,
weil ich meinen Einwand nicht genug verteidige? Ein typi-
scher Fall von »Geht's noch?!«.

Vera, 29, Lehrerin, Düsseldorf: Okay, das ist eine Gelegenheit für mich, mal selbstkritisch zu sein. Ich war mir selbst nicht ganz einig, ob ein Besuch von meiner Schwester zu dem Zeitpunkt so passend war, denn wir hatten gerade viel um die Ohren. Irgendwie hatte ich mir von Mick erhofft, dass er mir die herzlose Entscheidung, ihr abzusagen, abnimmt.

Was brachte die Unruhe in Veras Auseinandersetzung mit ihrem Mann? Was lässt ihr Verhalten so unberechenbar und widersprüchlich wirken? Die Ursache ist ein innerer Zwiespalt: Will ich wirklich, dass meine Schwester zu Besuch kommt? Oder ist es gerade unpassend? Will ich eine gastfreundliche Schwester sein, oder muss ich mich und meine neue Familie abgrenzen? Es handelt sich um einen inneren Konflikt zwischen zwei Sub-Persönlichkeiten: der »großzügigen Schwester« und der »Grenzwächterin«. Aufgrund ihres ungelösten inneren Konflikts setzte Vera ihren Mann einer paradoxen Situation aus: Egal, wie er sich entscheiden würde, es konnte ihm ein Strick daraus gedreht werden. Die Psychologie spricht in dem Zusammenhang von **Doppelbindungen.**

Erfolgreich streiten heißt zu wissen, was man will

Auch der **innere Konflikt** ist ein Normalzustand. Er entsteht, wenn wir entgegengesetzte Wünsche oder Bedürfnisse haben und sich daraus zwei Verhaltenstendenzen ergeben, die nicht miteinander vereinbar sind. Oft ist ein innerer Konflikt der Widerspruch zwischen dem Bedürfnis, sich den Anforderungen der Gesellschaft anzupassen, und den triebhaften Bedürfnissen. Es können a) zwei Ziele sein, die man beide will, oder b) zwei Übel oder c) zwei Möglichkeiten, die jeweils beide einen Vorteil und einen Nachteil haben. Dadurch entsteht eine innere Spannung. Auch diese Spannung ist nichts Negatives. Im Gegenteil: Sie regt zu kreativen Lösungen an.

Ständig zanken unsere Sub-Persönlichkeiten: Der »Sportler« in uns will joggen gehen, der »Genussmensch« lieber eine Pizza in den Ofen schieben.

Bei **äußeren Konflikten** haben zwei Parteien, in der kleinsten Einheit zwei Menschen, gegensätzliche Bedürfnisse: Gehen wir zusammen joggen oder essen wir eine Pizza? Um im Konflikt eine klare Position einzunehmen, müssen wir also zunächst wissen, was wir selbst wollen: Pizza oder Jogging? Einen Konflikt fair bestreiten zu können setzt voraus, zunächst innere Konflikte gelöst zu haben. Ich muss wissen, was ich will, bevor ich meinen Willen vertreten kann.

Wer also erfolgreich streiten will, schaut zunächst in sich selbst hinein. Beispiel: SIE fühlt sich von IHM eingeengt, aber tatsächlich engt nicht er sie ein: Sie vermisst Aspekte ihres Single-Lebens und macht ihn für die verlorenen Freiheiten verantwortlich. Das ist insofern unfair, als dass sie sich freiwillig für die Partnerschaft entschieden hat.

Lösung: Sie akzeptiert, dass verschiedene Anteile ihrer Persönlichkeit verschiedene Standpunkte haben, und klärt in einer inneren Diskussion, ob das Bedürfnis nach einer Partnerschaft tatsächlich das Bedürfnis nach Freiheit überwiegt. Gibt es Bedingungen, die sie braucht, um eine Partnerschaft eingehen zu können, etwa bestimmte Freiräume? Unter der Prämisse eines klaren Ja zur Partnerschaft kann SIE dann diese Freiräume mit dem Partner aushandeln. Das kann sich dann etwa so anhören:

»Liebling, ich genieße die Zeit mit dir, aber meine gelegentlichen Nacktyoga-Urlaube in Goa ohne dich sind für mich so wichtig, dass ich nur ungern auf sie verzichten will.«

Prämisse Nr. 3: Bevor ich den Konflikt mit meinem Partner angehe, kläre ich innere Konflikte.

Wie Sie innere Konflikte lösen

1. **Horchen Sie genau in sich hinein und versuchen Sie die Stimmen zu identifizieren,** die an einer inneren Diskussion beteiligt sind.

2. **Geben Sie den Stimmen Namen:** Ist es Ihr kindliches Ich, das neugierig, aber auch schutzbedürftig und egozentrisch ist? Spricht Ihre Mutter aus Ihnen oder Ihr Vater oder ein Lehrer aus Ihrer Kindheit? Spricht die Abenteurerin, die immer zu neuen Erlebnissen drängt? Die Königin, die eine anspruchsvolle Leitfigur ist? Die innere Beraterin, die rational und auf beruhigende Weise Probleme analysiert? Die Macherin, die Hindernisse aus dem Weg räumen will? Die Romantikerin, die Träumerin, die Rächerin? Die Kritikerin, die Warnerin, die Spötterin?

3. **Wichtig: Jede Stimme darf gehört werden.** Jede wird akzeptiert und hat ihre Berechtigung. Denn immer gilt: Sie als Gesamtperson sind nicht eins mit einer inneren Stimme. Die Stimme ist nur ein Teil von Ihnen.

4. **Rufen Sie als Teamleiterin die inneren Stimmen zu einer Teamsitzung.** Platzieren Sie sie gedanklich in einem Raum, etwa an einem Konferenztisch. Oder zeichnen Sie auf einem Papier, wer wo sitzt: Beginnen Sie damit, sich selbst als Teamleiterin zu platzieren, und ordnen Sie dann die inneren Stimmen um sich herum an, so wie es Ihnen angemessen erscheint. Sie verstehen jetzt bereits die Struktur Ihres Konflikts, die immer auch ein Abbild der Struktur Ihrer Persönlichkeit ist.

5. **Nehmen Sie Veränderungen an der Sitzordnung vor,** die Ihnen angemessen erscheinen.

6. **Befragen Sie jede innere Stimme zu dem Konflikt.** Unterstellen Sie dabei jeder Stimme eine positive Absicht. Jede Stimme will mit ihrer Haltung auf ihre Art einen positiven Beitrag zum Team leisten. Fragen Sie die Stimme, ob sie von den positiven Absicht der anderen inneren Stimmen weiß.

7. **Fragen Sie die innere Stimme, ob es möglich wäre, die Absicht auch anders zu erreichen,** und zwar auf eine Weise, die größeren Konsens mit anderen Stimmen verspricht. Ziel Ihrer Befragung ist es, zu verhandeln und die Beziehung der Stimmen zu einer besseren Beziehung zueinander und einer verbesserten Zusammenarbeit zu bewegen.

8. **Vermitteln Sie bei einem Konflikt zwischen zwei Stimmen.** Wie können sich beide Seiten annähern? Welche Bedingungen braucht die eine Seite für ein Zugeständnis an die andere? Welches Gegenangebot macht eine Stimme, wenn sie eine Anfrage zurückweist?

9. Wenn eine Lösung erarbeitet wurde, befragen Sie alle anderen Teammitglieder, ob noch Einwände gegen sie bestehen.

10. **Stellen Sie sich eine Situation in der Zukunft vor, in der Sie die so erarbeitete Lösung anwenden.** Im Fall von Vera könnte es sein, dass sie mit ihrer Schwester klar die Dauer ihres Besuchs festlegt und sie von vornherein in bestimmte häusliche Aufgaben einbezieht.

11. Da Sie mit sich selbst ins Reine gekommen sind, fällt es Ihnen nun auch im äußeren Konflikt leichter, Ihre Position klar darzustellen.

»Sie verrät nicht, was los ist, und ist lieber beleidigt«

Frank: Ich hasse es, wenn die Girls irgendein Ei ausbrüten, aber nicht sagen, was eigentlich los ist. Ich: »Ist irgendetwas?« Sie: »Es ist nichts.« Ich: »Bist du sicher?« Sie: »Was soll denn sein?« Ich: »Du bist so komisch.« Sie: »Ach Quatsch.« Und dann stehen sie auf und würdigen einen keines Blickes, aber sie rücken einfach nicht raus mit der Sprache. Die andere Variante: Sie sagen zwar, dass sie sauer sind (weil inzwischen Dampf aus der Nase kommt, wäre es nun vollends lächerlich, es weiter zu leugnen), aber sie wollen sich nicht darauf festlegen, weswegen. Da überlegen sie wohl noch, wie sie die Macht, die ihnen ihr Sauersein verschafft, am gewinnbringendsten einsetzen. Dafür jetzt ein Beispiel.
Sie: »Mich kotzt das an.« Ich: »Was denn?« Sie: »Na das alles.« Ich: »Wirklich alles? Was ist alles?« Sie: »Wie du dich benimmst, gestern, heute, es ist zum Kotzen.« Ich: »Was meinst du denn?« Sie: »Als ob du das nicht wüsstest.« Nein, wusste ich nicht! Ich hasse es auch, wenn die Girls sagen, alles sei in Ordnung, und dann wirken sie doch klagend, vorwurfsvoll, leidend. Sie erwarten immer, dass man ihre Gedanken liest. Wenn man nicht spürt, was ihnen fehlt, ist man eben ein unsensibler Klotz.
Ina: Männer sind da natürlich gaaaaanz anders. Dafür jetzt ein Beispiel. Situation: Nach einem Wochenend-Trip. Frank: »Irgendwie ist das ja nicht so toll gelaufen.« Ich: »Was nicht?« Er: »Die Vibes zwischen uns waren nicht so gut.« Ich: »Welche Vibes? Was genau meinst du?« Er: »Ach, alles irgendwie. So wie auch letzte Woche.« Ich: »Was war denn letzte Woche?« Er: »Ach, das hast du schon wieder verges-

sen. Na ja …« Solche Aussagen waren natürlich extrem hilfreich!

Mick: Im Krankenhaus nennen wir es den Mittelmeer-Ganzkörperschmerz. Weil meistens Migrantinnen aus der Türkei oder Bosnien darunter leiden. Der Patientin tut alles weh. Es geht ihr elend, aber sie kann nicht genau sagen, wo und inwiefern. Das macht es als Arzt natürlich schwer, ihnen zu helfen. So ähnlich ist es mit Frauen in der Beziehung. Sie sind einfach unzufrieden mit einem, empfinden es manchmal als anmaßend, dass man dieselbe Luft atmet wie sie. Sie können aber nicht genau sagen, was los ist. Sie sagt dann Sachen wie »Das führt doch alles zu nichts«, »Es ist doch immer dasselbe«, »Ich fühle mich einfach unwohl«, »Ich merke, dass irgendwas nicht richtig ist«, »Ich habe einfach ein komisches Gefühl«, »Ach, es ist doch alles Mist«. Nicht hilfreich! Ich rätsle dann: Was habe ich falsch gemacht? Was ist an der Situation falsch? Es bleibt alles vage, alles wird vermengt und kräftig umgerührt und mit Vorfällen aus der Vergangenheit angereichert. Am Ende bin ich dann ganz kirre und weiß nur, dass alles ganz schlimm ist für sie, aber nicht was.

Auch hier zeigt sich wieder, wie vorteilhaft eine genaue Selbstklärung ist: Welche inneren Stimmen sprechen? Was möchte ich vorbringen, was ist mein Ziel?

Mut zur »offenen« Kommunikation

Um konkret kommunizieren zu können, müssen wir wieder einmal zunächst in uns selbst hineinschauen und die »Konflikt-Knäuel« entwirren. Beispiel: **Anne, 38, Kunsthistorikerin, Hamburg,** ist unwirsch, weil **Guido, 35, Informatiker, Hamburg,** zwei seiner Freunde eingeladen hat. Es sind Freunde, die sie beide mögen, es war lange überfällig, diese Freunde auch einmal einzuladen, beide hatten an dem Wochenende nichts vor, und Guido hat Anne vorher gefragt, sie war einverstanden. Umso unverständlicher ist es Guido, dass Anne dem Abend so unwirsch gegenübersteht.

Folgende Schritte helfen gegen Schmollstimmung!
Erster Schritt: Ich kläre mit mir selbst, welche vergangenen Konflikte hier eine Rolle spielen. Was hat das, was jetzt passiert, mit ihrer Vorgeschichte zu tun? So wurde vor über einem Jahr Guidos Kumpel Kalle von seiner Freundin verlassen. Ständig hing er bei Anne und Guido auf dem Sofa herum, die beiden spielten nächtelang »War of Witchcraft« und tranken Bier. Kalle fühlt sich so heimisch, dass er auch mal einen Pups ließ und sich darüber freute. Anne teilte seine Freude nicht.

Durch den jetzt angekündigten Besuch der Freunde fühlte Anne sich unangenehm an Kalles Besuch erinnert, obwohl es sich um zwei andere – manierlichere – Freunde handelte. Außerdem fühlte sie sich an einen Ex-Freund erinnert, der ständig Leute um sich hatte, so dass Zweisamkeit keine Chance hatte.

Doch beide Vorfälle aus der Vergangenheit haben in der aktuellen Situation nichts zu suchen. Zur seelischen Gesundheit und zur Pflege der Partnerschaft ist nichts so wichtig wie der Papierkorb auf unserem inneren Desktop. Vergessen wir nicht, die Daten in ihm von Zeit zu Zeit unwiederbringlich zu löschen.

Zweiter Schritt: Ich horche in mich selbst hinein und kläre innere Konflikte.
Dritter Schritt: Ich trenne einzelne Probleme voneinander. Wer verschiedene Probleme vermengt, verheddert sich in seiner Argumentation.
Vierter Schritt: Ich bestrafe meinen Partner nicht mit Rückzug,

sondern trage mein Problem vor – sobald ich mich gesammelt habe und mir der Zeitpunkt dafür richtig erscheint.

Auch der Partner, der unter dem Rückzug leidet, kann den ersten Schritt machen. So kann ER beschreiben, wie er sich fühlt, wenn SIE nicht mit ihm spricht, und nach den Gründen fragen. Einen ersten Schritt zu machen ist grundsätzlich richtig.

Beleidigtsein, Bocken oder ein Ausweichen in die Vergangenheit gehören zur unfairen Kommunikation. Denn mit meinem Rückzug genieße ich vielleicht die Genugtuung, den anderen hilflos zu erleben. Ebenfalls unfair: Wenn ich nicht zuhöre, mehrdeutige Aussagen tätige, mit anderen Koalitionen bilde (»unsere Freunde finden auch …«), ironisch oder sarkastisch bin oder alte Sündenregister aufzähle.

Wenn ich dann dem Partner mein Anliegen vortrage, bleibe ich beim Thema und vermische mein Anliegen nicht mit weiteren Beschwerden und mit ungerupften Hühnchen aus der Vergangenheit. Schwierig wird es, wenn ambivalente Botschaften gesendet werden, wie Frank es beschreibt: Der Inhalt der Worte (»Alles in Ordnung«) passt nicht zum Tonfall (leidend, klagend, distanziert) oder zu nonverbalen Botschaften (abweisende Körperhaltung). Der Sender der Botschaften verhält sich nicht stimmig **(inkongruent)**.

Um beim Beispiel Frank zu bleiben: Egal, auf welchen Teil der Botschaft Inas er reagiert hätte, er konnte eigentlich nur das Falsche machen. Wir haben hier wieder den bereits beschriebenen Fall einer Doppelbindung. Macht Frank einfach weiter, als sei alles in Ordnung, fährt er gegen die Wand. Er kann hinterher vorgeworfen bekommen, kein Feingefühl zu haben und ihre Stimmungen nicht wahrzunehmen. Bohrt Frank weiter, kann eine genervte Reaktion folgen: »Ich hab dir doch gesagt, es ist nichts.«

Wenn ich ein Anliegen an meinen Partner habe, ist Mut zur offenen Kommunikation gefragt. Offen zu kommunizieren bedeutet, dass ich mich nicht scheue, etwas von mir preiszugeben, von meinem Ärger, von meinen Ängsten und von meiner Verletzbarkeit. Auch brauche ich den Mut, Appelle offen zu formulieren.

Prämisse Nr. 4: Ich bringe mein Anliegen konkret, exakt und präzise vor.

Tipp: Vereinbaren Sie ein Ritual, das Sie im Konfliktfall daran erinnert, offen zu kommunizieren. Es kann ein Glas Wein sein, eine bestimmte CD, die Sie einlegen, ein Ort in der Wohnung, an den Sie sich setzen, eine bestimmte Art von Berührung.

»Sie streitet über die Zahnpasta und meint den letzten Abend«

Markus, 34, Architekt, Düsseldorf: Ich bereitete ein aufwendiges Plansiedlungsprojekt vor und hatte das ganze Wochenende zu Hause gearbeitet. Also lagen überall Baupläne, Zeichnungen und Architekturmodelle rum. Ob es mir was ausmachen würde, die Sachen ein bisschen zusammenzuräumen, fragte **Gita** mich. »Na klar, mach ich«, sagte ich. »Es ist echt schlimm, überall liegt dein Zeug rum«, legte sie nach. »Ist ja gut, ich räum es weg, sorry«, sagte ich. Gita: »Es ist ja auch wieder typisch.« Ich sagte: »Was ist typisch, ich sagte doch, ich räum es weg!« Sie: »Na, dass überall nur dein Zeug liegt. Ich müsste auch ein paar Textilproben checken, aber ich hab ja keinen freien Platz.« Ich: »Du hast doch dein eigenes Arbeitszimmer, da liegt garantiert kein Zeug von mir.« Sie: »Darum geht es ja gar nicht.« Ich: »Worum geht es dann?« Sie: »Ich weiß nicht, meine Arbeit scheint überhaupt nicht zu zählen. Ich habe doch auch zu tun. Du und deine Angelegenheiten – ihr macht euch so breit.« Ich: »Was redest du da? Ich habe was liegen lassen, und du brichst eine Grundsatzdiskussion vom Zaun?«

Man kann sich vorstellen, dieser Sonntagabend war hinüber. Das war eine Situation, nach der ich mich am liebsten erst einmal nicht mehr gemeldet hätte. Aber das nutzt ja nichts, wenn man zusammenwohnt!

Warum wir Nebenkriegsschauplätze eröffnen

Wenn wir ein Problem haben, aber uns dessen noch nicht ganz bewusst sind, wenn wir noch an inneren Konflikten nagen, eröffnen wir häufig Nebenkriegsschauplätze. Wir tragen einen Beziehungskonflikt dann auf der Sachebene aus. Denn meist geht es nicht um eine rücksichtslos ausgedrückte Zahnpastatube. Meist geht es um die großen Beziehungsthemen, um Nähe und Distanz, Anerkennung und Zurückweisung, Macht und Kontrolle, Sicherheit und Angst, Eifersucht und unterdrückte Bedürfnisse. Die Psychologie spricht vom Abwehrmechanismus der **Verschiebung:** Der eigentliche Konflikt erscheint so heikel, dass er auf eine Nebensächlichkeit umgelenkt wird.

Warum Männer und Frauen
sich so oft missverstehen

Frauen sprechen stärker eine **Beziehungssprache.** Ihnen geht es darum, Intimität herzustellen. Männer sprechen eher eine **Berichtsprache.** Ihr Hauptanliegen ist es, Informationen auszutauschen oder den Status auszuhandeln.

Gitas Sub-Botschaft, als sie Markus bat, seine Arbeitsmaterialien wegzuräumen, war: »Ich fühle mich durch dich vernachlässigt, deine Arbeit nimmt bei uns auch im übertragenen Sinn mehr Raum ein als meine. Ich habe das Gefühl, dass du meine Arbeit nicht gleichermaßen wertschätzt. Ich möchte dir sagen: Hallo, ich bin auch noch da, und auch ich bin jemand, der hart arbeitet!« Dadurch, dass Markus aber nur auf den Sachaspekt (Gitas Nebenkriegsschauplatz, das herumliegende Bauplanungszeugs) reagierte, fühlte sie sich unverstanden und zeigte sich unzufrieden, obwohl Markus sich auf der Sachebene kooperativ verhielt.

Warum Frauen manchmal keinen Rat wollen

Chris und **Klara, 27, Fremdsprachenkorrespondentin, Köln,** hatten einen ähnlichen Streit. Klara hatte bei der Arbeit den Tick, jeden Wortbeitrag mit einem »Also« zu beginnen, und ihr Chef zog sie vor versammelter Mannschaft damit auf. Klara fühlte sich dadurch gedemütigt. Chris schlug ihr vor, das nächste Mal ihrem Chef zu sagen, er solle doch froh sein, dass ihr Tick so harmloser Natur sei und sie nicht an Tourette leide und plötzlich »ficken, ficken, ficken« rufen würde. Klara wollte jedoch keine schlagfertige Antwort von ihm in den Mund gelegt bekommen. Denn damit unterstellte er ihr, dass ihr selbst nichts einfiele, um auf die Situation zu reagieren. Sie hätte sich lieber etwas Trost gewünscht, beispielsweise indem Chris sagt: »So ein blödes Arschloch, dein Chef! Ich würde ihm am liebsten mal die Meinung geigen.« Gemäß dem Motto: Ein echter Freund beschwichtigt nicht, er regt sich mit einem auf. Oder sie hätte sich gewünscht, dass Markus von einer ähnlichen Erfahrung berichtet, die er durchaus einmal machte: »Ich weiß, wie du dich fühlen musst, ich hatte auch mal einen Chef, der mich wegen meines ›von‹ im Namen immer nur vor allen Leuten ›Graf‹ nannte … Irgendwann empfindet man das als derart penetrant, dass man ihm an die Gurgel springen könnte.«

Es ist häufig das Problem, das Frauen mit den gutgemeinten Ratschlägen ihrer Männer haben: Sie wünschen sich Mitgefühl, Verständnis und Beistand in einer schwierigen Situation. Sie wollen, dass der Partner ihre Sichtweise auf die Dinge bestätigt. Sie wollen nicht sofort einen Lösungsvorschlag. Wenn Männer ein Problem erzählt bekommen, verstehen sie das als Aufforderung für einen pragmatischen Ratschlag. Männern kommt es daher so vor, als jammerten Frauen lieber, als aktiv eine Lösung zu suchen.

»Männer setzen ihren Fokus auf die Lösung, Frauen auf das Problem«, glaubt Chris. Das ist so jedoch nicht richtig. In Wirklichkeit geht es Frauen bei Gesprächen eher um gemeinsame Erfahrungen und seelische Unterstützung.

Ähnlich gelagert ist die Anekdote »Die Geschichte mit dem Backpulver« des großen Kommunikationsforschers Paul Watzlawick: Eine Frau backt einen Kuchen, der nicht aufgehen will. Der Mann sagt, es könne am Backpulver liegen, woraufhin die Frau einen Streit vom Zaun bricht: »Backpulver ist dir wichtiger als ich. Dass es das Backpulver sein könnte, kann ich mir selbst denken. Dir aber ist es gleichgültig, dass ich dir mit dem Kuchen eine Freude machen möchte.« Am Ende sagt sie: »Wie ihr Männer es schafft, alles nur so sachlich auseinanderzuhalten, dass es eine Frau dabei zu frösteln beginnt.«

Getarnte Konflikte

Häufig tarnen Frauen (aber auch Männer) also einen Beziehungskonflikt mit einer Sachangelegenheit.

Sascha, 32, Handelsvertreter, Frankfurt, berichtete, dass **Marie, 26, Reiseverkehrskauffrau, Frankfurt,** sich nicht für ein neues Waschbecken entscheiden konnte. Sollte sie in ihrer Wohnung ein billiges oder ein hochwertiges einbauen lassen? Im Laufe eines daraus folgenden Streitgesprächs ergab sich, dass sie die Entscheidung davon abhängig machte, ob sie in absehbarer Zeit mit Sascha zusammenziehen würde oder nicht. Sie machte die Waschbeckenauswahl nur deswegen zum Thema, weil sie verunsichert war, dass die Pläne für eine gemeinsame Wohnung bisher keine Form angenommen hatten.

Auch nimmt bei Frauen nicht nur die Beziehungssprache einen größeren Stellenwert ein, sie hören auch stärker als Männer mit dem Beziehungsohr. Wenn ein Mann sagt: »Ich bin müde, ich glaube, ich gehe ins Bett«, deuten sie die Sachaussage oft als Beziehungsbotschaft: »Du langweilst mich, ich will meine Ruhe vor dir.«

Dabei könnten wir uns viele Schlachten ersparen, wenn wir schneller zum Kernproblem kommen würden. Statt scheinbarer Sachäußerungen (»Man benimmt sich so doch nicht auf einer Hochzeit«) ist eine Aussage über sich selbst und sein Gefühl (»Ich hab mich unwohl gefühlt, als du mit der männlichen Gummipuppe vom Junggesellinnenabschied auf der Bühne ›You're The One That I Want‹ aufgeführt hast«) nützlicher, um einen Konflikt positiv zu bewältigen.

Prämisse Nr. 5: Bei scheinbar trivialen Konflikten suchen wir den Beziehungskonflikt dahinter.

»Sie gibt mir die Schuld an jedem Streit«

Frank: »Du brichst immer einen Streit vom Zaun«, »Du hast doch damit angefangen«, »Immer verdirbst du alles«. Für Ina war jedes Mal klar: Gab es ein Problem, war ich die Ursache! Und natürlich griff sie auf den Spruch zurück, den Frauen dann ja immer gerne rausholen: »Du bist beziehungsunfähig.« Der Rundumschlag. Das vernichtende Urteil. Damit wollen sie sagen: »An mir liegt es nicht. Es liegt allein an dir. Und mit der Nächsten wird es auch nicht besser, also kannst du dich genauso gut mit mir rumplagen.« Oder, wenn man noch tiefer bohrt, heißt es auch Folgendes: »Du bist nicht fähig oder nicht willens, mit mir eine Beziehung zu führen, die mich, dich oder uns beide glücklich macht.« Oder meistens ganz schlicht: »Du bist nicht fähig zu einer Beziehung nach meinen Vorstellungen.« Irgendwann sagte ich: Okay, dann bin ich eben ein beziehungsunfähiges Arschloch. Dann belästige ich dich eben auch nicht mehr mit meinen Arschloch-Anrufen.

Ina: Frank stellt sein Geschlecht immer dar als Gemütswesen, die nur Bier trinken wollen und mal einen wegstecken. Doch dann kommen wir bösen, streitsüchtigen Frauen und vertreiben sie aus dem Paradies. Ganz so einfach ist es allerdings nicht: Männer können extrem nörgelig sein, tragen ihre Unsicherheiten in die Beziehung rein, ihre Minderwertigkeitsgefühle. Der friedliebende Mann und die Xanthippe an seiner Seite – das ist doch nichts als ein Mythos. Die Weltgeschichte mit ihren von Männern geführten Kriegen und Schlachten erzählt uns was anderes.

1 plus 1 ergibt 2, klar. Doch zwischenmenschliche Beziehungen haben ihre eigene Mathematik. Da gilt: $1+1=3$. Durch die Beziehung ist ein neues System entstanden, das nach eigenen Regeln funktioniert, die sich nicht durch die Beschaffenheit seiner Einzelteile erklären lassen.

Jeder agiert als Teil eines Systems. Insofern lässt sich nie sagen, wer etwas verursacht. Es ist ein Wechselspiel von Ursachen und Wirkungen, von Handlungen und Reaktionen. Statt die Entstehung des Konflikts im »Du« zu suchen, ist es wirkungsvoller, das »Wir« zu betrachten.

Prämisse Nr. 6: Ich akzeptiere, dass beide Seiten zum Problem beitragen, und als dritte Kraft unser beider Verhalten.

»Sie ist nur noch feindselig«

Frank: Aus ihren Augen sprach manchmal purer Hass. Ich war der Feind in ihrem Bett.
Ina: Ich hatte am Ende nur noch das Gefühl, ich bin jemand, den man bekämpfen muss.

Wenn wir anfangen, den Partner als unseren Feind zu betrachten, ist es zu spät. Beide Seiten müssen darauf achten, kooperativ zu bleiben und zugänglich. Egal, was passiert, die freundschaftliche Verbundenheit ist allem übergeordnet und wird auch durch Konflikte nicht beeinträchtigt.

Prämisse Nr. 7: Ich fühle mich dem Partner trotz des Konflikts verbunden.

»Sie hält mich doch sowieso für einen Scheißkerl«

Frank: »Oh, ihr Männer seid alle völlig beknackt!« Ina ist nicht die einzige Frau, die das zu mir gesagt hat. Okay, daran liegt's also, ich gehöre einer von Grund auf verdorbenen Spezies an, die ja nun auch seit jeher den Planeten mit Blut, Krieg, Wahn und Unterdrückung überzieht. Das war natürlich so ein Totschlagargument. Egal, was ich gesagt oder getan habe, es war ja doch nur beseelt von meiner urmännlichen Schlechtigkeit, meiner Gier, meinem Wunsch, andere zu unterdrücken.

Ina: Männer sind tatsächlich alle völlig beknackt. Leider musste ich nach der Beziehung mit Frank feststellen: Lesbisch werden ist für mich persönlich auch keine Lösung.

Wenn wir anfangen, den Partner als »schlecht« zu betrachten, gibt es ebenfalls nichts mehr zu retten. Wir können manches ablehnen, was er sagt und tut. Solange wir einer Beziehung ein Fünkchen

Hoffnung geben wollen, dürfen wir nicht aufhören, den Partner zu bejahen. Wenn ich mir nicht sicher bin, ob er tatsächlich ein guter Mensch ist oder mich wirklich liebt, gehe ich einfach von dem Besten aus, statt zu zweifeln. Insofern muss ich aufhören, seine Aussagen negativ zu deuten. Dazu trenne ich das, was er tatsächlich gesagt hat, von meiner Interpretation und von den Gefühlen, die diese meine Interpretation bei mir auslöst.

Prämisse Nr. 8: Ich gehe davon aus, dass mein Partner gut ist und positive Absichten verfolgt.

»Sie blockt alles ab«

Frank: Ich hatte das Gefühl, dass Ina mir gar nicht richtig zuhört. Dass sie sich nicht mal die Mühe macht, meinen Standpunkt zu verstehen.

Ina: »Ist doch totaler Quatsch!«, sagte Frank immer bei einem Streit und schüttelte den Kopf und verschränkte die Arme. Dann war kein Rankommen mehr. Er machte total dicht.

Wichtig: Ich lasse den anderen ausreden. Und zwar immer. Er macht mir Vorwürfe? Ich versuche nicht gleich, mich zu rechtfertigen. Stattdessen bemühe ich mich, die Aussagen des Partners möglichst genau zu verstehen. Ich stelle dazu die nötigen Fragen. Ich prüfe, ob ich meinen Partner richtig verstanden habe, indem ich seine Aussagen mit meinen Worten zusammenfasse und ihn bitte, mich gegebenenfalls zu korrigieren.

Beispiel:

»Habe ich das richtig verstanden, meine Liebe? Du willst von nun an deine Bisexualität ausleben und möchtest, dass deine beiden Liebhaberinnen Jenny und Peggy bei uns einziehen?«

Prämisse Nr. 9: Ich höre mir an, was der Partner zu sagen hat, ohne zu unterbrechen, abzuwehren oder zu bewerten.

»Sie ist rachsüchtig und nachtragend«

Hassan, 27, Computerspezialist, Berlin: Ich hatte einmal Mist gebaut, okay, hab meine Freundin mit einer anderen betrogen. Sie ist zwar bei mir geblieben. Aber manchmal dachte ich, der einzige Grund dafür war: Sie wollte es mir heimzahlen. Denn so ergeben sich natürlich viel mehr Gelegenheiten für ausgeklügelte Racheaktionen. So wurde sie zur Rachegöttin Nemesis. Sie ließ alle wissen, was für ein Arschloch ich war. Ich fühlte mich als der meistgehasste Mensch. Jetzt weiß ich, wie sich der BP-Boss nach dem Ölleck im Golf von Mexiko gefühlt haben muss oder der Arzt, der für den Tod von Michael Jackson verantwortlich ist.

Frank: Ich hatte mich über Inas Wohnung beschwert. Sie war zumindest damals noch ungemütlich. Es gab nicht mal einen Platz, wo man sich richtig hinsetzen konnte, und sie ist nicht besonders ordentlich. Ich versuchte, es ihr höflich zu sagen, sie schien es zu akzeptieren. Aber als wir das nächste Mal bei mir waren, mäkelte sie überall rum. Es wäre zugig, und der Ausblick auf einen Innenhof würde sie deprimieren, und sie entdeckte Wollmäuse in den Ecken, ich solle mal meine Putzfrau schelten, sie leide schließlich an einer Stauballergie. Wenn man mich fragt, hatte meine Kritik an ihrer Wohnung lange genug gegoren, und jetzt musste sie meine herunterputzen.

Ina: Wir waren im Stilwerk, und er hatte sich für ein paar Möbel interessiert, die waren so gewollt, aber nicht gekonnt. So ein Stil, der bewundert werden will, aber letztendlich doch nur phantasielose Massenproduktionsware war. Da kann man besser zu Ikea gehen und würde noch viel Geld sparen, sagte ich. Ich glaube, das hat er mir übelgenommen, denn als wir dann bei mir waren, fing er an, über meine Wohnung rumzumäkeln, sie sei ungemütlich, er würde sich da nicht richtig wohl fühlen. Eine Retourkutsche von ihm!

Paul Watzlawick sagt: »Rache ist eine Handlung, die man begehen möchte, wenn und weil man machtlos ist: Sobald aber dieses Gefühl des Unvermögens beseitigt wird, schwindet auch die Rachsucht.«

In einer modernen Partnerschaft sollte sich aber niemand machtlos fühlen. Viel besser ist es, Möglichkeiten zu haben, ein Problem anzugehen. Ebenso wie Rachsucht ist auch Groll ein unproduktives Gefühl. Wenn wir nachtragend sind, werden Nichtigkeiten aufgebläht wie ein Kuhkadaver in der Wüstensonne. Unsere Gedanken kreisen nur um das, was uns angetan wurde. Die Gedanken verselbständigen sich, nehmen schließlich Besitz von uns.

Machen wir unsere Liebe nicht vom Verhalten des Partners abhängig. Machen wir den ersten Schritt. Glücklichsein ist wichtiger als Rechthaben oder den »unschuldigen Part« im Konfliktfall einzunehmen.

Prämisse Nr. 10: Ich wiege keine »Vergehen« gegeneinander auf. Ich starte keine Retourkutschen oder Racheaktionen.

»Sie putzt mich runter«

Mick: Vera und ich, früher. Ich: »Du hast den ganzen Abend
nur Augen für deinen beknackten Ex-Freund AliLee gehabt.«
Sie: »Dass dir das aufgefallen ist. Du merkst doch sonst
nichts.« Ich: »Du bist auch nicht grad die hellste Kerze im
Leuchter. Wie nennt man das, wenn du dir mit deinen Freundinnen einen Heuballen zuwirfst?« Sie: »Ich will es nicht
wissen.« Ich: »Einen Gedankenaustausch.« Sie: »Du bist nur
neidisch, weil wir Spaß haben, während deine Freunde alles
frustrierte Knilche sind, die zu lange nichts mehr vor die
Flinte bekommen haben.« Ich: »Du legst es wieder darauf
an, mir richtig auf die Nerven zu gehen.« Sie: »Du bist eine
Saftnase.« Ich: »Du bist eine Schnappkuh.« Und zack! waren
wir in einen saftigen Streit verwickelt, der uns so manche
Autofahrt verkürzte und bei Ankunft in ziemlich gutem Sex
endete. Dank unseres Trauzeugen Oliver haben wir jedoch
gelernt, Sätze mit »ich« statt mit »du« zu beginnen, und
statt eine Aussage über den anderen zu treffen, eine Aussage über uns und unser Gefühl zu formulieren.
Jetzt laufen unsere Diskussionen folgendermaßen ab. Ich:
»Ich fühle mich irgendwie verunsichert, weil du so viel mit
deinem Ex-Freund AliLee geflirtet hast. Ich merke gerade,
wie er negative Gefühle in mir auslöst und ich eifersüchtig
werde.« Sie: »Ich finde schön, dass du so aufmerksam bist.

Ich merke, dass es mir vielleicht sogar darum ging, als ich auf seinem Schoß saß und AliLee und ich über die alten Zeiten redeten, als wir noch private Sexvideos miteinander am Strand gedreht haben. Ich habe nämlich manchmal das Gefühl, dass du mich gar nicht mehr richtig wahrnimmst.« Ich: »Das tut mir leid, und ich finde es schön, dass du das so offen sagst. Vielleicht kann ich das wiedergutmachen, indem wir AliLee zu uns einladen, und wir gucken eure alten Sexvideos zusammen. Ich würde gerne sehen, wie sehr es dir gefallen hat, deine Hände in lange, ausgebleichte Männerhaare zu krallen.« Sie: »Ich habe das Gefühl, dass du diesen tollen Vorschlag gar nicht so ernst meinst und da ganz viel Sarkasmus mitschwingt. Dadurch fühle ich mich verletzt.« Ich: »Ich habe das Gefühl, dass ich dich am liebsten vor Ali-Lees schmuddeliger WG absetzen würde, da könnt ihr direkt mal austesten, ob ihr eure Gefühle noch mal auffrischen wollt.« Sie: »Ich spüre gerade, wie ich dich ein Stück weit für ein eifersüchtiges Arschloch halte.« Ich: »Ich spüre gerade, wie ich dich ein Stück weit für ein mieses Stück halte.« Sie: »Ich fühle diese Lust in mir, dir die Nudel wegzuhauen.«
Den Rest möchte ich jetzt allen Unbeteiligten ersparen, aber die Autofahrten gehen jetzt noch schneller rum, und wenn wir ankommen, ist der Sex fast noch besser.

Ich hatte Mick und Vera tatsächlich einmal vorgeschlagen, öfter Ich-Aussagen statt Du-Aussagen zu treffen. Ich riet ihnen, statt dem anderen etwas vorzuwerfen (»Du bist beziehungsunfähig!«, »Du bist total berechnend!« »Du bist so ein Partyluder, sogar Lindsay Lohan verblasst neben dir!«), lieber ein Gefühl auszudrücken. Also zu sagen »Ich habe das Gefühl, dass es dir schwerfällt, Nähe zuzulassen« oder »Ich fühle mich unwohl, wenn du ständig auf der Theke strippst, wenn wir mit Freunden ausgehen«.

Es ist prima, dass Vera und Mick meinen Vorschlag so kreativ umsetzen. Ihre Dialoge mögen Geschmackssache sein, aber diese Art, sich aufzuziehen, scheint sie zu verbinden und zu erotisieren. Und sie sind eine sarkastische Umsetzung meines Ratschlags und zeigen: Wenn man sich beleidigen will, lässt sich das in jeder Form durchführen. Letztendlich soll es sich bei der Ich-Botschaft auch um kein Dogma handeln. Wir sind keine Maschinen, die nach einer Programmierung funktionieren. Nur noch in Ich-Botschaften zu reden würde unser Verhalten schnell starr, unecht oder unfreiwillig komisch erscheinen lassen. Manchmal können wir nicht anders, als dem andern ein paar Sachen an den Kopf zu hauen. Wer jedoch fair und mit einem befriedigenden Ergebnis streiten will, findet in der Ich-Aussage ein (in vielen Fällen) deeskalierendes Instrument.

Prämisse Nr. 11: Wir drücken Gefühle aus, statt uns Vorwürfe zu machen.

»Sie will, dass ich mich schuldig fühle«

Chris: Ich hatte eine Freundin, die für mich aus Südafrika zu mir gezogen war. Sie fühlte sich nicht wohl, sie vermisste das Meer, die Sonne, die Giraffen, was weiß ich. Ich sagte, okay, in einem Jahr bin ich beruflich so weit, dann kann ich mir einen Job in Südafrika suchen, du kannst jetzt schon zurückziehen. Wir sehen uns dann eben, so oft es geht. Aber das wollte sie dann auch nicht. Sie wollte lieber hier mit mir im verregneten Köln sitzen und jammern und erreichen, dass ich mich schuldig fühle. Denn dann war ich ja verpflichtet, sie auf Händen zu tragen.

Franzi, 27, Produktionsassistentin, München: Ich hatte einen Freund mal sitzengelassen für einen anderen, das aber bald als Fehler erkannt. Ich bat um Verzeihung, und mein Freund nahm mich zurück. Aber er ließ mich die ganze Zeit dafür büßen, schmierte mir immer wieder aufs Brot, wie er damals leiden musste. Ich war die Sünderin. Aus dieser Rolle kam ich nicht mehr raus. Am liebsten hätte er, dass ich mich nackt auf den Viktualienmarkt stelle, mit einem Schild um den Hals: »Ich habe meinen Freund für einen anderen verlassen – und bin damit reingefallen, bitte bewerft mich mit faulen Früchten!« Es war ein Befreiungsschlag, als ich mich ein zweites Mal von ihm trennte. Diesmal nicht für einen anderen Mann. Sondern nur für mich.

Wir sind nicht für die Gefühle der anderen verantwortlich

Menschen mit Schuldgefühlen werten sich als Person ab, weil sie sich mit dem identifizieren, was sie glauben, falsch gemacht zu haben. Wir alle sind aber viel mehr als unser »unperfektes Verhalten«. Und wir können nicht beeinflussen, wie andere über unser Verhalten denken und welche Gefühle es in ihnen auslöst. Wir müssen die Maßstäbe der anderen dafür, welches Verhalten richtig ist und welches falsch, nicht zu unseren Maßstäben machen.

Die anderen Menschen sind selbst für ihre Gefühle verantwortlich. Wir können uns davon befreien, ihre Last zu tragen. Wir dürfen unseren Mitmenschen nicht zu viel Einfluss darauf geben, wie wir uns fühlen, sondern sollten selbst darüber bestimmen. Andere

Menschen wollen, dass wir uns schuldig fühlen, damit sie uns ihren Willen aufdrängen können. Schuld ist ein starkes Druckmittel. Schuld ist ein Mittel, mit dem andere Menschen Macht über uns erlangen wollen. Schuld ist ein zerstörerisches und unproduktives Gefühl.

Genauso können wir anderen nicht die Schuld dafür geben, wie wir unsere Umwelt wahrnehmen, wie wir über unsere Wahrnehmungen denken und welche Gefühle sie in uns auslösen. Wir müssen die Verantwortung für unser Leben, auch für unser Gefühlsleben, selbst tragen. Andere schulden uns lediglich, uns so zu behandeln, dass sie damit keine Gesetze übertreten, die in unserer Gesellschaft gelten.

Hält mir jemand eine Knarre an die Schläfe und überzeugt mich so, den PIN-Code meiner Bankkarte preiszugeben, hat er sich in dieser Gesellschaft schuldig gemacht. Schnappt man ihn, darf er in den zwei Stunden Arrest, die dann auf ihn zukommen, über seine Schuld nachdenken. Über den gesetzlichen Rahmen hinaus schulden uns andere nichts. Nicht einmal ein solches Verhalten, das wir als fair erachten.

Und auch wenn wir alle Menschen verbannen würden, die uns schlecht fühlen lassen, wären wir nicht glücklicher. Wir können das Leben und die Liebe mehr genießen, wenn wir uns nicht zu sehr über unsere Mitmenschen aufregen. Sie können Ihren Prinzen schelten für all das, was er Ihnen angetan hat. Sie können heulen, schreien oder einleuchtend argumentieren, warum er sich falsch verhalten hat. Doch Sie sollten sich überlegen, ob Sie sich besser fühlen würden, wenn er eines Tages nicht mehr anruft.

Prämisse Nr. 12: Ich versuche, keine Schuldgefühle zu haben, und verursache in meinem Partner keine Schuldgefühle.

Mythos Nr. 2:

Mein Partner schuldet mir faires, rücksichtsvolles und einfühlendes Verhalten

Das Leben ist unfair. Andere Menschen behandeln uns ungerecht, auch oder gerade Menschen, die uns nahestehen. Auch unser Partner. »Andere Menschen haben ein Recht, das zu tun und zu sagen, was sie möchten, auch wenn es falsch ist oder sie mir damit unrecht tun. All mein Ärger kann das Verhalten meiner Mitmenschen nicht ändern. Ich habe keinen Anspruch auf Gerechtigkeit und eine faire Behandlung«, sagen die Psychotherapeuten Doris Wolf und Rolf Merkle in ihrem hervorragenden Buch »Gefühle verstehen und Probleme bewältigen«. Diese Erkenntnis mag ernüchternd wirken, aber sie ist auch befreiend. Denn wir verbringen zu viel Zeit mit Selbstmitleid und Klagen darüber, wie schlecht wir behandelt werden.

Wir alle sind jedoch unperfekte Menschen in einer unperfekten Welt. Produktiver ist es daher, das Beste aus allem zu machen und zu wissen: Andere handeln so, wie es ihnen zu diesem Zeitpunkt innerhalb ihrer Bedingungen möglich ist. Dazu müssen wir uns in andere hineinversetzen. Dann gelingt es uns auch, Mitgefühl für andere zu entwickeln. Denn Mitgefühl erinnert uns daran, andere so zu behandeln, wie wir selbst behandelt werden möchten. Das ist das Einzige, was wir verlangen können – von uns selbst.

♕ **Wahrheit Nr. 4:** Wenn Sie aufhören, jederzeit faires Verhalten von Ihrem Prinzen zu erwarten, werden Sie glücklicher.

»Hilfe, sie analysiert mich!«

Sascha: Wir treffen uns mit Freunden im Park, ich bin gerade von der Arbeit gekommen. Ich trinke Bier, bin gut drauf, reiße ein paar derbere Witze, kurz: Ich habe Spaß. Doch dann Marie. Wenn sie ihren Kopf schieflegt und diesen Blick von unten nach oben hat, dann weiß ich, sie weiß wieder mehr über mich als ich selbst. »Sag mal, Sascha, hattest du einen stressigen Tag bei der Arbeit? Du wirkst so reichlich überdreht, musst wohl erst mal runterkommen, was?« Nein, Frau Doktor, alles war prima bei der Arbeit, und im Park amüsierte ich mich einfach nur, bis du anfingst, deinen Kopf schiefzulegen. Im Streit sagt sie mir manchmal: »Du hattest es auch nicht immer ganz einfach in deiner Kindheit, was? Ich merke, da ist noch ganz viel, was du aufarbeiten musst.« Oder einmal war ich echt sauer, weil ich um 22 Uhr von der Arbeit heimkam, sie hatte frei, hatte aber NICHTS eingekauft, unser Kühlschrank sah aus wie der von Kate Moss. Ich schnauzte also etwas rum, und sie sagte (Kopf schiefgelegt): »Die Auseinandersetzung mit deinem Bruder setzt dir wohl immer noch zu, was?« Nein, mir setzt zu, dass sich das, was ich im Kühlschrank finde – eine Nachtbrille, eine Hautcreme und eine abgelaufene Tube Senf – nicht dazu eignet, ein nicht vorhandenes Brot zu belegen.

Das Perfide an der Küchentischanalyse: Mit ihr kann man hervorragend von sich selbst ablenken, so wie Marie, die eigentlich mit dem Einkauf an der Reihe gewesen wäre. Indem sie Saschas Unmut in einen größeren Zusammenhang setzt und in der Sachbotschaft eine verdeckte Selbstkundgabe (»An mir nagt etwas ganz anderes als ein leerer Kühlschrank«) zu entdecken glaubt, banalisiert sie ihr eigenes Versäumnis. Im ersten Fall, den Sascha beschreibt, lenkt sie davon ab, dass sie sich mit seiner ausgelassenen Art nicht ganz wohl fühlt, und umgeht so, von sich selbst zu sprechen – durch die Analyse vermeidet sie die Selbstkundgabe. Doch durch Analysen fühlt sich der andere oft falsch verstanden, überrumpelt und als Objekt denn als gleichwertiger Gesprächspartner – und vielleicht als jemand, der mehr von psychologischen Prozessen bestimmt wird und weniger von seinem Willen und seinem Verstand. Wir werden gedrängt in die Rolle desjenigen, der womöglich Hilfe braucht und es selbst noch gar nicht weiß.

Aber: In die Rolle des Hilfsbedürftigen lassen sich gerade Männer ungern drängen. Um fair zu kommunizieren, bleiben wir also besser bei der Sache und sprechen von uns selbst und nicht über den anderen. Das Gefühl, dass Mitteilungen entwertet werden, weil man ja »neben der Spur« ist, kennen Frauen nur zu gut. Nur machen sich Männer meist gar nicht erst die Mühe, über irgendwelche psychologischen Abläufe zu fabulieren: Der Satz »Du hast wohl deine Tage« ist wahrscheinlich für Frauen der meistgehasste Satz, den sie von Männern hören müssen.

Prämisse Nr. 13: Ich analysiere meinen Partner nicht – ich spreche von mir statt über den anderen.

»Sie deutet in alles etwas hinein«

Chris: Klara und ich sind mit dem Auto in den Tessin gefahren, sitzen auf der Hotelterrasse, ich studiere die Karte. Sie: »Was machst du?« Ich: »Ich gucke, was für uns der geschickteste Weg zurück ist.« Sie (nach längerem Schweigen): »Ach, du denkst jetzt schon an die Rückfahrt? Dir gefällt es hier wohl nicht. Dir gefällt es mit mir nicht.« Ich: »So ein Quatsch, ich fühle mich einfach wohler, wenn alles geplant ist. Wenn die Abfahrt geklärt ist, kann ich es besser genießen.« Sie grummelt.

Mick: Vera und ich ziehen uns für eine Party um. Das zu ertragen ist ein Knochenjob. Sie probiert das dritte Kleid an. Ich: »Das rückenfreie Schlauchkleid hattest du lange nicht an, darin siehst du immer hinreißend aus.« Sie: »Soll das heißen, dass mir dieses Kleid hier nicht steht? Sehe ich darin aus wie eine Augentrauerweide? Du warst doch selbst dabei, als ich es ausgesucht habe.« Ich: »Das habe ich doch gar nicht gesagt, ich habe nur einen Vorschlag gemacht, weil ich weiß, dass du sowieso noch mindestens drei weitere Kleider anprobieren wirst.« Sie: »Findest du etwa, dass ich für dieses Kleid zu dick geworden bin? Ich sag's dir, dann bin ich für das Schlauchkleid erst recht zu dick.« Ich: »O bitte nicht die Diskussion. Zieh irgendwas an, Hauptsache, wir fahren bald mal los.«

Chris: Ich habe letztens Klara belauscht, wie sie sich bei einer Freundin ausheulte: »Er geht viermal die Woche zum Sport, und jetzt will er wieder an einem Triathlon teilnehmen, außerdem hat er sich für einen Spanischkurs angemeldet. Ich finde ja toll, dass er so aktiv ist, aber ob er das macht, um sich mir zu entziehen? Ob ich ihm auf den Geist gehe?« Und so ging das dann die ganze Zeit weiter. Natürlich konnte ich nicht verstehen, was ihre Freundin dazu gesagt hat, aber es klang nicht so, als versuchte sie, den Wind aus den Segeln zu nehmen. Es schien eher so, als haue sie mit eigenen Erlebnissen noch schön in die Kerbe. Dabei war alles, was Klara sagte, völliger Quatsch: Ich nehme seit jeher immer mal wieder an einem Triathlon teil. Es ist sogar so, dass wir uns nach einem Triathlon kennengelernt hatten, an dem Klaras Bruder teilnahm. Und der Spanischkurs? Ich reiße mich nicht drum, bisher kam ich im Ibiza-Urlaub mit »Hola« und »Una cerveza, por favor« bestens zurecht. Aber mein Arbeitgeber drängt mich dazu, weil wir viel mit Lateinamerika zusammenarbeiten, und eigentlich weiß Klara das auch.

Marie: Sascha fühlt sich ständig zu Sachen aufgefordert, auch wenn ich ihn gar nicht dazu auffordere. Als ich sagte: »Boah, ist das heiß«, fragte Sascha, ob ich will, dass er eine Klimaanlage einbaut. Als ich sagte: »Mann, tun mir die Füße weh«, winkte er ein Taxi ran. Ich wollte damit aber nur zum Ausdruck geben, wie stolz ich bin, dass ich so weit laufen kann. Es ist ja total süß, aber wenn ich ein Taxi will oder eine Klimaanlage für eine gute Anschaffung hielte, würde ich es mitteilen. Mag sein, dass wir Frauen öfter etwas durch die Blume sagen, aber deswegen steckt doch nicht in allem, was ich sage, eine tiefere Bedeutung!

Die vier Funktionen unserer Mitteilungen

Jetzt wird's kurz theoretisch: Nach dem Modell des Kommunikationswissenschaftlers Friedemann Schulz von Thun besitzt jede Botschaft vier Funktionen. Neben der **Sachfunktion** (Übermittlung von Informationen) und dem **Beziehungsaspekt** (wie Sprecher einander sehen und zueinander stehen) gibt es die **Ausdrucksfunktion** (der Sprecher sagt etwas über sich) und die **Appellfunktion** (der Sprecher will den Hörer zu einer Handlung auffordern).

Während Frauen Botschaften offenbar besonders sensibel auf die Beziehungsfunktion absuchen, fühlen Männer sich eher auf der Sachebene und auf der Appellebene in ihrem Element. Mit der Ausdrucksfunktion haben Frauen weniger Probleme, sie sind es eher gewohnt, etwas von sich preiszugeben, während bei Männern die Angst vor Selbstoffenbarung größer ist: Sie fürchten, dass sie durch eine Selbstkundgabe ihren Status riskieren, etwa wenn sie eine Schwäche gestehen. Frauen dagegen nutzen eine Selbstkundgabe gerne, um Nähe zum Kommunikationspartner aufzubauen. So schafft es etwa Verbundenheit, wenn jemand etwas Privates verrät.

Dieses Kommunikationsmodell eignet sich gut dazu, Missverständnisse zu untersuchen: Jede Mitteilung, die wir machen, besitzt alle vier Funktionen, wenn auch meist nur eine direkt geäußert wird. Wir suchen aber auch jede Mitteilung, die unser Gesprächspartner macht, nach allen vier Funktionen ab, also auch nach ihren indirekten Aspekten. Und wir liegen mit unseren Ergebnissen mal mehr, mal weniger richtig.

So machte Marie eine Mitteilung auf der Ausdrucksebene – ihr taten die Füße weh –, und Sascha suchte darin den Appell: Er glaubte, ihre Äußerung sei eine Aufforderung an ihn, ein Taxi heranzuwinken. Sascha ist ein Gentleman, und er will alles tun, damit es seiner Freundin gutgeht. Er will sich als Macher präsentieren, der aktiv auf die Umwelt einwirken kann. Für Maries Geschmack schießt er damit übers Ziel hinaus.

»Diese Beispiele sind ja noch niedlich«, sagt sie weiter. »Aber es kann auch schon mal gereizter werden. Einmal kam er eher als geplant von einer Geschäftsreise nach Hause. Es war nicht so, dass er mich gerade mit dem DHL-Boten erwischte. Trotzdem war ich überrascht und sagte: ›Was machst du denn schon hier?‹ Und er fragte sauer: ›Stör ich dich etwa? Soll ich wieder gehen?‹« Auch versuche er ständig, aus ihren Gesprächsbeiträgen Hinweise über ihr Befinden herauszuhören: »Wenn ich mal ruhiger bin, denkt er gleich, ich bin sauer auf ihn. Wenn er auf Geschäftsreise ist und ich bin guter Laune am Telefon, sagt er: ›Na, du blühst ja richtig auf, wenn ich nicht da bin.‹«

Maries Beispiele belegen, dass auch Männer nicht immer nur auf den Sachaspekt reagieren, sondern in Äußerungen unterschwellige Mitteilungen hineindeuten, die der Sprecher gar nicht beabsichtigte. Vielleicht haben sie die Erfahrung gemacht, dass Frauen häufiger solche indirekten Mitteilungen machen, also etwas »zwischen den Zeilen« sagen, sodass sie auf diesem Ohr übersensibel geworden sind.

Jeder lebt in seiner eigenen Wirklichkeit

Doch woran liegt es, dass wir, egal, ob Mann oder Frau, immer so viel mehr in eine Äußerung hineindeuten, als gesagt wurde – und oft auch mehr, als gemeint wurde? »Du liebst mich nicht richtig, sonst hättest du dir doch längst mal ein Tattoo mit meinem Namen gemacht«, »Du stehst doch eigentlich auf Blond«, »Du hast doch längst Pläne geschmiedet, mich um die Ecke zu bringen«: Es ist ein

Urbedürfnis, in die Aussagen oder das Verhalten anderer Menschen etwas hineinzudeuten.

Evolutionstheoretisch ist diese Fähigkeit Teil der Erfolgsgeschichte des Menschen: Es war überlebenswichtig, sich in den anderen hineinzuversetzen, seine Absichten zu durchschauen und seine Handlungen vorwegzunehmen. Egal, ob es um Mitglieder des eigenen Rudels oder um ein anderes, womöglich feindlich gesinntes Rudel ging. Leider übertreibt unser Gehirn ein wenig mit der Gedankenmaschinerie: Es schnattert und warnt und unkt in einem fort. Auch in Situationen, in denen wir eigentlich mal zur Ruhe kommen könnten. Deshalb lesen wir aus einer Mitteilung an uns Botschaften, die über den sachlichen Aspekt hinausgehen. So checken wir die Aussage oder Handlung danach ab, ob sie etwas darüber verrät, wie der andere aufgelegt ist und was er über sich und sein Befinden mitteilen will (Ausdrucksfunktion der Botschaft).

So wie Klara: Chris studierte die Karte, sie las daraus, dass er sich mit ihr im Urlaub unwohl fühlt und den schnellsten Weg nach Hause sucht. Oder aber er glaubt, der andere fordere ihn mit seiner Aussage indirekt zu etwas auf, so wie Vera, die Micks Vorschlag als Aufforderung verstand, etwas anderes anzuziehen.

Es liegt der paradoxe Fall vor, dass wir oft gezwungen sind, zwischen den Zeilen zu lesen, weil wir gar keine direkte Ansage hören wollen. Direkte Ansagen sind nämlich oft tabu, gelten als unhöflich und verletzend. So empfahl Popstar Kylie Minogue in einem TV-Interview den Männern, ganz behutsam vorzugehen, wenn sie etwas am Outfit ihrer Partnerin auszusetzen haben. »Am besten, mein Freund sagt: Du siehst phantastisch aus, aber das andere Kleid sieht auch phantastisch aus! Sonst denke ich: Was, du magst mein Outfit nicht? Ich mache dir die Hölle heiß!« Am häufigsten aber versuchen wir, an den Aussagen des anderen abzulesen, ob der Kommunikationspartner etwas über uns sagt, wie er zu uns steht oder wie er unsere Beziehung sieht. Als soziale »Tiere« ist uns Menschen unsere Stellung im »Rudel« besonders wichtig. So wie Klara, die aus Chris' Triathlon-Teilnahme deutete, dass er sich von ihr entfernen wolle.

Alle Interpretationen können stimmen, häufig tun sie es aber nicht. Nun können wir unser Gedankenfeuerwerk kaum wegschalten (auch wenn man mit Mediation erreichen kann, gelegentlich den Pauseknopf zu drücken). Wir können uns aber bewusst machen, dass Gedanken kommen und wieder verschwinden und nicht die Wahrheit abbilden. Wir können klar trennen zwischen unserer Wahrnehmung, der Interpretation (wie wir über etwas denken und welche Schlüsse wir ziehen) und unseren Gefühlen (was unsere Gedanken in uns auslösen). So hören wir zwar nicht auf, Gedanken lesen zu wollen, aber wir gewinnen den nötigen Abstand zu unseren Interpretationen. Und wir horchen vielleicht öfter in uns selbst hinein und begreifen, dass viele unserer Schlüsse mehr mit unserer Geschichte als mit der Gegenwart zu tun haben.

Bei den Bedeutungen, die wir Äußerungen verleihen, richten wir uns nämlich nach unserer individuellen inneren Landkarte – und die ist eine andere als die unseres Kommunikationspartners. Wir alle leben in unseren eigenen Wirklichkeiten, und welche Reaktion uns logisch erscheint, hängt von unserer Wirklichkeit ab.

Prämisse Nr. 14: Ich vermeide es, Gedanken zu lesen. Ich erkenne, dass alles, was ich in den Partner hineindeute, nur meine Wahrheit ist.

»Sie fährt immer aus der Haut«

Achim, 41, Reporter, Berlin: Ich habe in meinem Leben manches Mal eine aufs Maul gekriegt. Aber die schlimmsten Verletzungen haben mir Frauen zugefügt. Wenn auch keine physischen. Wenn sie wütend sind, wissen sie, wo es weh tut. Und diese Stelle treffen sie, zielgenau und zerstörerisch wie Torpedos. Jeder Wutanfall hinterlässt verbrannte Erde. Danach ist nichts mehr so, wie es mal war. Man kann zwar weitermachen, bis das Maß voll ist. Der Mensch erträgt viel, wenn er liebt. Aber wenn bestimmte Dinge ausgesprochen wurden, ist die Unschuld in einer Beziehung hin. Worte können auch Gewalt sein. Frauen sind Männern oft sprachlich überlegen. Man kommt oft gar nicht hinterher und weiß nicht mehr, was los ist. Und plötzlich sind alle Worte im Mund umgedreht und mit Angelegenheiten aus der Vergangenheit (oft zehn Jahre her!) verknüpft. Worte von Frauen können spitz sein, spitze Waffen. Wenn ein Mann mir Gewalt antut, kann ich zum Arzt gehen und mir das attestieren lassen. Gewalt einer Frau ist im Nachhinein schwer zu beweisen.

Gita, 29, Modedesignerin, Düsseldorf: Viele Männer sehen nicht, wie angsteinflößend sie wirken, wenn sie richtig wütend sind. Für mich fängt Gewalt da schon an. Wenn gegen eine Tür geschlagen wird, irgendwas zu Bruch geht, das ist eine Drohgebärde, die einfach nur Angst macht. Aber Angst frisst die Liebe auf.

In Edward Albees Theaterstück »Wer hat Angst vor Virginia Woolf?« trägt ein Ehepaar auf quälende Weise seine Zwistigkeiten aus. Es begegnet sich mit Abscheu, Zynismus und Hass. Nicht

Konfliktbewältigung, sondern Selbstzerfleischung ist das Thema dieser inszenierten Ehehölle.

Das Gegenstück zu dieser Tirade der beleidigenden Du-Aussagen soll nicht der rationalisierte oder intellektualisierte Konflikt sein, der kein Gefühl und kein Temperament mehr zulässt. Das ist nicht der Sinn der hier aufgeführten Prämissen. Vielmehr sollen die Prämissen eine Streitkultur fördern, die schafft, statt zu zerstören. Der Konflikt lässt sich auch gar nicht vom Gefühl abkoppeln, denn ein Gefühl steht am Anfang eines jeden Konflikts. Es kann Trauer sein, Groll, Unbehagen, Spannung, Entrüstung, Eifersucht, Ablehnung, Ekel, Missmut, Wut, Ärger, Auflehnung, Unzufriedenheit, Genervtheit.

Wir sind keine Opfer unserer Gefühle

Gefühle sind ein Signal. Sie brauchen das Gefühl gar nicht groß zu analysieren: In den allermeisten Fällen ist es ein Signal dafür, dass wir etwas zu ernst nehmen, sich unsere ratternde Gedankenmaschine aufschaukelt und wir uns innerlich auf einen Kampf vorbereiten, obwohl wir gar nicht kämpfen müssen und uns lieber entspannen und das Leben genießen sollten. Vielleicht ist eines dieser Gefühle aber auch tatsächlich ein Signal, dass wir etwas am Ist-Zustand ändern möchten. So oder so: Die Gefühle sind weder gut noch schlecht. Doch es ist die Entscheidung jedes Einzelnen, wie er mit diesen Gefühlen umgehen will.

Wir können unsere Gefühle blindwütig ausleben, unseren Aggressionen freien Lauf lassen, den anderen herabwürdigen, beleidigen, demütigen.

Wir können aber auch hinterfragen, was unsere Gefühle uns mitteilen wollen. Wir können sie unter Kontrolle bringen, um dann auf einen Soll-Zustand hinzuarbeiten. Denn Wut überkommt uns nicht. Wir sind keine passiven Opfer unserer Gefühle. Wir können sie regulieren.

Wut kann sich auf zwei Arten entladen: Entweder explosionsartig durch einen Wutanfall. Ein Wutanfall führt zu Zerstörung. Aber Wut kann auch in geringerer Intensität ausweichen, dafür konstant. Sie äußert sich dann in Sticheleien und führt zu einer schleichenden Vergiftung.

Wut entsteht meist dann, wenn ein Konflikt sich lange aufgestaut hat. Ein guter Zugang (Rapport) zu uns selbst und zu unserem Partner und eine produktive Bewältigung von inneren und äußeren Konflikten sind der beste Schutz. Sind die hier aufgeführten Prämissen erfüllt, sind das die besten Bedingungen für ein faires und friedliches Streiten. Denn schon mancher Prinz ist nach einem ausgearteten Streit wieder davongeritten – und hat nie wieder angerufen.

Wahrheit Nr. 5: Sie können sich 1000-mal entschuldigen, Ihr Prinz kann Ihnen 1000-mal verzeihen – wenn Sie persönlich oder verletzend geworden sind, bleibt immer etwas hängen.

Wichtig: Ich halte mich auch dann weiter an die Prämissen, wenn der Partner gegen sie verstößt. Ich verhalte mich weiter fair, auch wenn er sich unfair verhält. Nur so kann ich ein Rollenmodell für meinen Partner werden.

Allerdings: Jede Partnerschaft hat ihre eigenen Maßstäbe und Rituale. Was auf Außenstehende erschreckend wirkt, kann innerhalb der Partnerschaft eine von beiden Seiten akzeptierte Kommunikationsform sein. So gibt es Paare, die so richtig aufblühen, wenn sie sich anschreien, manchmal geraten sie erst vor Publikum in Hochform.

Jedes Temperamentniveau ist in Ordnung, solange gewisse Grenzen eingehalten und der andere nicht geängstigt oder gedemütigt wird.

Prämisse Nr. 15: Schon sprachliche Gewalt ist tabu!

Notbremsen gegen die Wut

Wenn es Ihnen noch schwerfällt, Ihre Wut unter Kontrolle zu bringen, können Ihnen folgende Tipps dabei helfen. Denn Gelassenheit lässt sich lernen. Beobachten Sie sich dazu zunächst selbst: Welche Signale lösen bei Ihnen Wutanfälle aus? Welche Körpergefühle oder Gedanken haben Sie, bevor Sie ausrasten? Nutzen Sie dann einen der folgenden »Downer« (alle rezeptfrei und ohne Nebenwirkungen!), um Ihre bisherige Reiz-Reaktionskette zu durchbrechen.

1. Halten Sie sich mit Ihrem Partner an den Händen und sehen Sie sich in die Augen, wenn die Stimmung zu eskalieren droht. Wir können dann schon nicht mehr so gemein sein. Streckt einer von Ihnen die Arme aus, so gilt das als vereinbartes Signal dafür, dass er sich mit der Stimmung unwohl fühlt.
2. Setzen Sie Ihren Streit mit Handpuppen oder Stofftieren fort. So schaffen Sie eine spielerische Distanz, die Ihnen eine neue, gelassene Sichtweise ermöglicht. Lächerlich? Ja, vielleicht. Aber viele Streitigkeiten sind ebenfalls lächerlich. Man steckt nur zu tief drin, um es zu merken. Durch die Stofftiere oder auch durch die Geste unter Punkt eins erinnern Sie und Ihr Partner sich

daran, dass Sie ein gemeinsames Ziel haben, nämlich Konflikte friedlich und produktiv zu lösen.

3. Stellen Sie sich Ihren Partner zunächst als Säugling, dann als Greis vor. Er befindet sich wie Sie auf einer Reise von Unvollkommenheit zu Weisheit.

4. Gönnen Sie sich eine Pause beim Streiten.

5. Halten Sie Ihr persönliches Mantra bereit, das Sie entspannt. Sie können beispielsweise doppelt so lange ausatmen wie einatmen und genau auf Ihre Atmung achten. Sagen Sie sich dann: »Ich empfinde Liebe, Dankbarkeit und Geduld.«

6. Üben Sie sich in Geduld! Eine Geduldübung mit einem Geduldsmantra finden Sie ab Seite 106.

7. Formulieren Sie, wenn Sie sich beruhigt haben und sich über sich selbst im Klaren sind, Beleidigungen in konstruktive Ich-Botschaften um (ab Seite 70).

»Sie rennt vor dem Konflikt weg«

Chris: Ich hatte mal eine Freundin, die verstand es, dramatisch wegzurennen, wenn es einen Streit gab. Einmal fand sie etwas im gemeinsamen Kanada-Urlaub über mich heraus, was ich lieber für mich behalten hätte. Sie rannte weg und trieb sich einen Tag in den Wäldern herum. Ich dachte schon, ich müsse sie aus der Höhle eines Grizzlybären befreien. Und wenn wir zu Hause nach einem Streit zu Bett gegangen sind, war sie manchmal plötzlich verschwunden, als ich morgens aufwachte, ohne eine Nachricht zu hinterlassen. Sie wollte einfach, dass ich mir Sorgen mache. Oder sie war nach einer Auseinandersetzung drei Tage nicht zu sprechen, machte ihr Handy aus. Da war es ihr auch ganz egal, dass ich vor wichtigen Verkaufsverhandlungen stand und eigentlich den Kopf frei haben musste. Eine perfide Strategie, denn eigentlich ist man echt sauer, so sich selbst überlassen zu werden mit seinen Gedanken und Gefühlen. Aber wenn es dann wieder das erste Lebenszeichen gibt, ist man erleichtert und freut sich trotzdem.

Klara: Das kenn ich aber auch gut von Männern, dieses Türenschlagen, am Telefon einfach auflegen, dieses Abhauen und Sich-nicht-Melden, und das Handy ist aus. Da liegt man nächtelang wach neben seinem Telefon und wartet, dass er anruft. Und gleichzeitig ist man sauer, dass man so einem Arsch so viel Zeit und Gefühl einräumt und wegen dem jetzt die ganze Nacht nicht pennen kann. Ich bin froh, dass Chris und ich in der Hinsicht eine Abmachung haben: Man kann ruhig mal abhauen, wenn man einen kühlen Kopf kriegen muss, aber nie ohne zu sagen, wann man sich wiedersieht. Und daran hält man sich auch. Und man bleibt erreichbar für den anderen. Ich sag dann schon mal: Ich möchte bis morgen Mittag jetzt einfach mal nichts von dir hören. Aber wenn er dann am nächsten Mittag anruft, gehe ich auch ran und bespreche, wie es weitergeht.

Eine Vereinbarung, wie sie Chris und Klara getroffen haben, ist sinnvoll. Man kann eine Pause voneinander machen, aber entzieht sich nicht einfach und hinterlässt den anderen gar in Sorge und Unruhe. Ein solches **passiv-aggressives** Verhalten fällt unter unfaire Kommunikation. Denn man kann nicht nicht kommunizieren: So ist der Rückzug ein verdeckter Appell, verbunden mit einer Erpressung: »Behandle mich so, wie ich will, sonst entziehe ich mich dir.«

Wir sollten uns niemals trennen ohne einen Ausblick darauf, wann wir weiter an dem Problem arbeiten. Ein Rückzug sollte angekündigt und erklärt werden, damit keine böse Absicht in ihn hineingelesen werden kann, etwa dass ich den anderen strafen will. Denn derjenige, der sich zurückzieht und sich unerreichbar macht, könnte die Hilflosigkeit und die Entmachtung des anderen aus sicherer Entfernung mit Genugtuung erleben.

Prämisse Nr. 16: Wir ziehen uns nicht ohne Ausblick zurück.

»Sie ist stur und schmettert jede Kritik ab«

Fred, 30, Gastronom, Köln: Das Problem bei Doro war, dass sie sich immer danebenbenommen hat, wenn sie was getrunken hatte. Sie fand sich dann unglaublich lustig und merkte nicht, wie sie mich in peinliche Situationen brachte. Wir waren auf der Hochzeit meiner Schwester, und Doro, schon mächtig angeschickert, ging zu dem Tisch, an dem drei meiner Cousins saßen – schüchterne Typen vom Land, die sich mehr mit Computerspielen und Kaninchenzucht beschäftigen als mit Frauen und wirklich nicht aussehen wie Hugh Jackman. »Hey, ihr drei kleinen Nasen, ihr seid also Geschwister? Und eure Eltern sind wohl auch eng verwandt?« Sie grölte über ihren eigenen Witz und legte dann noch nach: »Mal Hand aufs Herz, ihr Tröten, ihr habt doch alle drei noch nie was vor die Flinte bekommen!« Dann bot sie die Hilfe einer Freundin an, die darauf spezialisiert wäre, männliche Jungfrauen zu knacken. Sie hatte sich an diesem Abend noch ein paar Klopse geleistet, und wir mussten uns am nächsten Morgen schnell davonschleichen und nach Hause fahren, statt mit den anderen im Hotel zu frühstücken. Ich fragte Doro, ob es sein müsse, dass sie uns so blamiert, doch sie tat alles nur ab: Sie habe lediglich ein paar Witze gemacht, ich solle mich nicht so anstellen, ich sei total spießig, aber kein Wunder, schließlich sei meine ganze Familie spießig. Sie schmetterte jede Kritik ab. Ihr meinen Standpunkt zu vermitteln war in etwa so erfolgversprechend, wie einer Ziege einen Kochkurs zu geben.

Doro, 31, Teamleiterin, Köln: So ein völliger Blödsinn. Alle haben mich geliebt auf der Hochzeit. Ich hab da etwas Stimmung in die Mehrzweckhalle gebracht. Und diese Cousins – meine Güte, kann man sich vor sprechenden Heuhaufen blamieren?

Der Wunsch, den anderen zu kritisieren, entsteht aus der Erkenntnis: Huch, der andere ist ja nicht so wie ich und auch nicht so, wie ich ihn gerne hätte! Und das, obwohl ich dachte, dass sie meine Traumprinzessin, dass er mein Traumprinz ist!

Kritik als wechselseitige Spiegelung begreifen

Je mehr wir uns mit anderen Standpunkten auseinandersetzen, um so eher können wir akzeptieren, dass die Welt nicht so ist wie wir: Dazu ist es hilfreich, zu reisen, sich mit anderen Kulturen und Religionen zu beschäftigen, sich Parteiprogramme von Parteien anzuhören, die wir nie wählen würden – ohne gleich gedanklich eine Podiumsdiskussion zu starten. Wir können auch Bücher oder Zeitungen zu lesen, die nicht unsere gesellschaftspolitische Haltung widerspiegeln. So erkennen wir: Verschiedene Richtungen, Wahrheiten und Standpunkte können parallel existieren. Es nimmt der Andersartigkeit die Bedrohung. Denn Verschiedenartigkeit ist ein Kapital, ob in der Gesellschaft oder in der Zweierbeziehung. Sie führt uns zu kreativen Lösungen.

Wenn wir meinen, dennoch Kritik anbringen zu müssen, weil uns ein Verhalten stört oder beeinträchtigt oder wir es als unfair erachten, sollten wir drei Schritte berücksichtigen:

1. Wir schaffen ein **Klima der gegenseitigen Akzeptanz:** »Es ist toll, dass wir zusammen auf dieser Hochzeit waren. Der Abend hat mir Spaß gemacht, und ich mag deine unbekümmerte Art, auf Leute zuzugehen.«

2. Wir bringen unsere Kritik in einer Aussage über uns selbst vor, also in einer **Ich-Botschaft, und unterstellen dem anderen eine positive Absicht:** »Ich weiß, du wolltest für Stimmung sorgen, als du in Gegenwart der Cousins und der Braut ein paar Sprüche losgelassen hast, aber ich habe mich dadurch peinlich berührt gefühlt.«

3. Wir finden eine **Alternative, die Gemeinsamkeiten betont:** »Ich denke, wenn wir die Leute etwas weniger brüskieren, müssten wir uns bei der nächsten Hochzeit nicht am Morgen davonstehlen, sondern könnten noch mit den anderen frühstücken und würden mit einem besseren Gefühl nach Hause fahren.«

Und wenn wir selbst kritisiert werden? Dann sollten wir versuchen, unser Herz zu öffnen, statt es zu verschließen – das ist nun wirklich leicht gesagt, aber schwer getan.

Dennoch: Es kommt auf die Übung an! Versuchen wir zu verstehen, was den anderen stört. Es heißt nicht, dass wir uns damit den Schuh gleich anziehen. Die Kritik entspringt nur der Wirklichkeit des anderen. Sehen wir jedoch die gute Absicht hinter der Kritik – offenbar liegen wir jemandem am Herzen, sonst würde er gar nicht erst ansprechen, was ihn stört. Entwickeln wir Empathie für den Partner, auch wenn er uns kritisiert. Verstehen wir die Kritik als Information – über uns selbst, aber auch über denjenigen, der uns kritisiert.

Denn jede Kritik ist vor allem eine Selbstoffenbarung. Versuchen wir, den anderen und seine Meinung besser kennenzulernen, statt ihn zu korrigieren und von seinem Unrecht zu überzeugen. Denn wenn wir auf unserem Standpunkt beharren, geraten wir oft in eine Teufelsspirale: Je stärker wir den anderen von unserer Meinung überzeugen wollen, desto mehr beharrt er auf seiner.

Haben wir lieber den Mut, vom anderen zu lernen. Es bedarf dazu Reife und Bescheidenheit – und der Kunst, sein Ego zurückzustellen.

Prämisse Nr. 17: Ich sehe den anderen Standpunkt als Bereicherung, nicht als Ärgernis an.

Weitere Prämissen für den Konfliktfall im Schnelldurchlauf!

Prämisse Nr. 18: Wir versuchen, das Problem von einer dritten, neutralen Position aus zu betrachten. Wir betrachten uns dabei als Team, das gemeinsam das Problem angeht.

Prämisse Nr. 19: Wir nehmen uns Zeit, unser Problem zu präzisieren, statt aktionistisch Lösungen auszuarbeiten.

Letztendlich gibt es drei Möglichkeiten für eine Lösung, wenn man nicht einer Meinung ist: Man tut, was ER sagt, man tut, was SIE sagt, oder man trifft eine gemeinsame Entscheidung.

Reife Partnerschaften wählen mal die erste, mal die zweite, oft aber die dritte Variante. Diesen vorbildlichen Partnern geht es nicht um Recht oder Unrecht, ums Gewinnen oder Verlieren. Jede gemeinsame Entscheidung vertieft das Verständnis füreinander. Kleine gemeinsame Entscheidungen sind eine gute Übung dafür, später auch große Entscheidungen zusammen treffen zu können. Um eine Entscheidung zu treffen, müssen sich beide Partner erst darüber im Klaren sein, was sie überhaupt wollen.

Betonen wir gemeinsame Werte und Interessen, statt Unterschiede zu vertiefen. Daraus können wir ein gemeinsames Ziel entwickeln. Denn es ist ein Irrtum, zu glauben, dass mein Gewinn nur der Verlust des anderen sein kann und umgekehrt. Eine gemeinsame Entscheidung muss auch kein lauer Kompromiss sein, bei dem beide Seiten sich ein bisschen als Verlierer fühlen. Die gemeinsame Entscheidung ist oft die für beide Seiten bestmögliche.

Dazu frage ich mich, welchen Beitrag ich zur Lösung leisten kann und welchen der andere. Dann können wir aushandeln, welche Bedingungen wir benötigen, um das Ziel zu verfolgen, und welche Zugeständnisse wir bereit sind zu machen. Dabei können wir uns ruhig Zeit lassen. Was wir oft als Entscheidungsunfähigkeit verteufeln, hat häufig eher damit zu tun, dass wir abwägen und genügend Informationen einholen müssen.

Prämisse Nr. 20: Es zählt das Ergebnis jeder Kommunikation, nicht meine Absicht.

Wenn wir in der Kommunikation nicht das gewünschte Ergebnis erhalten, bringt es nichts, zu jammern: »Sie versteht mich immer falsch!« Oder: »Man kann es ihm einfach nicht begreiflich machen.« Oder: »Das war doch gar nicht so gemeint, wieso schnappt sie denn jetzt schon wieder ein?« Ändern wir lieber etwas an unserer Art zu kommunizieren, bis wir das gewünschte Ergebnis erzielen. Das bedeutet, dass wir Verantwortung für unsere Kommunikation übernehmen.

Prämisse Nr. 21: Wir sind uns bewusst, dass es für jedes Problem eine Lösung gibt.

Bei den wenigsten Problemen geht es um Leben und Tod. Bei Partnerschaftsproblemen zum Glück so gut wie nie. Es sei denn, Ihr Traumprinz entpuppt sich als psychopathischer Killer oder Sie selbst sind komplett wahnsinnig.

Unsere Probleme immer im Verhältnis zu sehen nimmt ihnen das Gewicht: Menschen haben schon ganz andere Herausforderungen bewältigt! Ihres ist ganz sicher zu meistern! Wenn sich eine Angelegenheit wirklich nicht (mehr) ändern lässt: Prüfen Sie, ob sie wirklich wichtig ist, und verwenden Sie Ihre Energie lieber für Dinge, die sich ändern und verbessern lassen.

Prämisse Nr. 22: Wenn es schwierig wird, erinnern wir uns an die guten Zeiten und schöpfen daraus Kraft.

Glück aus der Vergangenheit kann uns Glück für die Zukunft bringen. Wir können uns auch daran erinnern, dass wir schon einmal erfolgreich Schwierigkeiten gemeistert haben, und dieselbe Kraft abrufen.

Prämisse Nr. 23: Pflege und Wohlergehen unserer Beziehung haben für uns beide Priorität.

Wenn es mir wichtiger ist, meine eigenen Interessen zu verfolgen, bin ich vielleicht in einem Single-Leben besser aufgehoben.

Prämisse Nr. 24: Wir vergessen nicht, miteinander Spaß zu haben.

Es wäre furchtbar, wenn Beziehung nur heißt, Probleme zu wälzen und Lösungen zu erarbeiten und an Prämissen zu denken. Vergessen wir niemals, uns zu amüsieren und auf den Putz zu hauen!

Kapitel 2

DAHEIM

»Ich finde sie chaotisch,
sie sich kreativ«

Mick: Wir hatten ausgemistet. Ein ganzes Wochenende. Wir, das bedeutet ich und meine Mutter, nach ihrem Nachnamen »Mutter L.« genannt oder kurz »ML«. Eine unerbittliche, tatkräftige Ausmisterin. Zeternd, manchmal weinend, manchmal bettelnd, manchmal uns verfluchend stand uns meine wunderschöne Frau Vera im Weg, kämpfte um VHS-Kassetten-Sammlungen mit »Denver-Clan« und »Fackeln im Sturm«, obwohl wir lange schon keinen VHS-Rekorder mehr besitzen, oder um eine elektrische tanzende Derwisch-Figur mit integriertem Thermometer, die sie mal im Türkei-Urlaub erfeilscht hatte. Diesmal nützte ihr das Klagen nichts. Sie hatte unter MLs Regie all ihre Plörren einteilen müssen in drei Haufen, »kommt weg«, »kommt in den Keller« und »darf bleiben«. Als ich den immer größer werdenden »Kommt weg«-Haufen sah, musste ich innerlich eingestehen: Meine Frau ist ein Messie! ML runzelte nur die Stirn mit ihrem »Ich hab es ja gesagt, gut, dass ich hier bin«-Blick und schuftete.

Eskaliert war das Ganze, als Vera davon überrascht wurde, dass man für eine Bewerbung ihr Abizeugnis sehen wollte. Es musste ja in einer der Kisten sein, in denen sie sehr Wichtiges und auch noch ziemlich Wichtiges aufbewahrte. Nur gab es von diesen Kisten inzwischen Hunderte, sie verteilten sich in jedem Zimmer, in der Garage und im Keller, ohne jedes System. Sie trug Kisten aus dem Keller in die Wohnung, sie rissen, abgelaufene Schwangerschaftstests, ein Versandhauskatalog von 1997/98, ein monströser Honigspender in Biene-Maja-Form, ein Strass-Diadem (wann hat sie das bloß getragen?) und ein bereits zerbrochenes Miniaquarium, in dem ihre Schwester mal Guppy-Babys herangezüchtet hatte, verteilten sich auf dem Wohnzimmerparkett. So förderte sie immer beunruhigter immer mehr Kisten und immer mehr Krempel zutage, nur nicht ihr Abizeugnis. Es muss von einer archaischen Sammelleidenschaft herrühren, nur dass es früher Beeren oder Feuerholz waren. Jetzt wird gesammelt, was die Massenproduktionsgesellschaft so hergibt. Als ML an einem Sonntag aus Duisburg angereist kam, um uns Leo und Lola abzunehmen, platzte sie in dieses Desaster, schritt rabiat wie immer ein und startete die Ausmistaktion. Am Ende fand sie sogar das Abizeugnis. Es war das Original, leider völlig bekleckert von einer ausgelaufenen Hustensaftflasche.

Als ich Vera geheiratet habe, ahnte ich, dass sie schlampig ist. Mein erster Besuch bei ihren Eltern ließ mich ahnen, dass sie auf Arbeiten im Haushalt schlicht nicht vorbereitet wurde. Die Küche ihrer Mutter, eine fachbücherschreibende Geisteswissenschaftlerin, sah aus wie Bagdad downtown. Meine heutige Schwiegermutter schaffte es nach einiger Zeit, aus dem Unrat Lebensmittel rauszufischen, die sie als Frühstück auf den Terrassentisch stellte. Sämtliche Lebensmittel waren abgelaufen, einige hatten tüchtig Schimmel angesetzt. Ihre selbstbewusste Haushaltshilfe Leyla saß mit uns am Tisch und berichtete ausführlich von ihrer unterdrückten Kultur, sie gehörte dem Volk der Mescheten an, eine Minderheit in Russland. Sie schien die Familie seit langer Zeit mit Geschichten, Bräuchen und Ausdrücken ihrer Herkunft zu bereichern und schon lange aufgehört zu haben, auch nur so zu tun, als verbessere sie die Lage im Haushalt. Auch dieser Umgang mit Angestellten übertrug sich auf Vera. Es ist rührend, dass sie unserer stets den Tränen nahen vietnamesischen Haushaltshilfe Hoa Bian in ihrer schwierigen Ehe hilft und bei den Hausaufgaben für die Abendschule. Es verbessert nur nichts an den Zuständen bei uns zu Hause.

Es ist gar nicht so sehr die Unordnung, die mich nervt. Es ist, dass sie mit ihrer Verpeiltheit, ihrer Unorganisiertheit, ihrem Messietum noch kokettiert, sich damit noch niedlich vorzukommen scheint, sich vielleicht an fiktiven Chaos-Nervensäginnen wie Teri Hatcher in »Desperate Housewives« oder Bridget Jones orientiert. Dabei erschwert, behindert, ja sogar gefährdet sie damit unseren Alltag. Egal, ob sie Schlüssel nicht findet oder den Reisepass verkramt hat, drei Stunden vor Abflug, ob sie ihre PIN-Codes vergisst oder Rechnungen in die Schublade legt, ohne sie zu begleichen: Wir haben zwei kleine Kinder und können uns kein Studentenchaos mehr erlauben.

PS: Unsere Wohnung war nach dem ML-Wirbel fast schon von bauhausartiger Klarheit – und so eingeschüchtert, dass sie sich lange gar nicht mehr traute, wieder richtig unordentlich zu werden. Bei den Nachbarn hatten wir endgültig verschissen, wir wohnen jetzt zum Glück wieder in Düsseldorf. Nur ein Bereich blieb für ML tabu: Veras Handtasche, der Mikrokosmos ihres Chaos. Dort scheint alles drin zu sein, nur nie das, was sie sucht. Ich hasse es.

Vera: Ich hab gerade mein Examen und mein Referendariat gemacht, ich bin Lehrerin, ich bin zweifache Mutter. Es kann nicht immer supergeleckt werbefilmmäßig aussehen wie bei Micks Vorbildfreunden Phillip und Kerstin. Die haben schließlich ein Kindermädchen und eine Haushaltshilfe für jeden Tag, die sie regelmäßig an ihren befristeten Aufenthaltsstatus erinnern, um ihr bei der Arbeit Druck zu machen. In meinem Chaos ist System. Nur weil Mick es nicht versteht, heißt es nicht, dass es einfach nur Chaos ist. Außerdem ist es doch so: Jeder Mann erlebt eine traumatische Enttäuschung, wenn er feststellt, dass seine Frau oder Freundin nicht so gut kochen kann wie Mutti.

Wenn er es blitzblank braucht, soll er doch zu seiner Ex gehen. Die muss geputzt haben wie eine 50er-Jahre-Hausfrau auf Speed. Aber das war ihm ja auch nicht recht, denn das war ihm dann wieder zu pedantisch und unentspannt. Doch es stimmt ja, ich muss ordentlicher werden. Ich finde mich nicht niedlich in meiner Unordnung. Ich versuche nur, durch ein bisschen Humor und Selbstironie die Situation zu entschärfen. Dass ML in meinen privaten und privatesten Sachen wühlte, war ein tiefer Eingriff in meine Unabhängigkeit. Aber ich habe ihre Aufräumaktion zugelassen, weil ich einsehe, dass wir es alleine nicht geschafft hätten. An meine Handtasche jedoch kommt ML nicht. Niemals.

Doro, 34, Teamleiterin, Düsseldorf: Entschuldige mal und hallöle, aber Männer sind doch die allerfaulsten Säue im Stall. Es mag ein paar Frauen wie Vera geben, die nun wirklich keine Profihausfrauen sind, aber es sind doch Männer, die sich seit Jahrtausenden vor der Hausarbeit drücken, und daran hat sich wenig geändert. Und wenn sie dann mal in den Supermarkt gehen und Produkte einkaufen, die sie ja auch selbst essen, oder tatsächlich ihre Barthaare aus dem Waschbecken wischen, wollen sie dafür gelobt werden. Soll ich meinem Kerl dafür wirklich dankbar sein? Soll ich mich darauf einlassen?

Warum stresst uns »das bisschen Haushalt« so?

Das Allensbacher Institut für Demoskopie wollte von Männern und Frauen wissen, was sie unter einem modernen Mann verstehen. Männer dachten dabei an moderne Kleidung (20 Prozent), Karriereorientierung (14), Sportlichkeit (12) und Selbstbewusstsein. Dass es modern sein kann, auch den Staubsauger zu steuern, fiel kaum jemandem ein. Für immerhin 28 Prozent der Frauen dagegen verdient ein Mann sich das Adjektiv »modern«, wenn er sich am Haushalt beteiligt.

Die Studie zeigt, mit wie wenig Prestige Hausarbeit verbunden ist. Sie ist bei beiden Partnern gleichermaßen unbeliebt: Es ist eine Arbeit, die nichts Neues schafft, sondern nur etwas wegnimmt (Dreck, Staub, Unordnung), also einen Zustand wiederherstellen will. Die Anerkennung ist gering. Trotzdem ist der Haushalt eine Chance für das Paar, sich in seine Rolle als Team einzufinden: »Wir arbeiten gut zusammen, wir haben gemeinsame Ziele, wir handeln faire Lösungen und Vereinbarungen aus. Wir unterstützen einander und sind dem anderen dankbar für das, was er getan hat.«

Klare Absprachen und nötige Toleranz

Es ist also sinnvoll, die Hausarbeit durch möglichst konkrete Vereinbarungen zu regeln. Wenn der eine Partner das Gefühl hat, der andere verstößt gegen die Vereinbarungen, ist es wichtig, auch die Beschwerde möglichst konkret zu formulieren: »Es ärgert mich, dass überall deine Kisten herumstehen und ein ganzer Nachmittag für die Suche nach deinem Abizeugnis verging, wo wir eigentlich zusammen rollerblaten wollten.« Das ist besser als zu sagen: »Du bist einfach schlampig, ich habe schon gemerkt, dass du aus einer schlampigen Familie kommst, als uns deine vergeistigte Mutter

dieses verschimmelte Frühstück vorsetzte.« Wie soll Vera da ansetzen und dann noch ihre Familiengeschichte ändern?

Vereinbarungen sind auch deshalb nützlich, weil man bewusst gegen sie verstoßen kann – im positiven Sinne. Etwa, indem man einkaufen geht, obwohl der andere dran wäre, oder das Bad wischt,
obwohl man es nicht dreckig gemacht hat. Ohne eine Belohnung
zu erwarten, ja, sogar ohne Dank zu erwarten. Ohne aufzuwiegen
mit Strichlisten für Verdienste und Verstöße. Schließlich werden
wir immer denken, wir engagieren uns mehr für den Haushalt als
unser Partner. Denn die Leistungen des Partners bleiben oftmals
unbemerkt, während uns unsere eigene Plackerei nur zu gut in
Erinnerung ist. Und wenn Sie einfach wieder einmal den Müll
rausbringen, statt lange darüber zu argumentieren, wer damit an
der Reihe wäre, haben Sie mehr Zeit für das, was wirklich wichtig
ist.

Mit einem solchen Altruismus durchbricht man einen Prozess
gegenseitiger Aufschaukelung, eine **Teufelsspirale,** die häufig bei
Konflikten in Gang gesetzt wird: Sie meckert, dass er nichts wegräumt, er zieht sich trotzig zurück und räumt erst recht nichts weg.
Sie meckert jetzt noch mehr, weil er immer noch nichts wegräumt,
er zieht sich noch genervter zurück usw.

Ein solche Teufelsspirale kann auch durch eine **paradoxe Aufforderung** durchbrochen werden: Der ordentliche Partner verkündet
dem unordentlichen fröhlich: »Du, lass doch heute mal alles stehen
und liegen. Ich weiß, du hast gerade andere Sachen im Kopf, ich
mach das schon!« Wenn es Ihnen gelingt, das zu sagen, ohne
sarkastisch zu klingen, sagen Sie mir bitte, wie Sie das gemacht
haben!

Trotzdem: Paradoxe Aufforderungen haben eine verblüffende
Wirkung. Schon manche Lehrkraft versetzte die tobende Klasse

mit den Worten »Jetzt gebt mal alles, seid mal richtig laut, da muss doch noch mehr gehen!« in eine geradezu unheimliche Stille.

Bei wiederkehrenden Konflikten in Sachen Haushalt kann es nützlich sein, die Ursache zu erforschen. Veras Chaos scheint eine habituelle, also gewohnheitsmäßige Seite zu haben: Sie hat offenbar in ihrer Familie gelernt, dass Haushalt zweitrangig ist und Haushaltshilfen interessante Gesprächspartner sein können. Viele Prinzen, die nicht im Haushalt helfen, sind es von zu Hause gewohnt, dass man für sie putzt.

Bei Konflikten, die auf **unterschiedlichem Habitus** begründet sind (mit Habitus sind unsere Gewohnheiten und unsere Lebensführung zusammengefasst), ist es von Vorteil, sich immer wieder die Glanzseite der Medaille ins Gedächtnis zurückzurufen. Schlampige Menschen sind oft großzügig, leger, lebenslustig, kreativ, Sauberkeitsfanatiker zuverlässig und verantwortungsbewusst. Im Konflikt vergessen wir oft die positiven Eigenschaften. So deutet Mick immerhin an, dass er es rührend findet, wie seine Frau sich um die Eheprobleme und die Fortbildung ihrer vietnamesischen Haushaltshilfe kümmert. Sicherlich bewunderte er an Vera ihr Einfühlungsvermögen und ihre Großherzigkeit, als er sich in sie verliebte – auch wenn der Haushalt da manchmal zu kurz kommt.

Der Konflikt kann aber auch auf ein **Beziehungsmuster** hinweisen, auf eine komplementäre Rollenverteilung innerhalb der Beziehung, also ein Ungleichgewicht. Nutzt der eine Partner den anderen aus? Drängt der eine Partner den anderen in die Rolle der Haushaltshilfe? Fühlt der ordentliche Partner seine Arbeit durch das unordentliche Verhalten des anderen abgewertet? Letztendlich kann auch eine **Beziehungsbotschaft** dahinterstecken, wenn ein Partner die gemeinsame Haushaltsführung sabotiert.

Dies ist dann häufig der Fall, wenn das Problem neu und akut auftaucht. Versteckt sich in seinem unordentlichen Verhalten ein Vorwurf, ein passiv-aggressives Trotzverhalten, dem ein ganz anderer Konflikt zugrunde liegt, nämlich ein »ungerupftes Hühnchen«? Ist das Chaos vielleicht sogar ein Weg, auf sich aufmerksam zu machen, ein Hilfeschrei? Zieht der Prinz, der sich weigert, seinem Teil der Haushaltspflichten nachzukommen, sich womöglich auch aus der Beziehung zurück? Bei einem solchen Verdacht helfen nur klärende, vorwurfsfreie Gespräche, bei denen es bitte nicht um herumliegende Socken geht.

♛ **Wahrheit Nr. 6:** Streiten um den Haushalt ist anstrengender und zeitraubender als der Haushalt selbst. Paare, die Regelungen treffen, sind im Vorteil. Und wenn Sie sich öfter mal selbstlos verhalten, haben Sie gewonnen.

»Sie kriegt nicht einmal ein Spiegelei hin«

Frank: Okay, womöglich bin ich ein fieser Chauvi, jemand, der nicht begriffen hat, dass wahlweise das Mittelalter oder die 50er Jahre vorbei sind. Ja, ich habe es gerne, wenn eine Frau für mich kocht. Ich habe es auch gerne, wenn eine Frau es zu Hause schön macht, einen Sinn für Gemütlichkeit besitzt, mir – jetzt, liebe Frauenrechtlerinnen, kommt die Stelle, an der ihr empört nach Luft schnappen könnt – ein Kissen bringt oder sogar mal ein Bier. Ja, ich befürworte, dass Frauen wählen gehen dürfen und alleine Auto fahren, sie sollen alles machen, was sie für ihre Selbstverwirklichung brauchen, von Daueryoga bis Käfigkampf ist mir alles recht, ich unterstütze das alles. Aber ich mag es eben auch, wenn es mal was zu essen gibt. Meine letzte Freundin Ina etwa glaubte, dass Nahrung etwas sei, was man ausschließlich in Restaurants bekommt. Würden plötzlich alle Restaurants geschlossen, wäre sie endlich mal gezwungen, einen Supermarkt zu betreten, und wäre vielleicht erschrocken angesichts der rohen Zutaten, unwissend, wie die sinnvoll zu einer Mahlzeit zu kombinieren und zuzubereiten wären. Es würde vermutlich so enden wie immer, wenn es mal kein Restaurant und auch kein Sushi to go gab, sie würde Würstchen im Wasser erhitzen. Ich habe einmal gesehen, wie sie unbeholfen versuchte, ein Ei über einer Pfanne aufzuschlagen. Ich musste fast weinen. Meiner Familie begann ich leidzutun, meine tatkräftige Tante Walli brachte Überlebensrationen Gulasch vorbei. Aber Ina ist nur ein Fall in einer Generation von Küchen-Nihilistinnen. Wenn im Job irgendeine gemeinsame Aktivität anliegt, wie letztens, als wir zusammen das WM-Spiel während der Arbeitszeit angesehen haben: Es ist nicht so, dass sich mal drei, vier Kolleginnen zusammentun würden, um irgendetwas zuzubereiten, ein paar Sandwiches oder einen Salat. Dabei haben wir eine voll funktionsfähige Küche im Büro. Nein, die geschätzten Damen fachsimpeln über Diagonalpässe, Rauten und Abseitsfallen und zischen dabei ein Bier, Essenmachen ist nicht. Als wir uns mit ein paar Freunden ein Ferienhaus in Dänemark gemietet haben, haben wir Jungs abends gegrillt. Haben die Mädels dazu irgendwelche Salate beigesteuert oder sich an einem anderen Abend revanchiert und etwas gekocht? Nein, sie haben ab dem frühen Abend angefangen, sich mit Prosecco zu betrinken und über Sex zu reden. Blieb der Grill kalt, haben sie eben Süßigkeiten geschlickert. Ich wage zu behaupten: 70 Prozent der deutschen Frauen können gar nichts mehr in der Küche. Wir beneiden alle unseren Bruder Jo. Als er in Bangkok arbeitete, hatte er eine thailändische Kollegin geheiratet und mit nach Deutschland genommen. Sie schläft viel, und in Wachzeiten bereitet sie ungefragt köstliche Mahlzeiten zu. Wenn wir Jungs bei Bergtouren unsere selbstgemachten Stullen auspacken, die wir uns noch um 6 Uhr vor dem Aufbruch geschmiert hatten, aß Jo köstliches Phat Thai aus seiner Tupperware. Übrigens kann ich kochen, ich tue es gerne und oft, für mich, für Frauen, für Freunde, und ich kann an dieser kreativen Tätigkeit beim besten Willen nichts Degradierendes entdecken.

Ina: Ich kann die Teamchefin von zwölf Leuten sein, ich kann meinen SUV im dichtesten Stadtverkehr einparken, ich kann zehn Kilometer in einer Stunde laufen, ich kann eine Deckenlampe anbringen und ein Fahrrad flicken, auch das Hinterrad, denn das ist etwas komplizierter, wegen der Gangschaltung. Ich kann eben nicht kochen. Dafür spazierte ja Franks übellaunige Tante Walli aus Duisburg öfter mal uneingeladen in unsere Wohnung und brachte Vorratsrationen Gulasch und Möhreneintopf vorbei. Sie arbeitet seit 40 Jahren in einer Großküche und kann daher nur in Riesenportionen kochen, wie sie beispielsweise für Staatsgefängnisse benötigt werden. Mit denen stopfte sie dann regelmäßig unsere Tiefkühltruhe zu und schüttelte dabei immer missmutig den Kopf und sagte immerzu gedehnt: »Nä nä nä, Jung, da tusse ja vom Fleisch fallen hier.« Damit meinte sie mich und meine Absicht, ihren Neffen auszuhungern. Einmal erdreistete sie sich, eine teure Creme, die tiefgekühlt gelagert werden muss, aus der Tiefkühltruhe zu entfernen, um Platz für ihr Gulasch zu schaffen. Als ich mich beschwerte, sagte sie gedehnt: »Kind, datt ist ein Tiefkühlschrank, kein Schminkschrank.« Gegessen hat Frank die eingefrorenen Gulaschkanonen von Walli kaum. Mir schien es, als sei er mit unseren Restaurantbesuchen ganz zufrieden, zumal ich sie meist bezahlt habe, weil er gerade »between jobs« war. Übrigens sah Frank mit einem Schraubschlüssel in der Hand nicht besser aus als ich mit einem Ei und diesem seltsamen Ding, das man in seinen Fachkreisen wohl Pfanne nennt.

Wie erwecke ich »kochende« Leidenschaft?

Es spielt keine Rolle, wer für wen kocht. Es spielt keine Rolle, wer öfter kocht und wer besser. Lösen wir das Kochen endgültig vom Geschlechterkampf und sehen es als ein wertvolles Stück Paarkultur. Zu kochen ist die beste Möglichkeit, etwas für den Partner zu tun, ihn sich wie ein Prinz oder eine Prinzessin fühlen zu lassen. Wer gut bekocht wurde, ruft auch wieder an.

Kochen ist eine Form von Dankbarkeit und erzeugt Dankbarkeit. Gemeinsam zu kochen ist der perfekte Anlass, sich als Team mit einem gemeinsamen Ziel, einer gelungenen Mahlzeit, zu präsentieren, ob vor Gästen oder nur für einander. Im Gegensatz zur Hausarbeit, die nur etwas wiederherstellt, entsteht beim Kochen etwas Neues. Wir werden mit einem Genuss belohnt. Kochen bindet, es ist ebenso produktiv wie häuslich und schafft Nestwärme. Gleichzeitig sorgt es aber auch für Aufregung und Genuss. Kochen hat längst sein miefiges Hausmütterchen-Image verloren. Kochen ist schick, Kochen ist sexy, Kochen ist kreativ, Kochen ist Lifestyle und Lebensfreude. Köche sind Stars, Kochsendungen der Hit, Kochbücher sind sogar von der »Spiegel«-Bestsellerliste verbannt, weil sie

sonst alle Plätze blockieren würden. Rezepte bringen die große
weite sinnliche Welt in die Küche.

Wahrheit Nr. 7: Mit Ihren Kochkünsten binden Sie jeden
Prinzen an sich – und sorgen dafür, dass auch Ihr moderner
Prinz Sie gern bekocht.

»Sie will meinen Lieblingssessel entsorgen!«

Tobias, 37, Grafiker, Berlin: Michelangelo war ein Mann
und Leonardo da Vinci. Charles Lebrun und Charles Garnier
waren Männer und Karl Friedrich Schinkel. Der Empire-Stil
wurde von Männern erfunden und der Jugendstil. Männer
gründeten die Bauhaus-Schule. Auch heute sind einige der
wichtigsten Designer und Raumgestalter Männer, von Karl
Lagerfeld bis Philippe Starck. Doch wenn es um die Einrichtung der gemeinsamen Wohnung geht, sind Frauen davon
überzeugt, dass Männer plötzlich jeden Geschmack verloren
haben. Sie suchen aus. Sie stellen zusammen. Sie arrangieren. Sie rangieren aus. Das versuchten sie sogar schon mit
meinem Lieblingssessel. Er ist groß, zugegeben, aber er ist
verdammt cool. Ich hab ihn weit unter Wert vom Arkona-
platzmarkt, und ich trenne mich eher von einer Frau als von
ihm. Frauen halten sich für richtungsweisend und stilsicher.
Einzig sie allein sehen sich dazu berufen, die feine Grenze
zwischen »muss man haben« und »geht gar nicht« zu ziehen
und zu bewachen.

Von meinen Ex-Freundinnen würde ich jedenfalls keine als Innenarchitektin buchen. Meine erste Freundin Shirley hatte eine kombinierbare, polierte Schrankwand mit Vitrine, in der nie benutzte Leonardo-Eisgläser standen, dazu ein Polsterbett mit integriertem Radiowecker und ein schwarzgerahmtes Schwarzweißbild von einem Mann, der ein Baby auf seinem nackten Oberkörper abgelegt hatte. Gut, das lässt sich noch mit den frühen 90ern entschuldigen.

Meine Ex Jessica war unbeschreiblich weiblich, was sich in der Wohnung widerspiegelte: Lavalampen, Muschelketten-Vorhänge, Goa-inspirierte Phosphorbilder, Tropfkerzen, indische Wandteppiche, Nippes aus Ägypten oder Bali, mundgeblasene Klangschalen. Im Bad Naturschwämme und gesammelte Schneckenhäuser und wieder Schalen, diesmal mit duftenden Pflanzenleichen drauf. Alles in allem: schon in den späten 90ern eigentlich unentschuldbar.

Natascha, meine letzte Freundin, war da schon eine Verbesserung, das muss ich zugestehen. Sie war PR-Tussi, der »Ich kombinier Designerteile mit Zara«-Typ, und so war auch ihre Wohnung folgerichtig im »Ich kombiniere Flohmarktstücke mit modernen Sachen«-Stil. Parkett, eierschalfarbene Couch, ein Plexiglastisch mit Coffee-Table-Books (Mapplethorpe, David LaChapelle, ein Sexbuch von Kim Cattrall), Arne-Jacobsen-Korbstuhl, Poster von Kunstausstellungen (MoMa, Gauguin, Frida Kahlo), ein Druck vom Berliner Fernsehturm an der Wand, Hydrokulturen um einen Futon für ein bisschen Karibiksituation. Im Schlafzimmer etwas Romantik mit Himmelbett und Riesenkissen und Dan Brown und Paulo Coelho auf dem Nachttisch, ein bisschen Country, ein bisschen Kleinmädchenzimmer, Lichterketten, ein Spiegelschrank mit Lämpchen. Alles nicht der ganz große Wurf, man hätte aber drauf bauen können, als wir tatsächlich vorhatten zusammenzuziehen. Aber schon im ersten Möbelhaus zeigten sich: völlige Sturheit. Kompromisslosigkeit. Beratungsresistenz. So nicht. Wir haben uns wenig später getrennt. Nicht speziell deswegen, aber ich denke, wir haben in diesen Möbelläden nichts gesehen, was unsere gemeinsame Zukunft hätte sein können.

Natascha, 28, PR-Beraterin, Berlin: Ich will auf Tobias' Wohnung gar nicht im Detail eingehen. Klarheit, klar, form follows function, Chaiselongue und Eames Chair und Panton-Barboy usw. Ganz schön cool, auf jeden Fall. Cool wie klirrende Eiswürfel. Aber Leben? Gemütlichkeit? Individualität? Nein. Alles eher so, wie ein kleiner Mittelschichtsjunge sich seine Wohnung vorstellt, wenn er denn mal groß und stark ist und einen tollen Job hat. Wo ist das Persönliche? Wo ein bisschen Trash? Wo Ironie, wo die Brechung? Dann hab ich eben eine Lichterkette aus leuchtenden Pinguinen über dem Schlafzimmerspiegel. Sie erinnert mich an meine pinguinverrückte Phase. Oder eine Ernie-Puppe aus meiner Kindheit. Die Wohnung spiegelt mich und meine Geschichte wider. Tobias' Wohnung spiegelte eine hippe Einrichtungszeitschrift wider. Diese in leiser Verachtung hochgezogene Augenbraue, wenn mir etwas gefiel, was ihm missfiel. Was eigentlich immer der Fall war. Ich kaufe mit dem Herzen ein. Tobias begutachtete das Produkt im Laden mit dem Hintergedanken, ob man ihn wohl später dafür bewundern würde.

Mythos Nr. 3:

Männer haben keinen Geschmack

Männer schaffen seit jeher gern Schönes, und die Zeiten, wo sie den häuslichen Bereich der Frau überlassen, sind vorbei. Sie sehen längst nicht alles nur zweckmäßig. Leider blitzen Männer immer noch oft ab, wenn es um Einrichtung geht, und bekommen das Gefühl, dass ihre Ideen gar nicht gefragt sind.

Oft ist es wohl so, wie es Natascha beschreibt: Männer werden bei ihren Kaufentscheidungen häufiger von Statuswünschen beeinflusst, sie wollen bewundert werden für das, was sie gekauft haben. Frauen legen den Schwerpunkt eher auf Nestwärme und Behaglichkeit. Klingt, als könnten beide Seiten ganz wunderbar voneinander profitieren. Denn auch Männer haben es letztendlich gern behaglich, und Frauen haben auch ein klitzekleines bisschen Bewunderung gern.

Wenn Sie allerdings verunsichert sind und glauben, dass Sie einfach keinen Geschmack haben und deswegen sowieso nichts zur Einrichtung beitragen können: Keine Angst, Geschmack lässt sich lernen. Etwa durch einschlägige Zeitschriften, die von Leuten gemacht werden, von denen man einfach mal annehmen muss, dass sie sich auskennen. Wenn Sie sich dann noch weniger von Moden leiten lassen – die spätestens in zehn Jahren verlässlicherweise bemüht und altbacken wirken –, sondern sich eher an zeitlosen Klassikern orientieren – und wenn Sie IHM dann noch seinen Lieblingssessel aus Studentenzeiten lassen, haben Sie schon alles richtig gemacht.

»Sie mutiert zum allwissenden Muttertier«

Guido: Anne hatte bemerkt, dass ein Job viel Mühe kostet und trotzdem manchmal nur wenige Früchte trägt – und dass manchmal die guten Positionen an Leute vergeben werden, die nicht so einen tadellosen Lebenslauf haben wie sie und nicht vier Sprachen sprechen können. Nachdem ihr Vertrag bei einer Galerie nicht verlängert wurde, entschied sie, Mutter zu werden.

Sie ging die Sache genauso planvoll und ehrgeizig an wie alles in ihrem Leben. Sie erbettelte sich einen Termin bei DEM angesagten Fruchtbarkeitsgynäkologen, bei dem man nur durch die persönliche Empfehlung mindestens zweier Fürsprecher aufgenommen wird, als handle es sich um einen besonders elitären britischen Golfclub. Das ist noch nicht alles, denn man muss dann auch noch willens sein, sich bei Terminabsprachen von kalt hüstelnden Arzthelferinnen demütigen zu lassen. Nachdem dank ihres Eisprung-Gurus von medizinischer Seite alles geklärt war, wurden Temperaturen gemessen und Sexpläne aufgestellt. Ich stand mindestens unter demselben Druck wie Fürst Albert von Monaco, dessen Land an Frankreich fällt, wenn er keinen Erben zeugt. Währenddessen drückten uns plötzlich alle Bekannten ihre Kinder auf den Schoß, als könnten sie uns damit anfixen, als würden wir allein davon schwanger werden, so wie man sich mit einer Grippe ansteckt. Diese adrett lächelnden Mütter, die mir ungebeten ihre Babys aufdrängten, kamen mir vor wie das Promotion-Team im Supermarkt, das Kunden Käsehäppchen zum Probieren reicht. Nun mag ich Käse sehr gerne und auch hübsche Käse-Promoterinnen, die sich so ihr BWL-Studium finanzieren, aber ich kann für nach warmem Windelschiss riechende Kinder, die nicht meine Gene haben, nur bedingt Sympathien entwickeln.

Ich weiß nicht, wie ich das geschafft habe. Vermutlich – und das darf Anne NIE erfahren – habe ich mal an die ein oder andere Käse-Promoterin gedacht. Aber, ich habe es geschafft! Nun sind sie da, unsere eigenen beiden Kiddies, inzwischen sechs und vier Jahre alt. Aber ich höre nur noch Vorwürfe! Du erziehst die Kinder falsch! Du erziehst die Kinder gar nicht! Du lässt mich völlig im Stich! Du spielst meine eigenen Kinder gegen mich aus und sabotierst meine Erziehung! Du bist zu streng! Du bist zu lasch! Du verwöhnst sie zu sehr! Du bist zu eng mit dem Jüngsten! Du bist ein grausamer Vater, weil du dir beim Kinderfest eine Wurst geholt hast, während der Ältere sich sein Kinn am Rand des Trampolins aufschlug! Du bist mit ihm ins falsche Krankenhaus gefahren, du weißt doch, dass im St. Elisabeth nur Kinderschänder praktizieren, die sich mit gefälschtem Examen als Ärzte ausgeben! Ich scheine gar nichts richtig machen zu können.

Anne: Ich bin überrascht, dass Guido das alles so wahrnimmt. Zunächst: Ich bin nicht schwanger geworden, weil mein Arbeitsvertrag nicht verlängert wurde. Ich dachte einfach: Jetzt oder nie, der Zeitpunkt wird vielleicht nie wieder so günstig. Kinderkriegen ist mein A-Plan gewesen, immer schon, nicht mein B-Plan! Und: Ich halte Guido für einen wahnsinnig guten Vater. Was er als Vorwürfe bezeichnet, sehe ich als ganz normale Absprachen, die wir zum Wohle unserer Kinder treffen müssen. Wann sind wir streng, wann verwöhnen wir sie, wie ziehen wir am besten an einem Strang? Kindererziehung ist ein ständiger Optimierungsprozess, da muss man doch miteinander reden und auch Grundsätzliches diskutieren können!

Wie sag ich meinem Prinzen nur, dass ich kleine Kronprinzen von ihm will?

Zusammenziehen, Heiraten, Kinderkriegen: Das sind die Themen, die am Anfang einer Beziehung im Raum schweben wie Gespenster, unsichtbar, aber doch spürbar. Über sie zu sprechen fällt so schwer, weil sie mit so vielen Erwartungen verbunden sind und Ängsten, besonders der Angst vor Zurückweisung. Diese heiklen Themen werden schnell zu Tabuthemen, für die es einfach keinen richtigen Zeitpunkt zu geben scheint. Besonders eine Frau kann offenbar nur verlieren: Äußert sie ihren Kinderwunsch geradeheraus, steht sie da als Panikerin, die schnell und mit aller Gewalt einen Mann an sich binden will, um ihr Aufzuchtprogramm durchzuziehen. Geht sie dem Thema aus dem Weg, erntet sie das Misstrauen des Mannes. Denkt sie, meine Gene sind nicht gut genug? Hält sie heimlich schon Ausschau nach einem Besseren? Mag sie Kinder vielleicht nicht einmal, ist sie eine Karriere-Bitch, kaltherzig und degeneriert? Oder weiß sie längst, dass sie unfruchtbar ist? Verschwende ich meine Energie und meinen wertvollen Samen an eine Frau, die Fruchtbarkeit nur optisch vortäuscht, aber niemals für die Weitergabe meiner Gene sorgen wird? Eine Frau riskiert eine Menge bei diesem Balancespiel.

Wenn ein Partner einen Kinderwunsch verspürt, gibt es kein anderes Mittel, als den Partner in entspannter Atmosphäre darauf anzusprechen. Vor dem Gespräch ist es entscheidend, sich möglichst genau über seine Wünsche im Klaren zu sein und auszuschließen, dass man Kinder aus den falschen Gründen will, etwa um eigene Probleme oder Partnerschaftsprobleme zu lösen. Dann sollten beide sich über die große Chance dieses potenziellen gemeinsamen Ziels im Klaren sein, denn Kinder schaffen Verbundenheit wie nichts sonst. Sie erheben die Beziehung vom Selbstzweck auf die nächste höhere Stufe: Statt sich nur im anderen zu spiegeln, tritt man als Team zum Wohl eines anderen Wesens auf.

Ist der Kinderwunsch einmal auf dem Tisch, gilt es, die Informationen, die man so vom Partner erhält, mit den eigenen Wünschen abzugleichen. Dazu muss man sie erst einmal hinnehmen, auch wenn sich Abweichungen auftun. Es fällt schwer, Input nicht persönlich zu nehmen, der nicht unseren Hoffnungen entspricht, ihn nicht zu bewerten oder überzubewerten, aber es ist die Anstrengung wert.

ER lehnt Kinder vorerst ab? Hier können Sie ergründen, wo die Ursachen für seine Ablehnung liegen. Ist es seine Angst, seine Selbständigkeit und seine Identität zu verlieren? Ist es Angst vor einer dauerhaften Bindung? Sind es Zweifel, ob Sie beide die nötigen Fähigkeiten als Eltern mitbringen? Sind es finanzielle oder praktische Erwägungen, etwa die Größe der Wohnung oder die Aussicht auf einen Platz im Kindergarten? Es ist wichtig, genau zu fragen und hinzuhören und sich in den Partner hineinzuversetzen und auch unerwünschte Antworten zu akzeptieren. Sie müssen wissen, wo genau die Sorgen Ihres Partners liegen, damit Sie wissen, wo Sie ansetzen können.

Günstig auf die Phase der Entscheidungsfindung wirkt es sich aus, sich mit positiven Rollenmodellen zu umgeben: also Freunden mit Kindern, die trotzdem »lässig« geblieben sind und bei denen sich nicht alles nur um den Nachwuchs dreht. Denn die Aussicht auf eine Radikalveränderung macht dem Gewohnheitstier Mann Angst! Es wird sich durch Kinder viel ändern, aber es muss sich nicht alles ändern – es liegt in Ihrer Hand!

👑 **Wahrheit Nr. 9:** Den Wunsch zu äußern, dass Sie kleine Prinzen zeugen möchten, ist nicht ohne Risiko. Packen Sie es dennoch an, wenn es so ist!

Warum streiten wir so viel um Erziehungsfragen?

Natürlich sind Kinder eine Herausforderung und schaffen neues Konfliktpotenzial. Bei Anne und Guido fällt auf, dass sie die Streitpunkte in einen unterschiedlichen Rahmen setzen. Anne versteht ihre Kritik wesentlich sachbezogener, als Guido sie auffasst. Guido hört Beziehungsbotschaften heraus, die sich mit »Du bist kein guter Vater« zusammenfassen lassen. Anne könnte darauf achten, ob sie ihre »sachbezogenen Diskussionsansätze« vielleicht in einem entnervten, verallgemeinernden oder abwertenden Ton vorbringt. Formuliert man Kritikpunkte nämlich als Ich-Botschaft statt als Du-Botschaft, nimmt man seinem Beitrag viel Schärfe. Gleichzeitig sollte man jede Verallgemeinerung (kommt häufig mit dem Signalwort »immer« daher) vermeiden, da sie erstens nie ganz stimmt und sich zweitens mit ihr kaum arbeiten lässt. Stattdessen hilft es, konkret und in der Situation zu bleiben. Eine alternative Formulierung zu »Du verwöhnst den Kleinen immer viel zu viel« wäre: »Ich hätte es besser gefunden, wenn Leo wie vereinbart erst seine Aufgaben erledigt hätte, ehe du mit ihm das Game spielst.«

Gleichzeitig könnte Guido prüfen, warum er Annes Botschaften so mit dem »Beziehungsohr« abhört. Leidet er vielleicht an einem inneren Konflikt und an eigenen Unsicherheiten, etwa in Bezug auf seine Vaterqualitäten? Hat er Zweifel, der Verantwortung gewachsen zu sein?

Bleiben generelle Kritikpunkte bestehen, können auch deren Ursachen erforscht werden: Liegen dem Vorwurf, er wende falsche Erziehungsmethoden an, unterschiedliche **Lebensentwürfe** zugrunde? Sind es vielleicht Gewohnheiten **(habituelle Bedürfnisse)**, die der Mann (oder auch die Frau) nur schwer an die neue Situation anpassen kann?

Auch wenn ein Partner den anderen als in Erziehungsfragen zu streng empfindet, steckt oft ein unterschiedlicher Habitus dahinter – Mann und Frau haben schließlich jeweils ihre Erziehung anders erlebt und eine andere Vorstellung davon, was Strenge bedeutet. Ursache für Strenge können auch überhöhte Erwartungen an die Kinder sein oder die Angst, für den immer größer und selbständiger werdenden Nachwuchs an Bedeutung zu verlieren.

Wenn SIE bemängelt, ER drücke sich vor seinen Vaterpflichten: Lässt sich das kritisierte Verhalten aus der Lebenssituation **(situative Bedürfnisse)** erklären, hat er vielleicht gerade viel Stress oder das Bedürfnis nach Zerstreuung außerhalb der Familie? Fühlt er sich mit der Verantwortung überfordert?

Beim Vorwurf, seine Erziehung weiche von ihrer ab: Kämpft er so um die Rollenverteilung innerhalb der Partnerschaft? Will er eine Führungsposition beanspruchen, hat er Angst, ins Abseits zu geraten und an Einfluss zu verlieren? Fühlt er sich vielleicht durch eine enge Mutter-Kind-Bindung als Außenseiter?

Denn manche Frauen neigen dazu, ihr Kind als Ersatzpartner zu besetzen, und erfüllen einen Großteil ihres Zärtlichkeitsbedürfnisses durch das Kind. Und manche Männer beantworten eine enge Mutter-Kind-Bindung, indem sie Anweisungen der Mutter sabotieren, beispielsweise dem Kind erlauben, lange aufzubleiben oder Süßigkeiten zu essen. So gewinnen sie das Kind für sich und bringen sich trotzig auch bei der Partnerin wieder ins Gespräch. Gleichzeitig treibt der Mann auf diese Weise einen kleinen Keil zwischen Mutter und Kind.

Wahrheit Nr. 10: Streit um Erziehungsfragen ist manchmal deswegen so zermürbend, weil noch andere Konflikte dahinterstecken können.

Kapitel 3

UNTERWEGS

»Sie ist unpünktlich –
und findet das noch schick«

Mick: Da war ich also in einer unbehaglichen Situation, wie ein Tier in der Falle. Ich sollte Vera um 12 Uhr bei ihren Eltern in Tübingen abholen, um mit ihr auf den Golfplatz zu fahren. Aber Vera war noch in die Stadt gefahren und nicht zum vereinbarten Zeitpunkt zurück. Und nun saß ich mit ihrer Schwester Irina im Wohnzimmer. Irina hat eine extra mit der Geflügelschere verschnittene Un-Frisur und ständig üble Laune. Normalerweise gibt sie sich keine Mühe, ihre Abneigung gegen mich und Vera zu verbergen. Sie lehnt uns ab, weil wir Golf spielen, weil wir uns in netten Restaurants tote Tiere servieren lassen und uns die auch noch schamlos schmecken, oder auch einfach nur, weil wir existieren. Heute hatte Irina aber einen neuen Feind, nein, nicht Amerika, sondern ihre eigene Mutter. Und sie suchte mich als Verbündeten. Ihre Mutter hatte es nämlich gewagt, zu fragen, wann sie mit ihrer Doktorarbeit über bedrohte Turkusprachen fertig sei (sie arbeitet seit vier Jahren daran). Dadurch fühlte sie sich unnötig unter Druck gesetzt. Bis 12.40 Uhr wetterte Irina also gegen ihre Mutter (bei der sie sich dieses Wochenende immerhin als Gast eingenistet hatte). Vera war immer noch nicht wieder da. Dann musste ich mit Irina noch ein Theaterstück proben, das sie im Kulturzentrum aufführen wollte. Es handelte von einer verbotenen Liebe zwischen zwei Angehörigen aus den verfeindeten Völker der Mescheten und der Usbeken, Grundlage waren Geschichten der Putzfrau ihrer Mutter. Ich gab Stichworte, nach denen Irina ihre Monologe voller Wut, Anklage und Schmerz aufführte. Nun ist es nicht so, dass ich selbst gar nichts zu tun gehabt hätte. Ich hätte für meine Facharztprüfung lernen können oder joggen gehen oder eine neue Gelfrisur ausprobieren können, aber nein, ich saß hier am Sonntagvormittag mit meiner Schwägerin und probte ein Theaterstück. Um 13.25 Uhr rauschte endlich Vera an, Einkaufstütchen in der Hand, und flötete, dass es ja so voll war in der Stadt und sie beim Friseur nicht drankam, »und rate mal, wen ich getroffen habe?«. Es interessierte mich nicht. Ich fühle mich durch Unpünktlichkeit einfach um meine Zeit beraubt.

Vera: Ich bin eben nicht so perfekt wie Mister Superperfekt Mick. Manchmal vergesse ich die Zeit. Manchmal verquatsche ich mich. Manchmal verfahre ich mich. Manchmal plane ich falsch. Manchmal schätze ich Wege und benötigte Zeiträume falsch ein. Manchmal übernehme ich mich. Mick sollte Seminare im Perfektsein geben, dann hätten wir alle was davon.

Unpünktlichkeit ist ein Zeichen
von Respektlosigkeit

»Ich hab es nun mal nicht so mit Uhrzeiten«: Mit Sätzen wie diesen erwarten unpünktliche Menschen immer schon ihr eigenes Scheitern und hoffen, sich darauf betten zu können. Sie sind ja nun mal so. Sie sind aber keineswegs so, jedenfalls nicht immer, denn die Unpünktlichen können auch ganz anders, wenn sie nur entsprechend motiviert sind: Würde Punkt 0 Uhr im Einkaufscenter eine Gratis-Shoppingnacht stattfinden, aber alle, die um 00.01 Uhr kommen, müssten draußen bleiben – dann würden die chronisch Unpünktlichen es wundersamerweise höchstwahrscheinlich pünktlich schaffen. Dass sie es aber wie Vera nicht pünktlich zur Verabredung mit ihrem Mann schaffen, zeigt, dass ihnen diese Verabredung nicht so wichtig ist wie eine Gratis-Shoppingnacht im Kaufhaus. Die Beziehungsbotschaften, die Unpünktliche vermitteln: Meine Zeit ist wichtiger als deine. Ich bin wichtiger als du. Ich bin der Star, du bist der Fan. Unpünktlichkeit ist ein Zeichen von Respektlosigkeit und Geringschätzung. Unpünktlichkeit schafft ein Ungleichgewicht in der Beziehung. Sie drängt die Beziehung Richtung weg von Symmetrie in Richtung Komplementarität. Jede Beschwerde des wartenden Partners über Pünktlichkeit ist ein neues Ringen um Symmetrie.

Durch Handys ist es leicht geworden, Termine zu verschieben, Verspätungen anzukündigen, zu entschuldigen oder zu erklären und sich später an einem anderen Ort wiederzufinden. Niemand weiß mehr, wie die Menschen es in der Prä-Handy-Ära schafften, sich tatsächlich an einem bestimmten Ort zu einer bestimmten Zeit zu treffen, die sie lange vorher festgelegt hatten. Tauchen Verspätungen plötzlich und massiv auf, sollte man klären, ob sie ein Zeichen von unterschwelliger Aggression sind.

Wenn Sie es sind, der unter der Unpünktlichkeit des Partners leidet, hilft nur konsequente Erziehung: Setzen Sie eine Zeit fest, die Sie bereit sind zu warten. Angemessen sind etwa zehn Minuten, wenn man sich draußen verabredet, oder zwanzig Minuten, wenn der eine den anderen von zu Hause abholt. Diese Zeiten sollte man konsequent einhalten, auch wenn dann unter Umständen wegen weniger Minuten der ganze geplante Abend ins Wasser fällt, auf den sich beide gefreut hatten. Man opfert dann diesen einen Abend, um zukünftige schon erfreulich starten zu können.

♛ **Wahrheit Nr. 11:** Prinzen warten nicht gerne, und sie warten nicht ewig.

»Sie braucht für alles ewig«

Chris: Nicht jedem ist es vergönnt, in einer Landschaft wie der Toskana ermordet zu werden. Wir fahren, müde vom Strandtag, die von Zypressen gesäumten Serpentinen hinauf. Dann eine Einbuchtung am Straßenrand vor dem Abhang, gerade groß genug, um den Wagen zu parken und die phantastische Aussicht zu genießen. Sonnenuntergang! Quiekend knipst Klara die Landschaft mit ihrer Profikamera, ein kurzer Tritt, ein erstaunter Schrei, ich schaffe es noch, ihr die Kamera zu entreißen, das gute Stück, was die gekostet hat. Endlich Stille! Endlich Frieden! Endlich schlage ich wieder in meinem eigenen Rhythmus.

Warum ich so hässliche Phantasien habe, ausgerechnet im Urlaub? Weil Klara so unglaublich langsam ist. Nach drei Tagen Regen endlich ein sonniger Junitag. Ich will nichts als zum 40 Kilometer entfernten Strand. Um 6 Uhr aufstehen, einen Happen essen, ein Schluck Kaffee, Handtuch und Sonnenmilch in die Tasche, los geht's. So wäre es früher gewesen. Nun bin ich mit Klara hier. Ihr Wachwerden ist ein hochkomplexer Prozess in mehreren Etappen. Zum Ritual gehört es, nachdem sie endlich aufgestanden ist, sich immer noch einmal wieder hinzulegen. Dann blockiert sie – so viel Klischee muss sein – das Bad. Mir war inzwischen so langweilig, fast hätte ich was gelesen. Endlich zum Frühstück. Sie bestellt ihre Extrawünsche. Kaut ewig, jeden Bissen 27-mal. »Kauen Sie jeden Bissen 27-mal«, muss in irgendeinem verdammten Magazin gestanden haben. Verlangsamt wird das Frühstück noch, weil sie schon morgens jede Menge zu erzählen hat. Im Schlaf oder Halbschlaf sind ihr verschiedene besprechenswerte Dinge eingefallen. Dann wieder aufs Zimmer, ins Bad, Gegenstände werden gesucht, in Taschen gekramt, ausgepackt, umgepackt, eine SMS verschickt, eine empfangen und noch eine verschickt. Los geht's, sie hat was vergessen, zurück und wieder los. Sie braucht dringend ein paar Produkte. Also Zwischenstopp am Supermarkt, wo sie durch die Gänge schlurft und sorgfältig ihre Produktentscheidungen trifft. Nebenan eine Boutique entdeckt, nur mal schnell gucken. Sie kauft ein Sommerkleid und Riemchensandalen. Dann das Wunder: Angekommen! Fast … Über den Weg vom Parkplatz durch den Pinienwald zum Strand schleppt sie ihren Vorzugskörper im Tempo einer bekifften Galapagosschildkröte. Endlich am Strand, passiert natürlich eine Katastrophe. Man darf sich darüber nur begrenzt wundern, denn es ist immer so. Sie läuft barfuß an der Brandung entlang, und die Strömung spült ihr einen Stein an den Knöchel, eine kleine Schürfwunde. »Da ist nichts!«, sage ich. »Da ist nichts?«, sagt sie empört. »Ich blute wie ein Türke nach der Messerstecherei!« Also besorge ich ihr bei der Strandaufsicht ein Pflaster. Als wir endlich Liege und Schirm mieten, ist es 15 Uhr, und sämtliche Jetskis sind ausgeliehen. Seit drei verregneten Scheißtagen freue ich mich auf den Jetski. »Ach, macht nichts«, flötet sie und nestelt ihre Gala aus der Strandtasche. »Ich hatte eh nicht so große Lust auf Jetski.« »Aber ich!«, brülle ich. Ja, so ist sie, meine liebe Klara. Trotz allem: An Trennung habe ich noch nie gedacht. Wohl aber an Mord.

Klara: Sorry, wenn ich komisch rede, mir kommt da nämlich grad ein Brocken hoch, wenn ich das höre. ICH warte mindestens genauso oft auf ihn wie er auf mich! Die Pasta wird kalt, weil er seine Zeit mit bizarren Computerspielen verschwendet. Wenn wir Sonntagnachmittag eingeladen sind, kommen wir immer zu spät, weil er am Abend vorher abgestürzt ist und jeden Drink weggesoffen hat, den nicht zuvor seine Kumpels weggezischt haben. Denn dann glaubt er den ganzen nächsten Sonntagvormittag zu sterben, und ich muss ihm erst gut zureden und versichern, dass er überlebt, ehe wir dann irgendwann mal losfahren. Ich warte abends auch im Bett auf ihn, bis seine Lieblingsfernsehsendungen vorbei sind. Und schließlich habe ich sieben (!) Jahre auf seinen beknackten Heiratsantrag gewartet. Aber ICH bin die bekiffte Galapagosschildkröte? Der Weg ist das Ziel, und ich will einfach im Urlaub genießen statt zu hetzen. Wenn der Jetski an einem Tag ausgeliehen ist, who cares, fährt man eben Wasserski oder leiht ihn sich am nächsten Tag. Ich will mich manchmal auch treiben lassen und nicht immer nur Programmpunkte abhaken. Ein Urlaub ist doch keine Schnitzeljagd.

Warum Chris das nicht auffällt, dass auch ich auf ihn warte? Weil ich einfach nicht so nervig drängle und Terz mache wie er. Wenn er sich im Geschäft ausführlich die neusten Digitalkameras erklären lässt, gehe ich eben ein Häuschen weiter. Der Teufel soll mich holen, wenn ich nicht immer irgendwo ein Schuhgeschäft auftreibe. Wenn ich im Bett auf ihn warte, lese ich eben zufrieden ein Buch, statt rüberzugrölen: »Schaaaatz, massier mir den Rücken!« Wenn er das Bad blockiert, schminke ich mich im Schlafzimmer. Und egal, aus welchem Grund ich wo auf ihn warte, mir fällt immer jemand ein, den ich mal wieder anrufen könnte. Und wenn Chris mich einen Abgrund hinunterstoßen will, ich schwöre: Meine letzte Amtshandlung wäre es, ihn mitzureißen. Er käme dann garantiert lange nach mir unten an, langsam wie ER ist. Ich würde ein letztes Mal auf IHN warten.

Was soll ich nur tun,
wenn er/sie so lange braucht?

Klara spricht eine wichtige Formel an, mit Wartezeiten umzugehen: Der Weg ist das Ziel. Ich spreche hier nicht von der Zeit, die wir AUF jemanden warten, wie im letzten Kapitel, sondern von der Zeit, die wir während gemeinsamer Unternehmungen einplanen müssen, weil der andere einfach länger braucht. Setzen wir die Wartezeit einfach in einen anderen Rahmen und nennen sie »Extrazeit«. Eine Zeit, die uns zur Verfügung steht, um entweder etwas Sinnvolles zu tun, so wie Klara immer etwas einfällt, wenn sie auf Chris warten muss. Oder die wir nutzen, um zu entspannen, innezuhalten und uns unserer Gegenwärtigkeit zu vergewissern. Statt den anderen in unsere Unruhe hineinzuziehen, können wir diese Extrazeit als Chance sehen, selbst ruhig zu werden. Wir können sie dankbar als Geduldsübung begrüßen.

Wenn wir uns überlegen, welche Absicht wir gerade verfolgen, sehen wir außerdem oft, dass unsere Absicht durch die Extrazeit gar nicht gefährdet wird. Wenn Chris' Absicht es ist, einen angenehmen sonnigen Urlaubstag zu verbringen, so sabotiert Klara diese Absicht gar nicht dadurch, dass sie auf dem Weg zum Strand langsam läuft. Die Sonne scheint auch in einem Pinienwäldchen!

Geduldsübung

Wenn Ihr Prinz sich beschwert, dass Sie so lange brauchen, versuchen Sie es und halten Sie ihm folgende Geduldsübung unter die Nase:

1. Schritt: Was löst die Ungeduld aus?

Welche Situationen sind das? Welche Signale gehen der Ungeduld voran? Welche Gefühle, welche Körperreaktionen folgen diesen Signalen?

2. Schritt: Wann fühle ich mich gelassen?

Versetzen Sie sich dann in eine Situation, in der Sie völlig ruhig und gelassen waren. Wie waren die Bedingungen? Wie waren die Farben, wie die Geräusche, wie hat es sich angefühlt? Wie war Ihre Körperhaltung? Wie Ihre Atmung? Erleben Sie die Situation vor Ihrem geistigen Auge, atmen Sie regelmäßig ein und aus, lauschen Sie Ihrem Atem und sagen Sie sich: *»Ich verweile ganz im Hier und Jetzt.«* Der Satz ist Ihr **Mantra.**

3. Schritt: Mit Mantra in die vergangene Stress-Situation

Versetzen Sie sich dann zurück in die Sie stressende Situation und wiederholen Sie Ihr Mantra. Spüren Sie, wie Sie zunehmend Körperhaltung und Atmung der entspannten Situation annehmen und Sie die zuvor für Sie stressige Situation ganz anders wahrnehmen.

4. Schritt: Switchen

Sie können das Training intensivieren, indem Sie gedanklich zwischen der stressigen und der entspannten Situationen in Ihrer Vergangenheit mehrfach hin- und herwechseln. Die stressige Situation betrachten Sie dabei mit immer mehr Abstand, als ob Sie in einem unscharfen Schwarzweißfernseher liefe. In der entspannten Situation dagegen sind Sie Teil des Ganzen. Sie nehmen die Farben immer leuchtender und die Geräusche und Gerüche immer intensiver wahr.

5. Schritt: Mit Mantra in die zukünftige Stress-Situation

Wenn Sie dann in Ihrem Alltag in eine Wartesituation geraten und die Signale wahrnehmen, die bei Ihnen sonst einen genervten Zustand auslösten, können Sie ihr nun mit Ihrem neuen, gelassenen Mantra begegnen: Es hilft Ihnen, das Warten tatsächlich als Extrazeit wahrzunehmen. Stellen Sie sich eine solche Situation schon vorab vor und prüfen Sie, ob Sie in Ihrer Vorstellung schon ruhiger geworden sind. Wenn Sie noch Ungeduld spüren, kehren Sie zum vorigen Schritt dieser Übung zurück.

Gerade bei gemeinsamen Freizeitaktivitäten oder im Urlaub zeigen sich unterschiedliche Herangehensweisen bei beiden Geschlechtern: Ihr geht es um Nähe, das Gemeinsame, sie will vom Alltagsstress loslassen und auch einmal passiv genießen. Ihm geht es oft um Leistung, er will Sehenswürdigkeiten abklappern, das empfohlene Restaurant finden oder die Katamaranfahrt buchen.
Die Geduldsübung könnte Chris helfen, den Weg vom Parkplatz zum Strand in seiner ganzen Gegenwärtigkeit zu genießen. Er kann bewusst die Umgebung beobachten, die heiße Luft, die Pinien, die zirpenden Grillen und sich selbst als Teil dieser Umgebung wahrnehmen. Ohne Absicht, ohne etwas zu fixieren, ohne eine Richtung oder ein Ziel zu haben. Er kann Klara und ihrer bedächtigen Laufweise dankbar sein für die Gelegenheit, ganz die Poesie des Moments wahrzunehmen. Stellt er dennoch Ungeduld fest, kann er dieses Gefühl akzeptieren und beobachten, genau so, wie er alle anderen Bestandteile dieses Augenblicks beobachtet. Er weiß, dass dieses Gefühl auch wieder vergeht und steuerbar ist. Er muss sich mit dem Gefühl nicht mehr identifizieren. Mit ein bisschen Übung gelingt es ihm dann auch, auf der Rückfahrt den Sonnenuntergang am Abhang zu genießen, ohne Mordphantasien zu hegen.

Warum warte ich öfter auf meinen Partner als er auf mich?

Auch einen weiteren Punkt spricht Klara an: die Unterschiedlichkeit in der Wahrnehmung. Durch sie schaffen wir uns unsere Wirklichkeit – und auch unser Unglück. Wenn Chris erst glaubt, dass es sein Schicksal ist, immer auf Klara warten zu müssen, wird er jede Situation als Bestätigung dieses Schicksals deuten. Zum Beispiel auch dann, wenn Klara in die Apotheke eilt, um IHM Aspirin gegen Kater zu holen. Plötzlich findet er sich nur noch wartend wieder, während die Situationen, in denen Klara auf ihn warten muss, gar nicht weiter registriert werden.

Wahrheit Nr. 12: Meist lernen zwei Partner, ganz pragmatisch mit dem unterschiedlichen Rhythmus umzugehen. Sie passen sich einander an, finden sich damit ab oder tricksen sich ein wenig aus.

Beispielsweise kann ER den Wunsch, essen zu gehen, schon bei den kleinsten Anzeichen von Appetit ankündigen. Wenn der Hunger dann ausgereift ist, ist auch SIE so weit, loszugehen.

»Autofahren mit ihr ist ein Alptraum!«

Frank: »Huch!« »Hilfe!« »Pass auf!« »Steht da ein Elch auf der Fahrbahn?«: Im Grunde kann Ina einem leidtun, sie stirbt als Beifahrerin ja tausend Tode. Allerdings völlig unbegründet, denn die Situationen, bei denen sie erschrickt, sind nicht einmal annähernd brenzlig, und nein, es stand noch nie ein Elch auf der Fahrbahn. Tatsächlich hatte ich in 15 Jahren noch nicht einen Unfall. Allerdings bekam ich mal den Führerschein abgenommen, wegen eines Verkehrsdelikts betrunken auf dem Fahrrad. Ausgerechnet kurz bevor wir in einem ligurischen Kaff Urlaub machten – mit schneidigem Mietwagen vor der Tür. Für den Tagesausflug nach Genua musste Ina ans Steuer, und sie ist eine noch katastrophalere Fahrerin als Beifahrerin. Dabei fährt sie technisch wirklich gut. Es sind nur – die Nerven! Der Hinweg war völlig okay, aber auf dem Rückweg beschwor sie plötzlich schon bei den kleinsten Begebenheiten Todesszenarien herauf, etwa weil ich die Innenbeleuchtung anknipste, um die Karte zu lesen, oder als ich ein in der Windschutzscheibe reflektierendes Papier auf die Ablage legte oder als ich einen Song im Radio laut stellte. Ich erklärte ihr dann immer: »Es reicht, wenn du es mich darauf hinweist, du musst nicht gleich schildern, dass wir dramatisch in einem Haufen Blechschrott umkommen, wenn ich nicht sofort das Licht ausmache/das Papier wegnehme/leiser stelle.« Dann verfuhren wir uns, okay, kann vorkommen in einer fremden Stadt. Aber sie verlor völlig die Nerven, fuhr wahllos in enge Gassen hinein, aus denen wir kaum mehr herauskamen. Sie handelte panisch und völlig ad hoc, während ich vorschlug, einfach anzuhalten, zu verschnaufen und die Karte zu studieren. Stattdessen machte sie auf sterbenden Schwan, kündigte mit dieser brüchigen Leidensstimme einen baldigen Nervenzusammenbruch an. Sie wirkte tatsächlich so, als verliere sie jeden Moment die Kontrolle über den Wagen. Ich habe mich unsicher neben ihr gefühlt. Wer den Wagen steuert, hat schließlich die Verantwortung, und wenn er nicht mehr dazu in der Lage ist, muss er den Wagen bei der nächsten Gelegenheit anhalten. Den Rest des einwöchigen Urlaubs blieb der teuer bezahlte Wagen vor dem Hotel stehen, und wir machten stattdessen lieber einen organisierten Busausflug nach Portofino mit lauter AUIs – das steht für »alt und inkontinent«. Der Bus hielt alle zehn Minuten für eine Pinkelpause, um Schlimmeres zu verhindern. Dann setzte er uns ungebeten zum zweistündigen Zwischenstopp an einer Parfümdestillerie aus, aber alles besser, als mich noch einmal dieser Wahnsinnigen auszuliefern.

Ina: Es waren FRANKS Freunde in Genua, die wir besuchen wollten. Es ist ein paar Jahre her, damals war GPS noch nicht so verbreitet, und er beteuerte, er kenne den Weg. Er kannte ihn nicht. Das Schlimme war, er wollte nicht zugeben, dass wir uns verirrt hatten. Es war natürlich nicht seine Schuld. Schuld waren: die mangelnde Beschilderung und die chaotisch gebaute Stadt an sich, die, nachdem alle Karten von ihr gedruckt waren, offenbar noch einmal völlig umgebaut wurde. Schuld waren eigentlich die Italiener. Frank ist selbstredend komplett unverschuldet in diesen Irrsinn hineingeraten. Und er wollte niemanden nach dem Weg fragen. Ärgerlich, denn als Beifahrerin wäre ICH längst mal aus dem Wagen gesprungen und hätte die niedlichen Italiener in einem Café oder in einem Laden um Hilfe gebeten. Und so hätten wir längst bei einem Glas Barbera in unserem hübschen Hotel gesessen, statt durch düstere Vororte von Genua zu irren. Ja, ich war genervt, aber ich habe uns sicher nach Hause gebracht. Und ich habe sowohl in Genua als auch vor unserem kleinen Hotel einen Parkplatz bekommen – Frank wurde ja immer ganz nervös, wenn es um Parkplatzsuche ging. Und wenn es dann einen gibt, der ihm nicht zu eng erscheint: Er parkt ein, wie man es Mädchen nachsagt. Da wird man ja mal erschrecken dürfen, wenn er wieder mal einen Poller rammt. Manchmal vergesse ich, warum ich mich von Frank getrennt habe. Durch solche Geschichten fällt es mir wieder ein.

Frauen am Steuer – was Männer daran nervt

Männer steuern einfach gern, auch wenn sie selbst gar nicht auf der Fahrerseite sitzen. Eine Umfrage des Internet-Portals OnePoll ergab, dass zehn Prozent der Männer ihrer Frau vom Beifahrersitz schon mal ins Lenkrad gegriffen haben. Sie fährt zu sehr in der Mitte, sie fummelt während der Fahrt am Radio, bremst zu hart, fährt zu dicht ran, bremst zu spät und ist schlicht zu unkonzentriert: Das sind die Dinge, die Männer am meisten nerven, wenn ihre Partnerin am Steuer sitzt. Zehn Prozent der Männer sollen ihre Partnerin sogar schon einmal gebeten haben auszusteigen, um selbst weiterzufahren.

Warum Männer ihre Beifahrerin manchmal hassen

Wenn Männer am Steuer sitzen und die Frau auf dem Beifahrersitz, hat das symbolischen Wert: Es ist für sie eine der immer seltener werdenden Gelegenheiten, eine klassische Rollenverteilung zu leben: ER ist der Macher, der Aktive, der Beschützer. Er trägt die Verantwortung. Er ist kompetent. Er steuert die Maschine und macht sich die Welt zum Untertan. IHR kommen unterstützende Aufgaben zu wie Belüftung einstellen, Getränke oder Kekse reichen oder einen Sender suchen. Wenn die Frau dann an seinen Fahrkünsten mäkelt oder ihm das Gefühl gibt, sich nicht ganz sicher zu fühlen, fühlt er sich nicht nur in seiner Fähigkeit als Autofahrer, sondern auch in seiner Rolle als Beschützer und Vertrauensperson in Frage gestellt. Frauen erstaunt es dann, wie empfindlich Männer auf »Huch!«- oder »Vorsicht!«-Ausrufe reagieren. Für SIE dagegen bedeuten ängstliche Ausrufe nicht, dass sie seiner Fahrweise nicht vertraut. Vielmehr will sie signalisieren, dass sie aufpasst und in der Lage ist, rechtzeitig auf potenzielle Gefahren aufmerksam zu machen.

Was Mann und Frau tun können, um sich sowohl als Fahrer als auch als Beifahrer nicht so sehr zu hassen? Wahrscheinlich muss man sich damit abfinden, dass jeder einen anderen Fahrstil hat und man gerade auf dem Beifahrersitz denkt, man selbst sei der bessere Autofahrer.

Weshalb Männer nie nach dem Weg fragen

Warum aber fällt es Männern so schwer, nach dem Weg zu fragen? Für Frauen ist es ebenso selbstverständlich, sich helfen zu lassen wie anderen zu helfen. Männer denken jedoch eher hierarchisch. Nach dem Weg zu fragen ist ein Eingeständnis, unwissend zu sein. Ein Mann sieht das als Herabsetzung seiner Rolle als Kapitän, der das Schiff durch den wilden Ozean führt. Gleichzeitig betrachtet er sich vor dem Passanten, den er nach dem Weg fragt, als unterlegen. Denn der Passant hat ein Wissen, das ER als Fahrer nicht besitzt.

Wahrheit Nr. 13: Prinzen haben heutzutage kein Ross mehr. Aber im Auto fühlen sie sich immer noch gerne als König.

Als Paar macht das Feiern eben nicht mehr so viel Spaß wie als Single

>»Wenn eine Bindung zwischen Mann und Frau
> wirklich interessant sein soll, muss sie Genuss, Erinnerung
> und Sehnsucht miteinander verbinden.«
> *Nicolas Chamfort*

Bedeutet Beziehung, auf der Couch zu lümmeln und am Wochenende gemeinsam alle Folgen von »Lost« zu gucken? Und sich höchstens mal zu einem Paarabend zu treffen – mit einem Paar, das beide stinklangweilig finden, über das man aber nach Herzenslust herziehen kann, sobald man es liebevoll verabschiedet hat?

Wenn Sie es so wollen, spricht wenig dagegen. Allerdings ist es belebend, sich und den Partner in anderer Umgebung zu wissen und von einer bunten Mischung anderer Menschen gespiegelt zu werden, ob als Individuum oder als Paar. Sie setzen die Partnerschaft damit in einen anderen Rahmen, werden zu zweit Teil eines übergeordneten Sozialgefüges.

Die richtige Balance finden

Ausgehen mit Freunden schafft eine Brücke zu der Vergangenheit und ist eine Sicherheit für die Zukunft. Denn wenn eine Beziehung mal zerbricht, ist es vorteilhaft, seinen Bekanntenkreis nicht aus den Augen verloren zu haben. Gerade Single-Freunde stellen für das Paar aber oft eine Bedrohung dar. Man fürchtet und beneidet deren ungebundene Lebensweise, zu der eben auch Partys, spontane Unternehmungen und sexuelle Abenteuer gehören. Der Paarmensch hört sich die lustvoll ausgeschmückten Sexreportagen der Single-Freunde an – und fragt sich manchmal, ob er nicht vielleicht doch etwas versäumt. Ist es vielleicht besser, sich von vorneherein von diesen Verlockungen abzuschotten, den Single-Freund gar nicht erst zurückzurufen und stattdessen das Fondue-Geschirr für den nächsten Paarabend aus dem Schrank zu holen?

> »Ich wünsche, ich könnte mich teilen und unterschiedliche Leben in Paralleluniversen führen«, sagt **Franzi.** »Ein Teil könnte bei Holger in dieser großartigen Beziehung leben, und ein Teil würde wie früher mit meinen ganzen Freunden umherziehen und neue Leute kennenlernen. Beide Teile würden sich dann gelegentlich mal zum Tee treffen. Die Beziehungs-Franzi hätte ihre Yogatasche dabei, die wilde Franzi wäre verkatert und würde ein paar Aspirin schlucken. Und beide hätten einander tolle Geschichten zu erzählen.«

Wir werden in einer Partnerschaft immer Impulse spüren, in denen wir Singles um ihren ungebundenen Lebensstil und ihren großen Freundeskreis beneiden. Genauso beneiden Singles das Paar um seine Nähe und Sicherheit. Es macht jedoch nicht zufriedener, andere zu beneiden. Besser, wir gestalten unser Leben, so wie es ist, auf eine Weise, die für uns funktioniert.

Die Kunst scheint eine Balance zwischen dem **Wertepaar** »Zweisamkeit« versus »Geselligkeit« zu sein. Ein Zuviel des Guten auf beiden Seiten des Wertepaares bedeutet einen Ausschlag ins Negative – Paare können sich im Gesellschaftsleben voneinander entfremden oder aber sich so von allen anderen abschotten, dass sie sich langweilen und unzufrieden werden. Ausgehen beinhaltet also ebenso Risiken wie ein Couch-Potato-Dasein. Die Risiken eines

aktiven Soziallebens bleiben aber übersichtlich – natürlich nur bei
der richtigen Herangehensweise.

Das Geheimnis, als Paar auszugehen und trotzdem Spaß zu haben

Ich habe Paare befragt, denen die Balance zwischen Zweisamkeit
und Geselligkeit gut zu gelingen scheint, und so versucht, Merksät-
ze herauszuarbeiten. All diese Paare waren sich einig:

Wahrheit Nr. 14: Der Spaß verändert sich, wenn man zusammen ist, aber die Party muss deswegen noch lange nicht
vorbei sein.

Diese Paare ...

1. **... vermeiden Teufelsspiralen.** Bei einer Teufelsspirale geben
beide Partner einem Konflikt eine andere Bedeutung und halten jeweils den anderen für den Verursacher des Konflikts. Sich
selbst sehen sich als denjenigen, der lediglich reagiert. SIE
glaubt, ihn aus der Reserve locken zu müssen, ER hat keine
Lust, auf Befehl hin auszugehen, und zieht sich trotzig zurück.
SIE glaubt, ihre Anstrengungen deswegen intensivieren zu
müssen. ER will jetzt schon mal gar nicht und schmettert jeden
Versuch brüskiert ab. Die feierfreudigen Paare durchbrechen
eine solche Teufelsspirale erfolgreich, indem sie den unwilligen
Partner schlicht eine Weile in Ruhe lassen und warten, bis er
von selbst aus seinem Schneckenhäuschen hervorkommt und
von sich aus eine Unternehmung anregt.

2. **... zwingen sich und den anderen nie, auszugehen, nur um**

nicht als langweilig dazustehen. Paare, die gerne zusammen ausgehen, entwickeln ein gutes Gespür für situative Bedürfnisse des anderen: Hatte SIE einen harten Tag, oder ist ER gerade in einer Phase, in der ihm anderes wichtiger ist, als um die Häuser zu ziehen? Ein Partner drängt den anderen zu nichts. Auch wenn der eine eher nach Hause will, gibt es kein Gezeter. Entweder verlassen beide ohne Murren die Party, oder sie gestehen einander zu, dass einer noch länger bleibt.

3. ... **verschieben andererseits das Ausgehen nicht, bis es perfekt passt.** Wenn beide arbeitsorientiert leben, wird es nie perfekt passen. Manchmal muss man im Hier und Jetzt leben und sogar nach Herzenslust unvernünftig sein.

4. ... **haben einen ähnlichen Habitus.** Das heißt, sie hatten schon vorher ein ähnliches Ausgehverhalten und bevorzugen ähnliche Locations. Bei unterschiedlichem Habitus finden oder entwickeln sie dennoch Gemeinsamkeiten.

5. ... **schaffen eine sinnvolle Balance zwischen dem Wertepaar Unabhängigkeit versus Gemeinsamkeit.** Sie verlieren sich nicht in den negativen Extremen »Entfremdung« und »gemeinsame Einsamkeit«. Sie gehen nicht ständig ohne einander aus, denn dadurch entstehen Kommunikations- und Erfahrungslücken sowie Eifersucht: Es ist nicht so sehr die Angst, der Partner könnte jemand anders gefunden haben. Es ist mehr ein »Wie stehen wir zueinander, nachdem wir so viele Erfahrungen ohne einander gemacht haben?«, das bei einem Zuviel unausgesprochen im Raum steht und Verunsicherung verursacht.

6. ... **machen einen Schnitt, sobald sie ausgehen.** Konflikte und Probleme nehmen sie nicht mit auf die Party.

7. ... **orientieren sich an ähnlichen Werten auch beim Ausgehen.** Es geht beiden um gemeinsames Erleben und Genuss, weniger um Status, also beispielsweise der Coolste im Club oder die Schönste auf der Premierenfeier sein zu wollen.

8. **... zeigen auch im Ausgehverhalten eine symmetrische Rollenverteilung.** Beide dürfen Vorschläge machen und entscheiden. Es ist nicht der eine, der nach der Pfeife des anderen tanzt.

9. **... wissen, dass man nicht alles gemeinsam machen kann.** Daher können sie auch loslassen und dem Partner Freiräume zugestehen. Wer nichts mit verräucherten Jazz-Clubs oder ekstatischen Elektro-Clubs anfangen kann, muss nicht mit, lässt seinen Partner aber trotzdem dorthin. Diskrepanzen beim Ausgehverhalten werden an anderer Stelle wieder ausgeglichen, etwa durch gemeinsame Sportarten oder Hobbys.

10. **... bleiben entspannt, wenn der Partner allein ausgeht.** Übrigens scheint es in bestimmten Schichten selbstverständlicher, dem Partner Freiräume zu gewähren, als in anderen: In einer Studie stellte das Allensbacher Institut für Demoskopie fest, dass 80 Prozent der Männer mit sozialökonomisch höherem Status es unterstützen, wenn ihre Partnerin auch mal alleine ausgeht. In unteren Schichten stimmten dem nur 44 Prozent der Männer zu.

11. **... mischen sich unters Volk und trennen sich auch immer mal, aber finden immer wieder zueinander** und lassen keine Zweifel, dass der Partner die wichtigste Person des Abends ist.

12. **... sorgen dafür, dass der Partner vom eigenen Bekanntenkreis akzeptiert wird.** Sie beziehen den Partner mit ein und finden ein Thema, über das man zu dritt oder mehreren plaudern kann.

13. **... schätzen an einer Partnerschaft, dass sie zur Ruhe kommen** und sich nicht mehr ständig den Anstrengungen des Nachtlebens aussetzen müssen. Sie akzeptieren und genießen, dass man weniger ausgeht als vorher.

Kapitel 4

FREUNDE & FAMILIE

»Ihre beste Freundin
kennt unser Sexleben!«

Mick: Alle Männer, die ich kenne und nicht das Glück haben, Single zu sein, haben auch mit einer Doro im Freundeskreis ihrer Partnerin zu kämpfen. Meine, die originale Doro – aus unklaren Gründen ist sie die beste Freundin meiner Frau –, geht so: Wir fahren zu dritt mit dem Zug zum Flughafen, weil wir zusammen eine Wochenendreise zu der Hochzeit von Freunden unternehmen müssen. Im Getümmel auf dem Zugflur verscheucht sie Kinder mit Migrationshintergrund von ihrem Koffer: »Ihr habt doch nichts aus meinem Koffer genommen?«, herrscht sie die Kids völlig grundlos an. »Oder etwas hineingetan? Weg hier, hopp hopp, avanti, immigranti!« Dann gackert sie laut, denn sie findet das lustig. Als ich ihr helfe, ihren Koffer auf die Ablage zu hieven, raunt sie: »Aber sei vorsichtig, da ist mein kleiner Beglücker drin!« und zwinkert mit dem Auge. Ich hätte das lieber nicht gehört. An den Plätzen markiert sie erst einmal ihr Revier, indem sie verschiedene Kekspackungen ausbreitet, die sie uns aufdringlich anbietet. Von dem verwirrten indischen Zugbegleiter lässt sie sich seine gesamte Produktpalette erklären, nur um dann doch nichts zu kaufen. Als der Schaffner die Fahrkarten sehen will, versucht sie, daraus ein Spektakel zu machen. Es soll wohl ein Flirt werden, aber es geht mächtig nach hinten los, denn der Schaffner will einfach nur zügig seinen Job erledigen. Dann zieht sie auch schon ihre Schuhe aus, macht es sich so richtig gemütlich, knetet sich die Füßchen unter den Nylonstrümpfen, rückt ganz nah, mampft Kekse und redet in Flatrate, und das gerne laut. Wenn es heimelig wird, spricht sie immer Kölsch, obwohl sie aus Essen kommt. Sie beantwortet jede nicht gestellte Frage und berichtet heute besonders gern von gynäkologischen Problemen. Wenn sie spricht, fasst sie einen immerzu an. Dabei hasse ich es, von fremden Menschen angefasst werden. Ich bin der Grund, warum in unserer Kirche die Friedensketten nie klappen, bei denen sich alle Menschen an den Händen fassen sollen. Aber Doro kennt kein Pardon. Das Schlimmste aber ist, dass Vera ihr alles erzählt. Auch wie es gerade so im Bett läuft. Als ich Vera einmal vorsichtig vorschlug, ich fände einen Besuch im Swinger-Club interessant und Vera empört reagierte, hat auch Doro mich mehrere Wochen nur verachtungsvoll angeguckt, als wäre ich als langjährig gesuchter Frauenschänder enttarnt. Und von wegen, die meisten Freunde sind weg, wenn es einem schlechtgeht! Sie sind weg, wenn es einem gutgeht, denn das schürt nur Neid. Erst bei schlechten Nachrichten kommen sie aber alle angeflattert, um sich daran zu weiden. So waren Veras Freundinnen alle zur Stelle, als wir mal eine ernsthafte Ehekrise hatten. Da hockten sie in Rudeln in der Wohnung. Wo waren sie denn alle, als wir eingezogen sind und jede Hilfe hätten gebrauchen können? Ich will nicht wissen, was bei diesen Treffen gegen mich gewettert wurde. Und natürlich weiß Doro nicht nur von jedem Streit, sondern auch von jeder Sexflaute, so wie jetzt. Als vor wenigen Tagen ihr Fahrrad vorm Straßencafé umfiel und alle anderen Räder wie die Dominosteine ebenfalls, sah sie mich nur an und sagte: »Mein Ständer bleibt einfach nie stehen, aber ich glaube, du bist der Letzte, der mir da helfen kann.« Und als ich jetzt im Zug meine Frau fragte, ob sie schon schläft, kreischte Doro laut auf und tippte Vera auf die Schulter: »Hahaha, diese Frage stellt er dir sonst immer beim Sex!«

Vera: Also, so schlimm ist meine liebe Doro auch nicht. Sie ist manchmal etwas peinlich, okay, aber sie gehört zur Familie. Und ich sage ihr auch nicht alles. Sie hat so ein Talent, alles rauszukriegen. Ich glaube, sie mag Mick einfach ein bisschen mehr, als sie je zugeben würde, und er sollte nicht zu streng mit ihr ins Gericht gehen. Sie versucht eben, gute Laune zu machen, und Mick muffelt nur rum und bemüht sich nicht mal im Ansatz, nett zu sein. Doro hat schon gesagt, um ihn mal lächeln zu sehen, müsse sie ihn wohl beim Kopfstand erwischen. Natürlich kann ich Micks Freunde auch nicht leiden. Etwa Phillip und Kerstin, das blitzblanke Vorzeigepaar. Sie leben im perfekten Haus, haben die perfekten Jobs und unternehmen perfekte Dinge in ihrer Freizeit, dazu haben sie noch die perfekten Meinungen. Da ist mir fast noch Micks fieser Kumpel Kalle lieber, der ist eben einfach nur ein bisschen doof. Aber dass er sich bei uns so wohl fühlt, dass er immer erst einmal stundenlang groß macht, wenn er zu Besuch kommt, ist mir dann doch unangenehm.

Warum erscheinen Männern Frauenfreundschaften verdächtig?

Männer wie Mick haben das Gefühl, dass alles, was sie sagen, von vier Ohren gehört wird. Das macht es ihnen noch schwieriger, sich zu öffnen. Noch schlimmer ist seine Angst, die Freundin könnte in Intimitäten eingeweiht sein, ein Verdacht, der meistens begründet ist. Serien wie »Sex and the City« öffneten vielen Männern die Augen, dass Frauen über Sex reden, dabei nichts auslassen und auch nicht immer nur zu wohlwollenden Urteilen kommen. Plötzlich denkt der Mann, sexuell nicht nur vor seiner Frau, sondern auch vor deren bester Freundin bestehen zu müssen. Nur den wenigsten Männer ist diese Vorstellung Ansporn zu Höchstleistungen.

Frauenfreundschaften erscheinen dem Mann oft verschwörerisch und unheimlich. Den Austausch von Intimitäten, wie Freundinnen ihn pflegen, kennen Männer von ihren Freundschaften kaum. Wenn Männer untereinander über Sex reden, steht ihre Stellung in der Gruppe im Vordergrund: Sie prahlen meistens mit sexuellen Erlebnissen. Überhaupt begreifen sie nicht den Stellenwert, den der Austausch von privaten Angelegenheiten und »Geheimnissen« für Frauen hat. Bei Männerfreundschaften stehen gemeinsame Aktivitäten im Vordergrund, man plant zusammen und unterstützt sich, um Ziele zu erreichen – man geht gemeinsam »auf die Jagd«. Bei Frauen dagegen geht es zuallererst um Nähe, und Nähe entsteht besonders durch den Austausch von Geheimnissen. Freundinnen vertrauen sich daher auch viel eher die problematischen Aspekte ihres Sexuallebens an.

Auch vermutet der Mann, dass Frauen sich untereinander gegen Männer verbünden. Die beste Freundin der Partnerin wird so zu einer direkten Konkurrenz, der er sich vielleicht unterlegen fühlt. Gerade wenn sie selbst Single ist, sieht allerdings auch die beste Freundin den Mann oft als Konkurrenz, hat er ihr doch ihre Weggefährtin entrissen. Sie versucht, den Partner ihrer Freundin dann häufig ein wenig zu entwerten – es kann ja nicht sein, dass ihre Freundin so viel Glück in der Liebe hat und sie selbst nicht. Vielleicht ist Doro, selbst nur in Begleitung ihres »Beglückers« auf Reisen, deswegen ganz glücklich zu hören, dass Mick im Bett nicht immer nur Superman ist.

Jedoch: Reagiert der Mann mit offener Abneigung und Eifersucht auf die beste Freundin seiner Frau, schweißt er die beiden nur noch enger zusammen und liefert der besten Freundin Stoff, den sie gegen ihn verwenden kann. Fängt er an, die Frauenfreundschaft zu sabotieren, wird dieser Lösungsversuch zum eigentlichen Problem.

Er hasst ihre beste Freundin – wie gelingt die Entwaffnung der Kampfzone?

Es hilft, sich zunächst seiner Gefühle bewusst zu werden und sie einzugestehen. Schließlich ist es nicht die beste Freundin selbst, die ablehnende Gefühle auslöst, es ist die Art und Weise, wie wir über die beste Freundin denken. Denn unsere Ablehnung hat immer mit uns selbst zu tun, mit unseren Ängsten und Assoziationen. Wir können uns aber entscheiden, anders über eine Person zu denken, die wir ablehnen.

Ein zweiter Schritt wäre es daher, die beste Freundin neu zu bewerten. Letztendlich kann ein Partner nie alle Bedürfnisse befriedigen, deshalb sollte der Mann froh sein, dass es die beste Freundin gibt. Denn sonst müsste ER mit seiner Partnerin in alle Romantikkomödien mit Sandra Bullock oder Sarah Jessica Parker gehen und stundenlang durchkauen, was aus den alten Freundinnen von damals geworden ist. Die beste Freundin entlastet also den Mann, kann der Frau da Nähe und Austausch bieten, wo er es nicht vermag. Viele Frauen würden in ihrer Partnerschaft seelisch verkümmern, gäbe es nicht noch die beste Freundin. Eigentlich sollte der Mann ihr öfter mal Blumen schicken!

In einem dritten Schritt kann der Mann die beste Freundin mit bedingungsloser Freundlichkeit entwaffnen und versuchen, sie besser kennenzulernen. Er kann sie mit Bussi begrüßen und so seine Akzeptanz signalisieren. Er kann ihr interessierte Fragen stellen, sich kleine Angelegenheiten merken, wieder aufgreifen und so auf sie eingehen, kurz, die Teufelsspirale aus »Er ist genervt« (sagt sie) und »Sie piesackt mich« (sagt er) durchbrechen.

Mick: Es wird meiner Frau nicht reichen, dass ich versuche, ihre Freundin zu respektieren. Sie wird verlangen, dass ich sie auch noch mag.

Das wäre jedoch ein paradoxer Befehl: Sympathie stellt sich genauso wenig wie Liebe auf Aufforderung ein. Wir besitzen auch kein Hoheitsrecht über die Gefühle des anderen (siehe S. 302). Handeln wir daher nach folgendem Grundsatz:

👑 **Wahrheit Nr. 15:** Entscheidend ist, welche Reaktion auf unsere Handlungen erfolgt.

Wenn Doro sich gut behandelt fühlt, ist alles in Ordnung, ganz gleich, wie Micks wahre Gefühle sind.

Und der indiskrete Sex-Talk? Seiner Partnerin kann man oft besser als erwartet verdeutlichen, was man unter einer Privatangelegenheit versteht, die sie nicht ihrer Freundin erzählen soll.

👑 **Wahrheit Nr. 16:** Eine Frau kann viele der Ängste und Vorbehalte abwenden, indem sie sich an Absprachen hält.

Sie kann dem Mann zu verstehen geben, dass er ihr vertrauen kann. So trägt sie ihrerseits zu einer Entspannung bei.

»Ich darf nicht mehr mit meinen Kumpels rumziehen«

Chris: Sie: »Na, Schatz, wie war's?« Ich: »Ach Liebling, der Abend war ganz nett. Erst holte ich meinen Kumpel Kalle im

Hotel ab. Die anderen Jungs waren auch schon da. Zunächst surften wir im Internet auf Seiten mit Doppelpenetrationen. Wurde aber bald langweilig. Wir ließen den kolumbianischen Dealer kommen, machten uns schön high, ein, zwei Stripperinnen fingen an, sich auszuziehen. Dann wartete die Limo, wir becherten Champagner bis zum Abwinken und fuhren am Kasino vor. Da lief es leider nicht so gut, das Geld für unsere geplante Irland-Reise – erst mal verloren, aber das hole ich mir wieder, keine Sorge. Ich brauche natürlich Geld für einen Grundeinsatz, vielleicht könnten wir deine Miu-Miu-Tasche auf eBay versteigern? Okay, viel Geld ging flöten, aber lustig war's trotzdem. Es ging ja noch weiter. Ein Strip-Club, dann in den Piff-Paff-Puff. Zu guter Letzt noch eine astreine Gangbang-Party.« Sie: »Ach, schön, dass du dich amüsiert hast. Hast du mir was mitgebracht?« Ich: »Ja, aber das kriegt man mit etwas Penicillin bestimmt wieder weg.«

Nichts von alledem ist wahr. Wir haben bei unserem Männerabend einfach etwas Karten gezockt, Ego-Shooter gespielt, einen Zombie-Film geguckt, Pizza mit zerhackten Tieren drauf gegessen, AC/DC gehört und dazu Bier getrunken. Wir haben uns jung gefühlt und frei. Obwohl, so richtig frei nicht. Denn ich wusste, Klara sitzt zu Hause und sieht alle halbe Stunde auf die Uhr. Und dabei ist sie eifersüchtig und fühlt sich allein und um einen Abend betrogen, an dem sie gern mit mir noch einmal ihre schwierige Familiensituation aufgearbeitet hätte, wegen der sie gerade in Therapie ist. Und wenn ich dann heimkomme, sagt sie zunächst nichts, aber es ist so eisig in der Luft, dass sich Gletscher bilden. Warum sieht sie nicht, dass ich mich nicht mit meinen Kumpels treffe, um eine ewige Junggesellen-Party zu schmeißen, sondern weil es für mich ein Ausgleich ist? Stattdessen will sie mir irgendwelche Kumpels andrehen, zum Beispiel »Prinz

Valium« Volker, den Mann ihrer Arbeitskollegin Daniela. Da Klara sich in unserer Beziehung für das Ministerium Heim und Soziales zuständig sieht, arrangiert sie Essen und lädt dann eben Leute ein wie Daniela und Volker. Volker hat bei Daniela gar nichts zu melden, wahrscheinlich soll uns das ein Vorbild sein. Er macht, was sie sagt, und zieht auch beflissen mit ihr durch Ausstellungen über altindische Kunst. In den quälenden Momenten, in denen die Frauen uns kurz mal alleine lassen, haben Volker und ich uns gar nichts zu sagen. Mir fällt dann nur ein: »Und, wie geht's deinem Rücken?«, und er erzählt von den neuartigen Behandlungsmethoden, auf die er Hoffnung setzt. Das soll also mein neuer Busenfreund werden. »Du, der ist total nett, ihr werdet euch super verstehen«, hat Klara vorhergesagt. Das ist aber nicht eingetreten.

Klara: Es geht mir nicht darum, dass ich etwas dagegen habe, wenn er seine Kumpels sieht. Es nervt mich nur Folgendes: Seine Mutter hat gerade ihre Scheidungstermine und ruft ständig aufgewühlt bei uns an, und wer muss sie beruhigen? Ich, weil er nicht da ist. Er hat versprochen, mich für die mündliche Prüfung abzufragen, aber kaum ruft Kalle an, ist er auf und davon. Ich jedoch habe ihn nächtelang vor seiner Präsentation, vor der er sich seit Wochen in die Hose gemacht hat, unterstützt und dafür auch mal auf was verzichtet. Er ist den ganzen Sonntag verkatert und hat zu nichts Lust. Ein bisschen Mühe muss er sich aber schon geben und auch mal mit mir etwas unternehmen.

Und zu den Freunden, mit denen ich ihn angeblich verkuppeln will: Ich will nur, dass wir auch ein gemeinsames gesellschaftliches Leben haben, als Ergänzung, nicht als Ersatz für seine alten Freunde. Denn wenn ich mit seinen Freunden mitgehe, fühle ich mich wie ein Fremdkörper, wie ein Störfaktor. Sie behandeln mich wie Luft. Sie denken, ich bin eine Zicke, und prompt benehme ich mich dann auch so, dass ich wohl tatsächlich zickig wirke.

Gute Freunde, böse Freunde

Freundschaften sind deshalb so wichtig, weil in ihnen unser positives Selbstbild geprägt wird: Ich werde angenommen, man mag mich, ich verhalte mich also richtig und bin für andere von Interesse. Freunde bestätigen einander Normen, Habitus und Lebensart als gültig und richtig. So werden Identität und Selbstwertgefühl vermittelt, beides wichtige Zutaten auch für die Paarbeziehung. Freunde bilden ein belebendes Gegengewicht zur Zweisamkeit.

Dem Mann geht es bei seinen Freundschaften hauptsächlich um gemeinsame Ziele, Interessen, Hobbys: Man bildet Rudel, um erfolgreich zu jagen. Der Frau geht es mehr um Nähe: Sie zielt mehr noch als er auf den Austausch von Informationen und die Bestätigung von Normen. Warum aber tun wir uns mit den Freunden des Partners oft so schwer? Zunächst:

♕ **Wahrheit Nr. 17: Die Freunde des Partners zu hassen ist ganz normal.**

Es ist immer auch eine Trotzreaktion. Wir bekommen Spielkameraden vorgesetzt, und das haben wir als Kinder schon gehasst. Vielleicht sind wir auch manchmal ein bisschen neidisch auf Freunde. Auch, weil sie meinen Partner besser kennen und mit ihm Dinge erlebt haben, die ich nicht mit ihm erlebt habe. Freunde haben eine Art Nähe zum Partner, die ich nicht habe. Wir fühlen uns somit durch die Gemeinsamkeiten – Erinnerungen, Sprache, Humor, Eigenarten – außen vor. Außerdem fühlen wir uns durch die Freunde des Partners manchmal beobachtet und bewertet.

Eine weitere Schwierigkeit: Freunde dienen immer auch als Verbündete bei Problemen in der Partnerschaft. Sie schlagen sich dann auf eine Seite, bilden unter Umständen Bündnisse mit dem Partner. Und sie dienen als Fluchtziel bei Krisen oder gar einer Trennung. So erwecken sie Misstrauen beim Partner. Schließlich gibt es tatsächlich Freunde, die sich einmischen oder gar aufhetzen, die sogar den Partner einer Art Gehirnwäsche unterziehen. Man fühlt sich zerrissen und beginnt, den Partner oder die Partnerschaft in Frage zu stellen.

Was können Sie tun? Zuerst einmal können Sie prüfen, warum Ihre Freunde Vorbehalte gegen Ihren Partner haben. Das ist leichter, wenn Sie ihnen eine **positive Absicht** unterstellen. Würden sie gern wieder mehr Zeit mit Ihnen verbringen, fühlen sie sich vernachlässigt? Wollen sie Sie schützen? Gibt es vielleicht einen Kern Wahrheit an ihren Vorbehalten? Wenn ja: Können Sie damit umgehen, gegebenenfalls damit leben? In jedem Fall hilft nur klare Abgrenzung: Freunde müssen verstehen, dass Sie ihre Einwände zur Kenntnis genommen haben und ihre Absicht schätzen, Sie aber Ihre Entscheidungen allein treffen.

Sauer auf die Kumpels – worum geht es da EIGENTLICH?

Der Konflikt zwischen Chris und Klara lässt sich in zwei Teile splitten. Zunächst ist da Klaras Ärger, der entsteht, wenn Chris mit seinen Freunden außer Haus ist. Auffallend: Sie führt ihren Ärger auf **situative Schwierigkeiten** zurück, mit denen sie sich alleingelassen sieht. Dabei wird sie sehr konkret: Sie muss sich allein mit seiner Mutter am Telefon auseinandersetzen, sie braucht Unterstützung für ihre Prüfung usw.

Chris aber deutet ihren Ärger auf der Beziehungsebene: Er glaubt, dass sie eifersüchtig ist und seine Unabhängigkeit einschränken will. Wichtig wäre es, dass Klara im Konflikt ihre konkreten, sachbezogenen Gründe genauso präzise schildert, wie sie es hier an dieser Stelle getan hat. Denn sonst deutet Chris ihren Ärger als Ausdruck eines viel tiefergehenden Beziehungsproblems. Wichtig ist es ebenfalls, dass dann dieser Konflikt nicht auf dem Rücken der Freunde oder der Unternehmungen ausgetragen wird. Denn wenn Chris sie mit seiner Mutter oder ihrer Prüfung im Stich lässt, sollte es keine Rolle spielen, ob er es für eine Party mit Freunden tut oder für einen Fortbildungskurs in Tektonik.

Dazu muss Klara aber zunächst mit sich klären, ob nicht doch auch eine andere Ebene als die situativen Bedürfnisse Ursache für den Konflikt sind. Gibt es unterschiedliche Lebensgewohnheiten? Ist die Vorstellung für sie seltsam, dass man einen Abend mit Bier, Pizza und Video-Games als gelungen bezeichnen kann? Gibt es Unterschiede in der Lebensart, ist er geselliger, und sind Gruppen von Gleichgesinnten für ihn wichtiger als für sie? Und spielen nicht doch Konflikte auf der Beziehungsebene eine Rolle? Fühlt sie sich zurückgesetzt? Betrachtet sie seine Unabhängigkeit als Risiko für die Zweisamkeit?

Für eine erfolgreiche Konfliktbewältigung wäre es entscheidend, die einzelnen Ebenen nicht zu vermischen, das heißt, einen Beziehungskonflikt als Konflikt um Sachliches oder Situatives auszutragen. Beispiel: Klara schimpft, dass sie sich mit seiner »durchgedrehten« Mutter auseinandersetzen musste, ist aber eigentlich sauer, dass ihm schon wieder seine Kumpels wichtiger waren als ein Abend mit ihr.

Umgekehrt sollte Ärger über Situatives nicht auf der Beziehungsebene ausgetragen werden. Beispiel: Klara ist sauer über das Telefonat mit seiner Mutter, das zu führen sie gezwungen war, aber sie schimpft: »Immer deine blöden Freunde!«

Werden Sie Special Guest Star in seiner Clique!

Der zweite Teil des Konflikts, der vom ersten scharf zu trennen ist: Klara fühlt sich in seinem Freundeskreis nicht richtig wohl. Klara sieht sich als das fünfte Rad am Wagen und scheint bereits in eine Teufelsspirale geraten zu sein. Das Bild, von dem sie glaubt, das seine Freunde von ihr haben (Zicke), hemmt sie in ihrem Verhalten. In einer Art selbsterfüllender Prophezeiung wirkt sie dann tatsächlich zickig. Die Kumpels behandeln sie jetzt erst recht wie eine Zicke und schneiden sie. Und irgendwann hat sie die Rolle der Yoko Ono, die die phantastischen Jungs auseinanderbringen will.

Was kann Klara tun? Am besten, sie versucht, eine Art Ehrenmitglied im Freundeskreis des Partners zu werden. Es bringt nichts, gegen ihren niedrigen Rang im fremden Rudel zu rebellieren. Mit den gemeinsamen, oft langjährigen Erfahrungen, die Chris mit seinen Freunden hat, kann sie nicht mithalten. Besser, sie gönnt den Jungs ihren Spaß und passt sich gelassen an die Gepflogenheiten und Rituale an, so weit es ihr möglich ist.

Immer nur nett sein, das schafft kein Mensch? Nein, das schafft wirklich niemand. Aber schauen Sie doch mal genau hin! Bestimmt mag Ihr Partner auch nicht alle in seinem Freundeskreis. Bestimmt finden Sie ein, zwei Personen, über die es sich lohnt, gemeinsam ein bisschen zu lästern.

Was auf jeden Fall nach hinten losgeht: Wenn Sie versuchen, den Partner zu bremsen. Sie wirken dann wie die elektronische Fußfessel, und seine Freunde bekommen erst recht die Rolle als Fluchtziel und Gegengewicht zum Partner. Auch hier droht eine Teufelsspirale, in der beide Seiten das problematische Verhalten als Reaktion auf den anderen nur noch verstärken.

Wenn Sie allerdings das Gefühl haben, Ihren Partner und seine Kumpels tatsächlich ein wenig bremsen zu müssen, können Sie es mit einer **paradoxen Intervention** versuchen: »Hey Hase, wie wäre es, wenn du mal wieder was mit deinen Jungs unternimmst? Ich geh eh gleich in den Supermarkt, soll ich dir ein Sixpack mitbringen?« Wetten, dass es ihm dann gar nicht mehr so einen Spaß macht?

»Ihre Familie treibt mich in den Wahnsinn!«

Mick: Ein Besuch bei Veras Familie ist wie eine Reality-TV-Show, nur ohne Kameras. Ich schildere mal einen ganz normalen Wahnsinnstag bei ihren Eltern. Ihre Mutter: Mit überdrehter, unbeirrbarer Freundlichkeit heckt sie ständig irgendwelche Aktionen aus: Mal lädt sie einen brasilianischen Bekannten aus ihrem Literaturzirkel ein, mit dem wir alle den Kampftanz Capoeira üben müssen, mal verteilt sie im Garten Zeugs zum Jonglieren und Trommeln und Hula-Hoop-Reifen, und wir müssen alle ran, mal packt sie uns abends, wenn wir gerade in Ruhe fernsehen wollen, ins Auto, um bei Vollmond in einem See zu baden. Da jedoch aktiv zu werden, wo es mal nützlich wäre, das kommt ihr natürlich nicht in den Sinn. Also mit den Kleinen Wintergarderobe shoppen oder sie zum Zahnarzt fahren, wenn wir arbeiten müssen – nicht ihr Ding. Ihre Idee an diesem Familienabend, den ich nun schildern möchte: Jeder muss künstlerisch etwas darbieten.

Das lässt sich Veras ältere Schwester Irina natürlich nicht zweimal sagen. Sie trägt ihre Version von Emile Zolas Anklageschrift »J'accuse« vor, und WIE sie anklagt ... Sie legt ihre ganze Wut, ihren ganzen Schmerz in ihren Vortrag. »Ich klage an: meine Schule, weggesehen zu haben, als sie zu einem Ort wurde, an dem Unterdrückung, Feigheit und Hass die Wahrheit verdrängten, und nicht gehört wurden jene, die aufbegehrten ...« Nun, sie war auf einer Waldorfschule. Mit flammendem Gestus klagt sie sich in Rage, gegen Mutter, Vater, ihre Violinenlehrerin, ihre putzige Heimatstadt, die Bundesrepublik Deutschland, und sinkt am Schluss mit Tränen in den glühenden Augen zusammen, während ihre Mutter begeistert Beifall klatscht und mit strengen Blicken kontrolliert, ob auch wir genug applaudieren.

Veras jüngere, ebenso schöne wie durchtriebene Schwester Mary verdreht währenddessen nur die Augen und schreibt ihrem aktuellen On-off-Freund SMS. Der klingelt wenig später aufgewühlt an der Haustür, und sie serviert ihn kühl und für alle hörbar ab. Er fängt daraufhin an zu weinen – und sie hat ein gebrochenes Jünglingsherz mehr für ihre Sammlung.

Dann singt noch die Haushaltshilfe Leyla meiner Schwiegermutter kummervolle Lieder auf Georgisch, während Veras Vater, knurrig und wortkarg wie immer, den ganzen Wahnsinn stoisch über sich ergehen lässt. Er blüht nur auf, wenn er von der Antike spricht. Bei solchen Vorträgen allerdings ist er dann nicht zu bremsen. Das Schlimme ist, dass Vera sofort mit Mary über die grässlichen Darbietungen herzieht, sobald sie unter sich sind. Aber wenn ich auch nur ein wenig spotte, ist sie sofort beleidigt.

Vera: Jetzt einmal zu seiner Familie. Seine Mutter, von allen nur »ML« genannt, was für »Mutter« und ihren Nachnamen steht, ist Krankenschwester und überzeugte Duisburgerin. Sie hat mich das erste Jahr, das ich mit ihrem Sohn zusammen war, konsequent ignoriert. Sie fand mich einfach komisch, und das hat sie mir gezeigt. Ihre übliche Begrüßung: »Watt hassn da wieder an?« Ansonsten sprach sie das erste Jahr über mich in der dritten Person. Erst nach einem Jahr, in dem ich ihr mit beharrlicher Freundlichkeit begegnete, knackte ich ihr Herz. »Komma mit Vera, fahrn wa ma nach Düsburch inne Stadt, da hammse SCHÖNE Anziehsachen«, sagte ML unverhofft. Ein Ritterschlag! Micks Vater, »VL«, ist den ganzen Tag damit beschäftigt, seine strenge Frau auszutricksen. Ansonsten berichtet er mit Abscheu von seinem Beruf: Er ist Gynäkologe und zählt die Tage bis zum Ruhestand. Außerdem plant er jeden Besuch von uns minutiös, erstellt lückenlose Pläne für unser Amüsement, von Orgelkonzerten in Kirchen am frühen Sonntagmorgen bis zu ausgedehnten Wanderungen. Sein Ziel: dass wir bloß nicht mal eine Sekunde für uns haben. Dann gibt es noch Micks Bruder Jo, der immer noch von seiner Mutter eingekleidet wird (in Duisburg) und sich ansonsten von seiner zarten thailändischen Frau bedienen lässt. Micks schicker Bruder Frank kommt erst gar nicht zu Familientreffen, weil er entweder Freunde auf einem südafrikanischen Weingut besucht oder zum Golfen in England ist.

Das Schlimmste: wenn sein Vater uns über den Flatscreen alte Urlaubsfotos vorführt, die er alle mühevoll eingescannt hat, und uns Vorträge hält über seine Reisen. Manchmal mischen sich da Bilder hinein von Nackturlauben mit ML in Cap d'Adge, was mein Pensum an Peinlichkeiten, die ich ertragen kann, ausschöpft. Kurz: Es ist die Hölle!

Warum sind Besuche bei der Familie des Partners so ein Kreuz?

Die Familie des Partners zu besuchen ist eine Anpassungsleistung. Wir müssen uns beliebt machen und können nicht mit Sex die Stimmung heben. Denn was für den Partner der ganz normale Wahnsinn ist, kommt uns vor, als erforschten wir einen Ureinwohnerstamm. Es gilt, ein System und seine Regularitäten zu erkunden. Welche Rituale, welche Empfindlichkeiten, welche Ausdrucksformen gibt es? Manchmal überstehen wir die Situationen besser, wenn wir sie tatsächlich aus der Distanz eines Forschers betrachten.

Wahrheit Nr. 18: Es ist normal, sich in der Familie des Partners wie ein Eindringling zu fühlen – fremd und fehl am Platz.

Es ist ebenso völlig normal, eine unterschwellige Angst zu verspüren, nicht akzeptiert zu werden. Wir werden uns immer wie auf dem Prüfstand vorkommen. Wir werden uns auch immer als Störenfried fühlen, der das Kind seiner Familie entrissen hat. Wir sind in der unguten Situation, weder flüchten noch angreifen zu können. Wir können nur aushalten. Wir haben die niedrigste Stellung in der Rangordnung.

Besonders schwierig: die Beziehung zwischen IHM und dem Vater der Partnerin. Denn Männern fällt es oft schwer, zu akzeptieren: Ich bin der Gast, er ist der Boss. Der Boss wird zwar niemals glauben, dass der gegenwärtige Filou seiner Tochter gut genug für sie ist, trotzdem: Wenn der Filou erstens halbwegs bereit ist, seinen

Lebensunterhalt anständig zu verdienen, statt mit seiner Funpunk-Band über Stadtfestivals zu tingeln, und sich zweitens anerkennend anhört, dass die Jugend des Bosses eine Zeit schlimmster Entbehrungen war und er sich das Studium durch das nächtliche Ausweiden von Vieh in einem Schlachthof verdienen musste – dann sind zwei wichtige Schritte getan.

Oft auch von Konkurrenz geprägt: das Verhältnis zwischen IHR und SEINER Mutter. Viele Frauen spüren den Druck, bei einem Besuch die ganze Zeit beweisen zu müssen, dass sie nicht in feindlicher Absicht gekommen sind. Unkomplizierter meist die gegengeschlechtlichen Beziehungen, die sich bei Familienbesuchen ergeben: Jeder Vater ist froh, wenn sein Sohn eine Frau mit nach Hause mitbringt und folgerichtig nicht schwul ist. Viel mehr Ansprüche, als dass das Wesen wirklich weiblich ist, stellen sie meist nicht. Und Mütter testen bei dem Partner ihrer Tochter gern noch mal ihre alten Flirt-Tricks.

Partner der Geschwister Ihres Partners können eine Rolle als Verbündete spielen, denn sie sind ebenso als Fremde in den Stamm geraten. Sie sind imstande, wichtige Tipps zu geben. Allerdings gilt es, wenn sie schon länger dabei sind, ihren höheren Rang in der Hackordnung zu respektieren. Neffen oder Nichten wiederum sind der Übungstrupp, an dem wir dem Partner und auch seiner Familie demonstrieren können, dass wir generell geeignetes Elternmaterial sind.

Gibt es Tricks, das Ganze zu überleben?

Ja! Hier sind sie!

Wahrheit Nr. 19: Wenn Sie Ihre Sinne im Herkunfts-Biotop Ihres Prinzen schärfen, erhalten Sie mehr Informationen!

Ihr Ziel: sich für die Dauer des Besuchs einfach auf das Experiment einlassen und versuchen, im gleichen Takt mitzuschwingen. Beobachten Sie dazu die Familie genau: Wie wird gesprochen, in welchem Rhythmus, in welcher Lautstärke, mit welcher Betonung? Was sind einleitende Signalwörter für ein Gespräch oder einen Gesprächsbeitrag? So ist es in Veras Familie üblich, jeden Satz mit »weißt du« abzuschließen, der andere Gesprächsteilnehmer beginnt seinen Beitrag schon während dieses »weißt du«. Gesprächsbeiträge wechseln sich also mit »kooperativen Überlappungen« ab. Was sind wichtige Schlüsselwörter der Familie? Schlüsselwörter sind Wörter, die für den Sprecher eine besondere Bedeutung haben und mit Gefühlen verknüpft sind. Sie tauchen immer wieder auf, werden durch besondere Gesten und Betonung unterstrichen. Benutzen auch Sie diese Schlüsselwörter.

Wiederholen Sie Redewendungen, die Sie gehört haben. Hören Sie den Familienmitgliedern genau zu und versuchen Sie, etwas darüber herauszufinden, welche Werte ihnen wichtig sind. Setzen Sie da an, indem Sie interessiert nachfragen und Gemeinsamkeiten feststellen. Gleichen Sie auch Rhythmus und Tempo Ihrer Bewegungen denen der Familie an. Spiegeln Sie bestimmte Bewegungen, etwa die Weise, wie der Vater Ihres Partners mit dem Hund spielt oder wenn die Familie beginnt, sich entspannter hinzusetzen. Eignen Sie sich kleine Rituale an, die Sie beobachten, etwa die Weise, wie der Kaffee getrunken oder auf ein beliebtes Lied im Radio reagiert wird.

Durch die vielen Rituale, die Sie übernehmen, werden Sie viel eher Teil des Ganzen als durch geistreiche Gespräche oder formvollendete Manieren. Sie stellen eine Verbindung her. Teil des Ganzen zu sein macht es für Sie wiederum wesentlich angenehmer, denn ein Dasein als Fremdkörper auf der Hut bedeutet Stress. Machen Sie die Familie zu Wachs in Ihren Händen!

Was Sie bei einem Familienbesuch vermeiden sollten

1. **Den Partner mit einem Besuch überrumpeln.** Rechtzeitige Warnungen und Absprachen erleichtern die Vorbereitungen. Die Vorstellungen, wie eng der Kontakt zur Familie sein soll, lassen sich aufeinander abstimmen – innerhalb eines für beide erträglichen Rahmens.

2. **Den Partner zum Gegenspieler machen,** den Sie für den Familienbesuch erst abrichten müssen. Besser ist es, den Partner als Verbündeten zu betrachten, mit dem man gemeinsam eine Strategie entwirft, den Wahnsinn zu überstehen.

3. **Dem Partner Angst machen.** Sascha: »*Marie sagte wörtlich zu mir, bevor ich ihren Vater das erste Mal treffen sollte: ›Sei etwas vorsichtig in der Wortwahl bei meinem Vater, er ist superschlau und Mitglied im Mensaclub und kann unwahrscheinlich gut zwischen den Zeilen lesen. Also überleg lieber zweimal, bevor du was sagst.‹*« Verständlich, dass eine solche Ansage Sascha nicht unbedingt lockerer machte. Besser, wir machen dem Partner deutlich, dass auch in unserer Familie alle nur mit Wasser kochen – und wie bestimmte Verhaltensweisen, die irritierend oder angsteinflößend wirken könnten, eigentlich zu verstehen sind.

4. **Sich von der Familie ausspielen lassen.** Sie treten als Team auf, daran ist nicht zu rütteln. Einmischungen verbitten Sie sich freundlich, aber entschieden. Sie reden niemals schlecht über Ihren Partner.

5. **Der Familie schlechte Absichten unterstellen.** Auch wenn Sie mit dem Verhalten Ihrer Familie oder Ihres Partners überhaupt nicht einverstanden sind: Alles, was sie tut, tut sie aus Liebe. Ihre Strategien sind vielleicht nicht die für Sie angenehmsten, aber es sind diejenigen Strategien, die DIESER Familie in DIESER Situation zur Verfügung stehen.

6. **Schlecht über die Familie zu reden.** Es ist ein Gesetz: Nur wir selbst dürfen über unsere Familie lästern. Wir möchten nicht, dass andere es tun. Mick: »*Frauen finden die Eltern des Mannes grundsätzlich daneben und nehmen sich das Recht heraus, das auch zu sagen. Sie denken immer, sie hätten es verdient, in eine bessere Familie einzuheiraten. Aber wehe, man sagt etwas über ihre Familie! Über die Mutter darf man vielleicht noch ein bisschen lästern, aber der Vater ist tabu, ihn musst du achten und ehren, als wäre es dein eigener alter Herr!*«

7. **Sich völlig verplanen lassen.** Es ist eine wohlverdiente Erholung, zwischendurch auch etwas zu zweit zu unternehmen, und es ist völlig legitim, diesen Anspruch auch vor der Familie zu vertreten.

8. **Sich in Familienkonflikte hineinziehen lassen.** Familien sind die Orte, an denen die unglaublichsten Dinge passieren. Wir können nicht alles verstehen. Alles, was passiert, hat seinen Sinn im System. Nur welchen? Sie müssen es nicht herausfinden. Es hilft nur: Raushalten.

9. **Schlechte Manieren.** Entstehen sie aus Unwissenheit: Umgangsformen lassen sich jederzeit erlernen. Geschehen sie aber aus Rebellion, heißt es, innere Konflikte klären. Was genau fällt uns an der Situation so schwer, dass wir eine Revolte gegen sie

starten? Fühlen wir uns vernachlässigt, wollen wir so Aufmerksamkeit auf uns ziehen? Gibt es andere Möglichkeiten, mit unserem Unbehagen umzugehen oder Aufmerksamkeit zu bekommen, etwa durch ein klärendes Gespräch mit dem Partner?

Ein bewährter Abwehrmechanismus für solche Situationen: die Reaktionsbildung. Wenn wir uns eigentlich in bissiger Stimmung fühlen, verhalten wir uns umso freundlicher und lächeln. Anfangs mag es noch verkrampft daherkommen, doch unser inneres Erleben wird sich unserem Gebaren anpassen.

10. **Das Ende offen lassen.** Es muss Licht am Ende des Tunnels zu sehen sein, deswegen sollten einmal abgesprochene Abfahrtszeiten eingehalten werden. Sich der Endlichkeit des Ganzen bewusst zu sein bedeutet eine Erleichterung.

»Sie schimpft mich ein Muttersöhnchen«

Mick: Der beste Freund eines Mannes ist seine Mutter. Ha, der Satz ist aus »Psycho«, und ich denke so nicht, keine Angst, aber Vera denkt, dass ich so denke. Natürlich telefoniere ich mit meiner Mutter, natürlich besuche ich sie manchmal und will, dass meine Kinder und meine Frau mitkommen. Ich halte das für ganz normal. Sie ist eben meine Mutter. Aber Vera legt jeden Kontakt so aus, als sei ich ein neurotisches, vielleicht sogar pathologisches Muttersöhnchen, das irgendwann die Mumie der Mutter in den Sessel setzen wird. Neurotisch ist vielleicht, wie Vera von ihrem Vater schwärmt, den alten Knurrhahn auf ein Podest hebt. Ich weiß es nicht, es ist ihre Sache. Mein Verhältnis zu meiner Mutter scheint aber ganz und gar nicht meine Sache zu sein, sondern Anlass für ständige Sticheleien.

Vera: Wir besprechen mit seinen Eltern unseren Andalusien-Urlaub. Das heißt: Wir sitzen einfach nur da, VL und ML sagen uns, was wir auf unserer Reise zu tun haben. VL prüft kritisch unseren Mietwagenvertrag und unsere Auslandskrankenversicherung, ML legt fest, was wir ansehen dürfen und was nicht. »Dann fahrt ihr nach Ronda. Fahrt früh, ab mittags rollen die Touristenbusse an, womöglich sogar Briten oder, noch schlimmer, Russen oder dicke Menschen. Fahrt auf gar keinen Fall mit der Fähre nach Marokko. Sie werden Vera alles aufschwatzen, sie kann ja nie nein sagen und wird jeden Teppich kaufen. Dann wird sie noch verschleppt, selbst verkauft, blond, wie sie ist. Marokko also nicht.« »Aber nach Gibraltar dürfen wir?«, schlage ich zaghaft vor. »Auf gar keinen Fall!«, ruft ML. »Vollgestopft, hässlich, und es gehört den Briten. Das lohnt sich wirklich nicht. Außerdem müsst ihr ewig an der Grenze warten.« Mick verspricht seinen Eltern, dass wir nicht nach Gibraltar fahren.

In Andalusien fühlten Mick und ich uns wie Kinder, die heimlich nachts aus dem Fenster klettern, als wir schon am zweiten Tag einen Ausflug nach Gibraltar starten. Freundliche Zöllner winken uns direkt durch, wir haben eine herrliche Aussicht auf Afrika, während Affen auf unseren Schultern sitzen, und später essen wir Fish and Chips. Ein fabelhafter Tag. So weit, so gut. Als wir VL und ML aber später unsere Fotos zeigen, stelle ich fest, dass Mick sämtliche Gibraltar-Aufnahmen aussortiert hat. Er hat Angst, weil wir uns ihrem Verbot widersetzt haben. Er ist 32 Jahre alt. Da werde ich doch mal anmerken dürfen, dass nach dem schmerzlichen

Abstillen zum neunten Geburtstag nun der zweite Teil des Abnabelungsprozesses so langsam mal anstehen sollte.

Auch ein Schwiegermonster handelt aus Liebe

Zunächst: Spannungen zwischen Frau und Schwiegermutter gibt es so lange, wie es den aufrechten Gang gibt, und sie scheinen ein kulturübergreifendes Phänomen zu sein. Der Verbreitungsraum von Schwiegermonstern reicht von Beduinenzelten in der Wüste bis zu den Iglus der Eskimos. Manche Frauen machen sich die Schwiegermutter zur Freundin und gehen mit ihr zusammen zum Brasilian Waxing. Gut für sie! Für die anderen 99 Prozent bleibt kaum mehr übrig, als zu akzeptieren, dass Spannungen mit der Mutter des Partners Bestandteil des Systems Familie sind.

Die ältere Generation wird immer dazu neigen, festzuhalten, die jüngere will sich loslösen. Der so entstehende Konflikt ist nicht zu lösen, lässt sich aber sinnvoll regeln. Es gibt Angst auf beiden Seiten. Angst steckt hinter der Abneigung der Partnerin gegen die Schwiegermutter: Es kann die Angst davor sein, dass die Schwiegermutter zu viel Nähe einfordert, was sie zur Rivalin macht. Eine andere Angst: Die Frau wird Zeugin des komplementären Rollenmusters zwischen Mutter und Sohn. Die eine bemuttert, der andere wird bemuttert. Sie fürchtet nun, dass sie die Rolle der Mutter fortsetzen soll, also ihr Partner erwartet, von seiner Partnerin so bemuttert zu werden wie vorher von seiner Mutter. Zunächst:

👑 **Wahrheit Nr. 20:** Der Konflikt mit seiner Mutter entschärft sich, wenn Sie auch dem grässlichsten Schwiegermonster eine grundsätzlich gute Absicht unterstellen.

Die Schwiegermutter, ein Wesen der Liebe? Schlage ich als Nächstes Osama bin Laden für den Friedensnobelpreis vor? Aber es ist so: Alles, was sie tut, ist motiviert von der stärksten Liebe dieser Erde, der Mutterliebe. Mit diesem Wissen lässt sich manches, was vorher als Kampfansage gesehen wurde, als Missverständnis deuten. Statt Bösartigkeit steckt hinter ihren Handlungen meist die Angst, nutzlos oder einsam zu werden. Sich das immer wieder ins Bewusstsein zu rufen wird Ihr Urteil abmildern.

»Sie erzählt mir alles über Leute, die mich nichts angehen«

Tobias: Vorsicht, das ist jetzt nur für starke Nerven! Petra macht sich jeden Tag Punkt zwölf eine Fünf-Minuten-Terrine in der Büroküche warm. Wie unglamourös ist das? Sylvia diskutiert den ganzen Tag am Firmentelefon, was sie abends mit ihrem Freund kochen will, und nervt damit alle. Aber sie kann sich erlauben, was sie will, denn sie ist die Ex vom Chef. Wenn die dürre Shirin vom Klo huscht, riecht es danach nach Erbrochenem. Anette ist schwanger und wegen Komplikationen krankgeschrieben, hat aber bei Facebook Bilder gepostet, die sie quietschvergnügt bei einem Segelausflug zeigen.

Ich kenne Petra oder Sylvia nicht. Ich werde sie vermutlich nie kennenlernen. Ich möchte sie auch gar nicht kennenlernen. Und doch weiß ich alles über sie. Denn meine Ex Imke berichtete mir jede Einzelheit über sie. Jeden Tag gab es eine neue Folge der Büro-Soap. Ungebeten. Als wir uns kennenlernten, erzählte Imke Amüsantes, Geistreiches, witzige

Erlebnisse von Fernreisen, Spöttisches aus dem Feuilleton, sagte, was man im Kino nicht verpassen sollte, sie streute Zitate von Oscar Wilde, Schopenhauer, Marilyn Monroe oder aus Tarantino-Filmen ein. Sie gab brauchbare Tipps, wo man am Wochenende hingehen konnte und welche Party wo stattfindet. Doch je vertrauter sie sich fühlte, desto banaler wurden ihre Erzählungen. Ich dachte, für den Austausch von Banalitäten gibt es Facebook. Warum muss ich Speicherplatz in meinem Hirn für die unappetitliche Affäre zwischen Janine und Dirk verschwenden? Aber das muss ich, denn Imke fragte mich regelmäßig ab, ob ich die Handlungsstränge auch verfolge. Und wehe, ich kam durcheinander!

Sie redet und redet, und es sprudelt nur so aus ihr heraus. Damit es aufhört, müsste man dieselben Leute engagieren, die das Ölleck im Golf von Mexiko gestopft haben. Wenn Frauen schweigen, soll man sie nicht unterbrechen, heißt es. Den Moment hatte ich bei Imke verpasst. Ich hatte irgendwann Angst, ans Telefon zu gehen. Und habe mich dann auch einfach nicht mehr gemeldet. Sie hat mir schlicht zu viel erzählt, was mich nicht interessiert hat.

Vera: Ich kenne Imke nicht. Aber ist es nicht toll, dass sie Tobias teilhaben lassen wollte an ihrem Leben? Männer wissen oft über niemanden etwas zu erzählen. Nicht einmal über ihren besten Freund. Als würden sie ihn gar nicht kennen. Das finde ich doch sehr ungewöhnlich. Außerdem: Sich grummelig hinter einer Zeitung zu verziehen ist für mich jedenfalls noch kein Zeichen von Tiefsinn.

»Männertugend«:
Reden ist Silber, Schweigen ist Macht

Der Austausch von Alltäglichkeiten: Für die Frau ist er oft ein Signal von Verbundenheit. Wenn SIE verliebt ist, interessiert sie jedes Detail an ihrem Prinzen – genauso geht SIE davon aus, dass ihr Prinz an ihrem Leben teilhaben möchte, das sie außerhalb der Partnerschaft führt. Denn für Frauen ist die Beziehungsebene beim Gespräch maßgebend. Sie wollen durch Erzählungen Intimität schaffen. Sie wittern daher auch viel eher eine Kommunikationsstörung, wenn nicht gesprochen wird. Schweigepausen sind ihnen unangenehm. Männer dagegen empfinden detaillierte Erzählungen als überflüssig und zeitraubend. Für sie steht bei Gesprächen die Sachebene im Vordergrund, der Austausch von relevanten Informationen. Sie sprechen lieber über Pläne und gemeinsame Unternehmungen oder tauschen Tipps zur Verbesserung der Lebensart aus.

Männer tun sich auch schwer damit, zuzuhören, wie die Soziolinguistin Deborah Tannen untersuchte: Sie sehen sich in der Rolle des Zuhörers als »unterlegen eingerahmt«. SEIN Eindruck, dass SIE viel redet, rührt womöglich daher, dass der Mann selbst lieber das Wort ergreifen würde.

Männer unterbrechen daher auch häufiger, während Frauen die Rolle des Zuhörers eher gewohnt sind. Andererseits empfindet SIE Schweigen häufiger als Kommunikationsstörung, die sie durch Erzählungen »kitten« will. Dieselbe Kommunikationssituation wird von beiden Geschlechtern unterschiedlich bewertet: Während Männer sich beklagen, dass Frauen zu viel reden, beklagen sich Frauen oft, dass Männer ihnen die Arbeit der Konversation überlassen, etwa bei geselligen Abenden im Freundeskreis.

Auch wird Schweigen bei Männern und Frauen unterschiedlichen Eigenschaften zugeschrieben. Robert Greene gibt in seinem Buch »Power« Tipps, um an Macht zu gelangen: »Versuchen Sie nicht,

Menschen mit vielen Worten zu beeindrucken. Je mehr Sie reden, desto durchschnittlicher und machtloser wirken Sie ... Mächtige Menschen beeindrucken und schüchtern ein, indem sie wenig sagen.«

Rückzug und Kommunikationsverweigerung können tatsächlich ein Instrument sein, das Macht schafft, vor allem, wenn ein Mann es nutzt: Wir können nicht *nicht* kommunizieren, stellte der Kommunikationsforscher Paul Watzlawick fest. Und so ist das Schweigen durchaus eine starke Mitteilung auf der Ausdrucks- oder der Appelebene (»Mit mir nicht«, »Ich bin es leid!«, »Ändere dich«, »Tu, worüber wir gesprochen haben!«, »Dann mach ich eben gar nichts!«, »Wenn du dich so verhältst, entziehe ich dir jede Aufmerksamkeit«). Häufig entstehen in Partnerschaften auf diese Weise Teufelskreise. Der Mann zieht sich schweigend zurück. Die Frau versucht, ihn aus der Reserve zu locken, indem sie auf ihn einredet – was nur dazu führt, dass er sie erst recht als »nervig« oder »diskutiersüchtig« empfindet – und sich weiter in sein Schneckenhaus verkriecht.

Aber Frauen befinden sich in einer unfairen Situation:

Wahrheit Nr. 21: Nicht nur der schweigende Mann, sondern auch der sprechende Mann wird als überlegen angesehen. Denn ein Mann, der das Wort ergreift und dem zugehört wird, ist mächtig. Bei einer Frau dagegen wird nicht nur Reden als Redseligkeit abgewertet, sondern auch Schweigen als Ohnmacht gedeutet.

Meistens spielen sich die Anteile von Reden, Schweigen und Zuhören bei den meisten Paaren ein, symmetrisch oder komplementär in verschiedenen Abstufungen. Auf diesen Prozess können wir fort-während korrigierend einwirken. Der Partner, der sich von seinem redseligeren Gegenpart überrannt fühlt, sollte daher zunächst die Situation und die Beziehung als positiv würdigen, ehe er sachlich um eine Verhaltensänderung bittet, etwa: »Toll, dass wir mal wieder zusammensitzen. Es scheint ja nie langweilig bei dir im Büro zu sein. Auch wenn ich nicht jedem Detail folgen kann. Denn dazu müsste ich doch mehr involviert sein …«

»Sie muss sich das Handy operativ entfernen lassen«

Frank: Wenn Ina sich mit ihren Freundinnen traf, saßen sie da mit ihren Smartphones und simsten oder chatteten oder twitterten oder facebookten oder telefonierten, mit anderen oder absurderweise vielleicht sogar miteinander, ich vermochte es nicht auszumachen. Ich habe sie einmal vor die Wahl gestellt: »Entweder du triffst dich mit mir oder mit deinem Handy!« Doch dann wurde sie so unruhig wie Lindsay Lohan, wenn das Koks alle ist. Das machte mich dann wiederum noch nervöser, als wenn sie ständig mit diesem Ding spielt. Und wie lange so ein Telefonat dauert! Männer klären am Telefon, was zu klären ist. Man verabredet sich und bespricht den Rest dann. Frauen aber kauen alles immer wieder durch, sehen sich dann und kauen es noch mal durch. Zwischendurch wurde dann auch noch mal der Ex auf Facebook ausspioniert, und wieder ein Grund, die Freundin anzurufen und ihr die Ergebnisse mitzuteilen. Frauen scheinen Standleitungen miteinander zu haben. Sie halten sich über jeden Schritt in ihrem Leben auf dem Laufenden, und wenn in der kurzen Zeit zwischen zwei Telefonaten wirklich nichts Neues passiert ist, kann man sich ja immer noch neue Gedanken mitteilen. Oder alte Gedanken noch einmal. Bezeichnend ist ja das Sexvideo von Paris Hilton, ja, ich gebe zu, ich habe es mir angeschaut. Sie unterbricht den Sex, weil das Handy klingelt. Was ergibt es auch für einen Sinn, Sex zu haben, wenn niemand davon erfährt? Irgendwann twittert mir eine Frau einen, statt mir einen zu blasen.

Ina: Ich kann gerade nicht. Ich telefoniere. Ich ruf zurück ...

Buddhas Weg, das iPhone auszuschalten

Der Mensch arbeitet seit jeher daran, seine Grenzen über seinen Körper hinaus auszuweiten. Der Pelz ist eine zweite Haut, der Knüppel ersetzt Waffen, die bei anderen Tieren am Körper wachsen, Geweihe, Gebisse, Hufe oder Stachel etwa. Das Rad erweitert die vergleichsweise lahmen Füße. Auch Familie, Freunde, jeder Besitz, Beruf, Sport, Spiele sind Ausweitungen unseres Ichs. Im technischen Zeitalter gehören nicht nur Auto und Flugzeug, sondern auch Kommunikationskanäle wie Radio, Fernsehen oder Telefon dazu. Der Medientheoretiker Marshall McLuhan befasste sich mit diesen Ich-Ausweitungen und orakelte schon 1964 in »Die magischen Kanäle«: Der explosionsartigen Ausweitung über den ganzen Erdball würde eine Implosion folgen. Diese Implosion ist im Zeitalter digitaler Medien tatsächlich eingetreten. Der ganze Kosmos ist derzeit im Smartphone komprimiert: Beispielsweise passen potenziell sämtliche Orte und Menschen – bzw. deren virtuelle Abbildungen – in das 11 mal 6 Zentimeter große Gerät. Das iPhone ist unser portables Global Village.

Das Mobilfunknetz und das Internet ahmen das Zentralnervensystem nach, verbinden alle Menschen miteinander, so wie die Sinne und Nerven innerhalb eines Menschen miteinander verbunden sind. Das Smartphone ist unser neues, multifunktionales Sinnesorgan, das uns viel schneller, effizienter und flächendeckender kommunizieren und handeln lässt, als wir es allein mit Stimme, Augen, Ohren, Händen je könnten.

Das ist zunächst einmal per se weder gut noch schlecht. Es ist schlicht eine Tatsache. Sie gewinnen jedoch eine neue innere Ruhe im buddhistischen Sinn, wenn Sie sich nicht auf diese Ausweitungen ihres Ichs fixieren. Sie können die neuen technischen Sinnesorgane nutzen, aber Sie können sich auch immer mal wieder dagegen entscheiden. Wenn Sie lernen, sich nicht daran anzuhaften, ergibt sich dadurch die Chance, sich auf Ihre Wirklichkeit zu konzentrieren. Ihre Wirklichkeit ist das, was Sie gerade umgibt. Das, was Sie mit Ihren naturgegebenen Sinnen gerade in diesem Augenblick wahrnehmen. Ein Facebook-Freund in Kolumbien gehört nicht dazu, wenn Sie sich gerade in einem Café in München befinden. Was Sie von ihm wahrnehmen, ist lediglich seine virtuelle Abbildung, ein Trugbild. Sie steigern Ihre Achtsamkeit, wenn Sie sich von den Erweiterungen Ihres Ichs lösen können. Und mit mehr Achtsamkeit erhalten Sie mehr Informationen als durch Ihr iPhone.

Marie Mannheimer schreibt in ihrem Buch »Buddhas Anleitung zum Glücklichsein«: »Achtsamkeit ist somit eine Aufmerksamkeit, die weiß, dass sie jetzt gerade aufmerksam ist, und sie kann auch sagen, was sie gerade in diesem Moment mit Aufmerksamkeit erkennt.« Das kann Ihr Gegenüber im Café sein, es können die anderen Gäste sein, der Geruch und der Geschmack Ihres Kaffees, die Geräuschkulisse aus Stimmen, klapperndem Besteck und Musik. Nutzen wir die Möglichkeit, unser ausgeweitetes, zunehmend aufgeblähtes Ich regelmäßig auf die physische Wirklichkeit des

Moments zu reduzieren. Denn je ausgeweiteter unser Ich, desto mächtiger und reicher sind wir zwar, aber auch desto angreifbarer. Die Folge: ständige Spannung.

Wahrheit Nr. 22: Für Entspannung dagegen sorgen wir, wenn wir die Symbole und Kanäle, die für unser erweitertes Ich stehen, regelmäßig beiseitelegen oder ausschalten. Und stattdessen tatsächliches Zusammenseins genießen.

»Sie lästert über andere Frauen«

Chris: Opfer des Abends: die schöne Mary. »Sie musste doch letztens ihre Beine wieder miteinander bekannt machen, weil die so lange nicht zusammen waren«, sagte eine der Freundinnen. Kreischendes Gelächter. »Ich kenne Mary noch aus Köln«, sagte Klara. »Und, was hat sie da für einen Ruf?«, wollten die anderen wissen. »Na ja«, begann Klara, »es hieß, sie würde es mit jedem machen, wenn sie betrunken ist. Das war natürlich völliger Quatsch. Sie macht es nur mit jedem, wenn Koks im Spiel ist!« Wieder kreischendes Gelächter.
Es war in Katar, wo ich ein Jahr arbeitete. Klara begleitete mich. Wir waren eine Gruppe von sieben deutschen oder österreichischen Familien. Alle Männer waren gute Kumpels, unterstützten sich in der Fremde. Und die Mädels? Sie inszenierten lieber riesige Dramen. Da wurde aufgewiegelt, gehetzt, gelästert, ausgegrenzt, verletzt. Nie war mal Ruhe im Karton. Man meinte oft, die spinnen total. Da kommen Spinnereien auf den Tisch, die man als Mann nicht mehr ver-

stehen kann oder will. Was treibt die Hühner an, so zu handeln? Ist es der Trieb, den Mann zu halten, indem sie andere Frauen schlechtmachen? Oder sind sie einfach nur bösartig? Es könnte nicht unterschiedlicher sein zum Mann. Als Mann will man einfach seine Ruhe. Daher treffen sich Männer auch einfach gerne ohne Mädels. Alles ist leichter, kein böses Geläster. Es muss anderen keine Katastrophe passieren, damit wir glücklich sind.

Klara: Ich möchte Chris mal gerne daran erinnern, dass seine Lieblingsbeschäftigung ist, mit mir nach einem geselligen Abend im Bett zu liegen und zu – nein, nicht das –, zu klatschen. Wir liegen dann da und machen uns ein bisschen über die Gäste lustig. Er liebt es, wenn ich ihn mit Klatsch aus dem Bekanntenkreis versorge. Als ich ihm letztens steckte, dass unsere großspurigen Bekannten Edda und Jason am Rand des Ruins stehen, besserte sich seine Laune sprunghaft. Und er liebt Geschichten über die wilde Mary. Als sie in Katar den armen Marc hörnte, weil sie was mit dem amerikanischen Bauleiter hatte ... Chris ist ausgeflippt vor Freude! Es ist wohl einfach so, dass Menschen gerne klatschen, aber bei Frauen wird das anders wahrgenommen und bewertet. Wir sind immer die Bösen.

Wie weiblich ist Klatsch?

Der Mensch ist ein erzählendes Wesen. Er packt Erfahrungen in Geschichten und kann sie erst so austauschen und verarbeiten. Für ein geselliges Wesen wie den Menschen ist es überlebenswichtig, sich über Geschichten zu verständigen. So konstruieren und bestätigen wir uns die Wirklichkeit. Klatschen gehört also tatsächlich, wie Klara feststellt, zum Wesen des Menschen.

Dennoch galt Klatsch immer als Domäne der Frauen. Dabei spielt sicherlich der psychologische **Abwehrmechanismus** der Projektion eine Rolle: Wir brandmarken an anderen das, was wir an uns selbst nicht wahrhaben wollen. Gleichzeitig war sogenannter »Klatsch« in Zeiten, in denen Frauen von Entscheidungen oder dem öffentlichen Leben weitgehend ausgeschlossen waren, eine Möglichkeit, sich zu solidarisieren und Einfluss zu gewinnen. »Die weibliche Kommunikation war demnach nicht bloß Klatsch, sondern auch eine Art Rebellion, die männliche Entscheidungen und damit auch die öffentliche Meinung beeinflusste«, sagt der Soziologe Christian Schuldt in seinem Werk »Klatsch! Vom Geschwätz im Dorf zum Gezwitscher im Netz«. Während die Männer sich im Wirtshaus trafen, tauschten die Frauen sich am Waschplatz oder in der Küche aus – sprachliche Wurzel für abwertende Begriffe wie »Waschweiber« oder die »Gerüchteküche«. Männer bekämpften die so entstandenen Herde der Rebellion, etwa durch Schandmasken, Prangerstrafen, körperliche Züchtigung.

Es gibt also die Tendenz, dass Frauen durch ihre Kommunikation eher Nähe schaffen wollen als Männer und somit den Kern des Soziallebens bilden – und diese Tendenz hat eine lange Evolution. Kaum etwas schafft mehr Verbundenheit, als sich über Abwesende auszutauschen. Indem wir in einer Klatschrunde das Fehlverhalten Abwesender thematisieren, verfestigen und bestätigen wir die in der Gemeinschaft gültigen Normen und Werte. Denn Klatsch schweißt nicht nur die Klatschenden zusammen, sondern beinhaltet auch den latenten Appell, wie man sich zu verhalten hat und welches Verhalten von der Gruppe geahndet wird. Klatsch ist also auch ein Mittel sozialer Kontrolle.

Die Soziolinguistin Deborah Tannen untersuchte die interessante Rolle, die Geheimnisse dabei spielen: Geheimnisse auszutauschen schafft Nähe, gleichzeitig erhöhe ich, indem ich ein Geheimnis weitergebe, auch meinen Status innerhalb der Gruppe: Denn so demonstriere ich, dass ich eine Stellung habe, in der ich an Geheimnisse herankomme, etwa weil ich der Vertraute einer ranghohen Person bin. So zeigte eine anthropologische Untersuchung an einer amerikanischen Highschool, dass Mädchen ihre Stellung verbesserten, indem sie Geheimnisse eines beliebten Mädchens weitererzählten – denn so bewiesen sie erst, wie nahe sie dem beliebten Mädchen standen.

Auch Männer können Tratschweiber sein …

Frauen stehen besonders vor dem Dilemma, dass sie einerseits jemanden brauchen, mit dem sie Geheimnisse teilen, andererseits dann auch das Risiko tragen, dass die Geheimnisse weitererzählt werden. Männer sind generell weniger bereit, einander Geheimnisse anzuvertrauen: Denn jede Schwäche und jedes Problem gefährdet den Staus innerhalb der Gruppe. Haben sie das Bedürfnis, ihr Herz vom Kummer zu erleichtern, suchen sie sich oft Personen, die außerhalb ihrer Gleichgesinnten-Gemeinschaft stehen, etwa eine beste Freundin, einen Verwandten oder einen väterlichen Freund. Natürlich wurde auch in Männergesellschaften seit jeher geklatscht, etwa im Wirtshaus oder im Kaffeehaus. Was bei Frauen Klatsch genannt wurde, galt hier als Verbreitung von Neuigkeiten. Denn der männliche Klatsch dient seit jeher viel mehr wirtschaftlichen oder politischen Zielen.

Untersuchungen ergaben, dass Frauen auch heute noch zwei Drittel der Gesprächszeit über andere reden, während Männer zu zwei Dritteln über sich selbst reden. Männern geht es tendenziell also mehr darum, ihre Stellung in der Hierarchie zu erhöhen, Frauen darum, Solidarität in der Gemeinschaft zu schaffen. Evolutionsbiologisch festigen Frauen durch Klatsch ein sicheres Umfeld für die Aufzucht, Männer erhöhen ihre Paarungschancen und schrecken Feinde ab. So nutzen Männer Klatsch auch eher, um Übergeordnete zu stürzen. Beispiele finden sich viele: Hamburgs früherer Senator Ronald Schill, der versuchte, Bürgermeister Ole von Beust mit dessen Homosexualität zu erpressen. Kardinäle, die Gerüchte um psychische Erkrankungen und Alkoholsucht in Umlauf setzten, um Bischof Robert Mixa abzusetzen. Der Staatsanwalt Kenneth Starr, der den Skandal um die Affäre des damaligen US-Präsidenten Bill Clinton mit der Weiße-Haus-Praktikantin Monica Lewinsky ins Rollen brachte.

Der weibliche Klatsch kann auch noch einen anderen evolutionsbiologischen Hintergrund haben: Menschen sind eine Tierart, die dichte Kolonien bewohnt. Paare leben also in enger Gemeinschaft zu anderen fruchtbaren Erwachsenen. Es herrscht eine andauernde Konkurrenzsituation, die es bei den meisten anderen Tieren nicht gibt. Denn die haben erstens meist nur bestimmte Paarungszeiten, während Menschen in Flatrate-Bereitschaft sind. Und zweitens leben viele Tiere als Einzelgänger oder als Paar in abgesteckten Territorien. Theoretisch gilt also für die Frau: Jede Geschlechtsgenossin am Nebentisch ist fähig, Samen vom eigenen Mann zu empfangen und Nachwuchs von ihm zu bekommen, was die Chancen des eigenen Nachwuchses verringern würde. So erklärt es sich, warum manche Frau über eine Rivalin Gerüchte verbreitet, die ihre Fähigkeiten als Partnerin und Mutter in Frage stellen, etwa indem sie sie als nymphoman oder unzurechnungsfähig diffamieren.
Natürlich ist auch der Mann einer dauernden Konkurrenzsituation ausgesetzt, denn auch seine Frau könnte ihm ein Kind vom Nachbarn unterjubeln. Ein Kuckuckskind großzuziehen stellt aber für den Mann keine lebensbedrohliche Situation dar. Für die Frau dagegen war es jahrtausendelang lebensbedrohend, wenn sie mit

ihrem Nachwuchs alleingelassen wurde. Und letztendlich kann auch ein Mann genauso einem Geschlechtsgenossen ein Kuckuckskind unterjubeln, was die vergeudete Energie für fremde Brut im eigenen Bau biologisch wieder ausgleichen würde. Männer können also sinngemäß kumpelhaft zueinander sagen: »Hey, vielleicht ziehe ich gerade dein Balg groß, aber vielleicht ziehst du auch meines groß, also lass uns kein Aufheben drum machen und ein Bier zischen!«

♛ **Wahrheit Nr. 23:** Klatsch erfüllt wichtige Funktionen für beide Geschlechter: Er vermittelt Nähe und Solidarität und verfestigt die Werte einer Gemeinschaft.

Gleichzeitig erleichtert uns Klatsch aber auch, weil wir erkennen, dass auch andere Menschen, sogar Menschen mit »höherem« Status, Politiker, Würdenträger, Filmstars, gegen diese Werte verstoßen und ihre Schwächen und Probleme haben.

Der Klatsch selbst wird zum Problem, wenn wir mit ihm eine nicht immer eindeutige Grenze überschreiten: wenn wir unterstellen, abwerten, das Vertrauen brechen, mobben, boshaft sind. Eines ist sicher: Auch »böser« Klatsch kommt bei beiden Geschlechtern vor – tendenziell jedoch aus unterschiedlichen Gründen.

♛ **Wahrheit Nr. 24:** Böser Klatsch hat schon so manchen Prinzen verschreckt.

»Ihr Ex nervt –
und sie ist eifersüchtig auf meine Ex«

Mick: Wir treffen ja immer Leute, die wir keinesfalls treffen wollen. So auch an diesem Abend. Veras Schwester Irina hatte Liebeskummer: Vera hatte sich in den Kopf gesetzt, dass wir sie ins Kino ausführen, um sie aufzuheitern. Wir sahen »Ein Chef zum Verlieben«, was Irinas Laune noch schlechter machte. Dann schiffte es auch noch, und wir waren mit dem Rad da. Also gingen wir in die einzige Bar, die an diesem Dienstag geöffnet hatte, und da saß AliLee. Er schreibt sich wirklich so, mit dem großen L. Blonde, längere Haare, alberne Kettchen, und, ich sag es ungern, Muskeln. Gut gebräunt außerdem, weil er ja immer gerade von irgendeinem Trip (Goa, Portugal, Tarifa) zurückgekehrt ist. Veras Ex. Da es schon zu spät war, tranken wir verlegen zu viert einen Drink. AliLee war neuerdings »zweiter Geschäftsführer« dieser Bar, was immer das bedeutet. Er fand viel »cool« oder »krass«, erzählte von Goa / Portugal / Tarifa, bewegte die Arme dabei moderat hip-hoppig. Am Ende sagte ich steif: »Tja, da hat man sich ja auch mal kennengelernt.« Als wir heimfuhren, sagte ich zu Vera: »Wow, er ist zweiter Geschäftsführer der Bar, in der er schon als Schüler immer rumhing, statt Hausaufgaben zu machen. Und seine Lehrer glaubten, aus ihm wird nichts ...« Es gab dann noch am selben Abend einen Riesenstreit zwischen Vera und mir, denn ich erwischte Vera dabei, wie sie sich Fotos von ihrem Strandurlaub mit AliLee ansah, auf denen beide nackt sind und rumfummeln. »Ich bin halt sentimental geworden«, sagte sie zur Entschuldigung. Daraufhin sagte ich unsere Hochzeit ab und brüllte sie an, ich hätte sie ja wohl schon total zervögelt übernommen und sie solle doch zu ihm gehen und sich auf seiner ranzigen Matratze von ihm flachlegen lassen.

Ich ließ mich dann doch wieder zur Hochzeit breitschlagen, entdeckte wenig später aber auf der Gästeliste seinen Namen. Ich verlangte, dass sie ihn streicht. Sie sagte, die Einladungen wären schon verschickt. Ich bestand auf meiner Forderung. Sie sagte, das sei erst recht peinlich, wenn man sich dann mal wiedersieht. Außerdem wäre es taktisch unklug, denn bei einer Ausladung käme AliLee sich natürlich bedeutungsvoll vor. Aber das war mir alles scheißegal. Ich wollte einfach den Typen, der meine Frau vor mir gevögelt hat, nicht bei meiner Hochzeit in der Kirche sehen. Ich glaube, da denken Männer einfacher, mir war es schnurz, was er von uns hält, Hauptsache, er kommt nicht. Vera lud ihn aus und rettete einmal mehr die Hochzeit.

Als wir mal einen anderen Ex von ihr trafen (wie gesagt, ich habe sie nicht als Jungfrau übernommen), den sie mir immer als kernigen Arbeitertypen beschrieben hatte und der sich dann als schlaksiger Nerd entpuppte, war die Erleichterung groß. Und gegen den hatte ich gar nichts. Offenbar fühlt man sich bei Männern, die muskulöser sind, doch noch immer unterlegen, auch wenn heutzutage Geld und Bildung und Beruf den Status ausmachen. Da scheint noch so ein archaisches Ding abzugehen. Ich hab es auch schon mal am Yachthafen von Saint-Tropez beobachtet: Die reichen, aber schmächtigen Jungs haben immer im Hinterkopf, dass die primitiven muskulösen Hafenarbeiter das eigentliche Objekt der Begierde ihrer Girls sind. Sie beobachten mit Argusaugen, ob ihr Schnittchen an Deck die Jungs zu lange ansieht.

Vera: Kerstin hat mir das Leben zur Hölle gemacht, gerade weil sie auch noch so furchtbar nett zu mir war. Sie hat mit

Mick Medizin studiert, und sie waren schon lange getrennt, bevor wir zusammenkamen. Aber ich hatte immer das Gefühl, ich bin ihm zu trashig und er würde lieber ein bisschen mehr Kerstin aus mir machen. Zum Beispiel hat er mir mal diesen dämlichen Hermès-Schal geschenkt, wie sie ihn immer trägt. Sie trägt auch viel Burberry, kommt aus bester Familie, hat für »Ärzte ohne Grenzen« gearbeitet. Einmal sagte sie mir: »Ich praktiziere nicht, ich heile. Ist es nicht erfüllend, seiner Berufung folgen zu können? Du bist Lehrerin, du bringst Kindern wertvolle Dinge für ihr Leben bei, das ist so wundervoll, das muss dir doch auch so gehen!« Ich sagte dazu: »Mir hat heut Morgen ein dickes Kind in der Schule in die Bluse gekotzt, als ich seinen Schnürsenkel zugebunden hab. Ehrlich gesagt – nein, es geht mir nicht wie dir.«

Mysteriöserweise hat Kerstin immer diesen Wind um sich herum, der nicht nur ihr Hermès-Tuch wehen lässt, sondern auch eine ihrer blonden Haarsträhnen, was natürlich speziell dekorativ ist. Dieser geheimnisvolle Wind weht selbstverständlich auch in geschlossenen Räumen. Und ich dachte, ich sei Kerstin endlich für alle Zeiten los, als sie nach Bolivien ging, aber dann kam sie zurück und schnappte sich Phillip, einen von Micks besten Kumpeln. So ein Aas. Bestimmt tut sie das, um weiterhin Teil von Micks Leben zu sein, dachte ich zumindest damals. Der erste offizielle Anlass, zu dem Phillip sie mitnahm: die Hochzeit eines gemeinsamen Freundes. Da stand sie nun in einem giftgrünen Chanel-Kostüm (das einzige Mal, dass Karl Lagerfeld danebenlag) und riesigem Hut, als wäre sie eine englische Lady, und sie war schrecklich nett zu mir. Sie machte mir ein Kompliment für meine Perlenkette, die ich glücklicherweise umgelegt hatte. Gefälschte Perlen, aber eine wie Kerstin hat ja keine Ahnung, dass es Perlen auch gefälscht gibt. Und es ist so ungerecht, der harmlose, ein bisschen tumbe AliLee durfte nicht zu unserer Hochzeit, aber ich habe jetzt immer diese Kerstin um mich, das gerissene Biest, weil sie sich über Phillip zurück in unser Leben geschlichen hat!

Da es sich um ein ergiebiges Thema handelt, habe ich mit meinen Freundinnen eine Typologie nerviger Ex-Freundinnen zusammengestellt:

Das nette Aas: Fall Kerstin! Klimpert mit den Wimpern, ist auf distanzierte Weise nett, aber findet dich nicht gut genug für ihren Ex. Hört »She's Not Me« von Madonna in Endlosschleife. Denkt: »Sie hat nicht meinen Namen! Was wir hatten, werdet ihr niemals haben.«

Die Intrigantin: Ist witzig, herzlich, cool, genau richtig. Du verstehst dich super mit ihr. Du vertraust ihr, rufst sie bei einem Streit mit deinem Freund an. Sie erzählt ihm alles brühwarm und verführt ihn. Hört: »Oops, I Did It Again« von Britney Spears. Denkt: »Warte ab, Kindchen, den hol ich mir zurück.«

Die Sexbombe: Beachtet dich keinen Deut, findet dich langweilig. Tut so, als wäre sie froh, dass sie sich jetzt endlich sexuell richtig entfalten kann, ohne bürgerliche Fesseln. Hört »Don't Cha« von den Pussycat Dolls. Denkt: »Wünschst du nicht manchmal, sie wäre so heiß wie ich?«

Die neue beste Freundin: Biedert sich distanzlos an, nennt dich Süße und bestellt immer noch zwei Rosé-Prosecco, obwohl man Rosé-Prosecco hasst. Sagt Sachen wie: »Speichelt er bei dir auch so beim Küssen?« Denkt: »So lustig wie ich bist du nicht, und das weiß der.«

Die Rätselhafte: Geht dir aus dem Weg, gibt sich geheimnisvoll. Hört: »This Is No Ordinairy Love« von Sade. Denkt: »Mach bloß keinen Fehler!«

Die Ich-bin-sowas-von-drüber-weg-Ex: Tut so, als wäre sie der neue beste Kumpel deines Freundes, kommt ungebeten im Flanellhemd und mit Pferdeschwanz, um beim Umzug zu helfen. Hört: »I'm Just A Girl« von Gwen Stefani. Denkt: »O Gott, ich werde heute Nacht wieder das ganze Kissen vollheulen. Ich will ihn zurück.«

Die Überglückliche: Erzählt, wie toll ihr neues Leben ja jetzt ist. Ihr neuer Macker: Ist ja so reich, so interessant und dann auch noch ein rechter Rammler. Hört: »I Am Doing Fine Now (Without You)« von New York City. Denkt: »O mein Gott, mein Neuer ist pervers/impotent/schwul, wenn ich doch nur einmal Sex mit dem Ex haben könnte.«

Die Stalkerin: Macht keinen Hehl aus ihrem Hass: offene Feindschaft. Hört: »Killing In The Name Of« von Rage against the Machine. Denkt: »Ich werde das Kaninchen eurer Kinder kochen!«

Die Verletzte: Sieht immer ein bisschen aus, als hätte sie gerade geheult. Sagt: »Ich schaff das schon.« Guckt verletzt und stark zugleich. Man fühlt sich augenblicklich schuldig. Hört je nach Stimmung »I Will Survive« von Gloria Gaynor (starke Phase), »It Must Have Been Love« von Roxette (traurige Phase) oder Alanis Morissettes »You Oughta Know« (wütende Phase). Denkt: »Die Geschwindigkeit, mit der du mich ersetzt hast, war die eigentliche Ohrfeige. Das war ganz schön unfair!«

Die Liebe: Versucht, dein Mitleid zu erregen. Weint viel. Steht nachts vor der Haustür, weil ihr Neuer sie mies behandelt hat/sie überfallen wurde/sie höchstwahrscheinlich an einer schrecklichen Krankheit leidet. Hört: »Unbreak My Heart« von Toni Braxton. Denkt: »Wenn ich schon nicht mehr seine Freundin sein kann, will ich wenigstens euer Kind sein!«

Die Wenn-du-wüsstest-Ex: Rennt mit wissender Miene rum, die dir offenbaren soll, dass du bald schon noch erfahren wirst, dass ER heimlich Fetischpornos dreht/Crystal-Meth-abhängig ist/Witwen um ihr Erbe bringt/Scientologe ist und ein Programm absolviert, um zum Überwesen »Clear« zu mutieren. Hört: »Ever Fallen In Love (With Someone You Shouldn't Fallen In Love With)« von den Buzzcocks. Denkt: »Ihr habt euch verdient, aber ich lieb das Arschloch immer noch.«

Die Flüchtige: Meine liebste Ex-Freundin ist die, die die Trennung als Anlass genommen hat, ein neues Leben zu beginnen, und weggezogen ist. Vielleicht ist sie Farmerin in Australien oder Brokerin in New York oder in einem Harem in Dubai. Hört: »Independent Woman« von Destiny's Child.

Auf Ex und weg!

Der Kampf gegen Ex-Partner ist deswegen so aussichtslos und zermürbend, weil wir dabei davon ausgehen, dass die Wirklichkeit starr ist. Die Wirklichkeit aber ist dynamisch. Das heißt, wir bekämpfen etwas, was längst nicht mehr wirklich ist. Wir halten ein Erinnerungsfoto für Wirklichkeit, aber das ist es nicht.

Insofern sind auch die Gefühle, die unser Partner für seine Ex-Partner hat, nicht mehr wirklich. Viele Frauen denken, ihr Partner habe mit seiner Ex schon das Maß an Nähe und Vertrauen erreicht, das sie sich noch erarbeiten muss. Aber: Diese Nähe ist Vergangenheit!

Männer dagegen fürchten den sexuellen Vergleich: War der Vorgänger vielleicht besser im Bett, besser bestückt, potenter, muskulöser? Eifersucht ist normal. Wichtig ist, dass wir unseren Gedankengang nicht mit der Wirklichkeit verwechseln.

♛ Wahrheit Nr. 25: In der Realität ist der Ex-Partner zu 99 Prozent keine Bedrohung. Unsere Gedanken sind Konstrukt unseres Geistes.

Es hilft, die Gedanken wie ein Unbeteiligter von außen zu beobachten und sich zu vergewissern, dass Gedanken kommen, aber auch wieder gehen. Dann können wir wieder beobachten, was um uns herum geschieht, und dem unsere Achtsamkeit schenken. Und wir werden feststellen, dass Innen- und Außenwelt verschiedene Welten sind. Nur die Außenwelt ist wahr. Mit diesem Bewusstsein verhindern wir, dass negative Gedanken weitere negative Gedanken verursachen. Wir gewinnen die Kontrolle wieder. Dann können wir den negativen Gedanken positive entgegensetzen.

Setzen wir die Ex-Partner also in einen anderen Rahmen: Seien wir ihnen dankbar dafür, dass sie unseren Partner zu dem Menschen gemacht haben, in den wir uns verliebt haben. Und dafür, dass sie ihn losgelassen haben, vielleicht loslassen mussten, damit wir ihn weiter auf seinem Weg begleiten können. Und vielleicht gelingt es uns sogar, den Ex-Partner in unsere allumfassende Liebe einzuschließen. Vielleicht ist das aber auch ein bisschen viel verlangt …

Umgekehrt gilt das Prinzip »Loslassen« auch, um mein Verhältnis zu meinem Ex-Partner zu überprüfen. Ist meine Beziehung zu ihm noch dynamisch oder nur ein Zitat der Vergangenheit? Ist es mein Kindheits-Ich, das nicht einsehen will, dass nicht jedem Abschied ein Wiedersehen folgt? Schaffen wir uns eine Illusion von Beständigkeit, indem wir an einer Beziehung zum Ex-Partner festhalten?

♛ Wahrheit Nr. 26: Manchmal müssen wir einen Menschen aus unserem Leben entlassen, um in der Wirklichkeit anzukommen.

Kapitel 5

LEBENSSTIL

»Und täglich grüßt der Valentin: Sie terrorisiert mich mit Fest- und Jubeltagen«

Markus: Weihnachten war schon immer da. Und der Stress, nach dem Frühschoppen leicht angeduselt um 13.30 Uhr am 24. Dezember ein Geschenk zu ergattern, gehört zum Jahresrhythmus. Aber dabei ist es ja nicht geblieben! Inzwischen gibt es auch den Valentinstag. Den zu vergessen bedeutet, sie vor all ihren Freundinnen zu demütigen, und wird mit Aufmerksamkeitsentzug nicht unter vier Wochen bestraft. Und damit immer noch nicht genug! Es gibt ihren Geburtstag und ihren Namenstag, den Muttertag, für den man Tage vorher mit der Kleinen was vorbereiten muss. Es gibt den Hochzeitstag und den Verlobungstag und den Kennenlern-Tag und den Wir-hatten-erstmals-Sex-Tag. Es ist ständig irgendein verdammter Tag, nur nie mein Ruhetag. Es reicht nicht, dass ich für sie umgezogen bin und sie nach ihrer Hüftoperation die Treppe hochgetragen hab, drei Wochen lang. Nein, ich muss meine Liebe dadurch beweisen, dass ich an irgendeinen Tag denke, der gerade im Kalender steht. Und recht machen kann ich es ihr sowieso nicht: Jedes meiner Geschenke ist falsch. Völlig an ihren Bedürfnissen vorbei, geschmacklos, ein Affront, eine Beleidigung! Ob ich nichts schenke oder etwas schenke, die Stimmung ist so oder so im Keller, also spare ich mir doch Mühe und Geld und lasse es lieber gleich!

Gita: Ich behaupte mal, dass ich mir Mühe gebe. Letzte Woche stand ich sonntags früh auf, um ihn im Nieselregen beim Marathon anzufeuern. Danach versorgte ich seine wundgelaufenen Füße. Ich akzeptiere, dass er vor wichtigen Projekten wochenlang nicht ansprechbar ist und die ganze Wohnung quasi unbewohnbar, weil sie von Bauplänen und Gebäudemodellen eingenommen wird. Ich kaufe ein und bringe die Kleine zur Schule und hole sie wieder ab und bastele mit ihr eine Schokokussschleuder. Ich habe ja Zeit, ich arbeite ja nur ein wenig freiberuflich. Und manchmal möchte ich, dass er sich auch ein bisschen Mühe gibt. Dass er sich überlegt, was mir gefällt, sich etwas ausdenkt, mich wahrnimmt, Zeit abknapst, in ein Geschäft geht, in der Mittagspause eine Bestellung abholt. Ich möchte, dass er nicht nur nett ist und mich wertschätzt, weil gerade Wochenende ist oder wir im Urlaub sind und es gerade passt, sondern weil ein bestimmtes Datum ist, auch wenn es gerade ungelegen kommt. Ist das zu viel verlangt? Ich gebe zu, als ich in der City eine Freundin traf und sie mir zum dritten Hochzeitstag gratulierte, den Markus vergessen hatte, war ich einfach sauer. Meinen Geburtstag hat er auch zweimal vergessen. Ich konnte beide Male nicht Schluss machen, weil ich dazu keine Zeit hatte, obwohl er es verdient gehabt hätte. Einmal steckte ich im Examen, einmal hatte ich einen Säugling neu. Ich bin schon wieder sauer, wenn ich nur daran denke. Vielleicht hole ich das noch nach mit dem Schlussmachen: »Du hast vor zwei Jahren meinen Geburtstag vergessen, ich gehe!« Ha, das wär's!

Warum Männer gegen Feiertage rebellieren

Männer in ihrer eher pragmatischen Denkweise können Feiertagen wenig abgewinnen: Wenn man etwas benötigt, kann man es sich jederzeit kaufen, wenn man essen gehen möchte, geht man essen, und wenn die Zeit reif ist für eine Feier, feiert man. Wozu also das Gewese um einen Tag, der zufällig gerade im Kalender steht? Frauen dagegen horchen Kommunikation und Handlungen des Mannes stärker nach Beziehungsmitteilungen ab als umgekehrt: Wie steht er zu mir? Wie denkt er über mich? Wie sind seine Gefühle für mich? Da Männer so etwas nur selten explizit äußern, suchen Frauen nach Signalen, und einen vergessenen Valentinstag oder ein maues Geburtstagsgeschenk deuten sie als ein Signal für Gleichgültigkeit oder gar erloschene Liebe.

Männer wiederum spüren den auf Sub-Ebenen mitgeteilten Erwartungsdruck sehr genau. Sie haben aber wenig Lust, sich unter Druck setzen zu lassen, und reagieren daher umso trotziger auf solche Tage. Das eine Jahr vergessen sie den Valentinstag aus Unachtsamkeit (tatsächlich vergessen Männer solche Tage ganz einfach, weil sie ihnen selbst nicht bedeutend erscheinen), im nächsten Jahr aus Rebellion. Das ist für Frauen wiederum Anlass, ihre Sanktionen zu verschärfen und Achtsamkeit noch schärfer einzufordern. Der Mann reagiert darauf noch trotziger – schon befinden sich beide in einer Teufelsspirale. Einmal gefangen in einer derartigen Spirale, bedeuten solche Feiertage für beide Stress. Denn ein Liebesbeweis lässt sich ohnehin nicht verordnen. Ein Gefühl wie Liebe gehorcht keinen Terminen und keinen Appellen. Ist es also das Beste, solche Tage von vornehrein zu ignorieren?

Nein, denn Gedenktage, Feiertage und Ehrentage sind Rituale. Menschen lieben Rituale, denn sie vermitteln Beständigkeit. Rituale schaffen eine Verbindung zur Gemeinschaft (bei offiziellen Feiertagen wie Weihnachten) oder stärken die Paarbindung (bei privaten Gedenktagen wie dem Hochzeitstag). Wenn Sie sich Ihrer Liebe sicher sind, können Sie das Ritual nutzen, um Ihre Liebe zu festigen – ohne Druck, ohne Angst.

👑 **Wahrheit Nr. 27:** Sie brauchen keinen Liebesbeweis an Feiertagen oder durch Geschenke. Ohne diesen Druck können Sie sie besser genießen.

»Sie isst ständig von meinem Teller – grauenhaft!«

Juri, 26, Student, Tübingen: Sie sagt alles indirekt. »Der Müll müsste mal wieder rausgebracht werden.« Dazu gibt es dann gerne den anklagenden Seitenblick. Jaaaa, Mutti!

Friedhelm, 57, Arzt, Duisburg: Es gab mal wieder Pute. Ich hatte vergessen, wie unwahrscheinlich gern ML – so heißt meine Frau – die Haut verschlingt. »Na, die Haut schmeckt dir aber mal wieder ganz besonders, was, ML?«, sage ich. Schmatzend sagt sie darauf jedes Mal: »Ist doch das Beste. Da sind alle Vitamine drin.« In 32 Jahren hat sie nicht gemerkt, dass es mich abstößt.

Mick: Vera bestellt im Restaurant grundsätzlich nur einen Salat ohne Nährstoffe, einzig weil es schick ist, und stochert dann die ganze Zeit von meinem Teller, weil sie dann natürlich noch nicht satt ist.

Jason, 36, Künstler, Berlin: Sie spricht immer beim Essen.

Fernando, 31, Grafiker, Köln: Sie versteht einfach nichts von Musik. Während der geilsten Musik-Clips fragt sie: »O Mann, was hat die denn da an?«

Chris: Frauen denken immer, sie wären so gut im Multitasking, aber letztendlich verheddern sie sich, und es geht alles gleichzeitig schief. Wie oft kamen schon tiefschwarze Wolken aus der Küche, weil Klara neben dem Kochen noch ferngesehen hat. Als sie das Aquarium reinigte, hat sie schon einmal aus Versehen Herrn und Frau Hülschrath weggeschüttet, eine reizendes Panzerwels-Ehepaar, weil sie gleichzeitig telefoniert hat. Ich bin sicher, ihre bisher drei Auffahrunfälle gehen darauf zurück, dass sie sich während der Fahrt das Lipgloss nachzog. Mir wäre es lieber, sie bringt eine Sache zu Ende, statt alles auf einmal zu vergeigen.

Achim: Ich hasse es, dass Frauen immer die falschen Schuhe anhaben. Für einen Städtetrip ziehen sie irgendwelche modischen Treter an und haben dann natürlich sofort die Füßchen wund. Ist es eine Überraschung, dass man bei einer Stadtbesichtigung viel laufen wird? Die Wehklagen wegen ihrer Schmerzen, horrende Taxirechnungen, und am Ende muss ich sie tragen: ein Alptraum!

Iwa, 25, Studentin, Freiburg: Er hat immer noch eine bessere Geschichte, wenn ich was erzähle.

Anna, 27, Model, Hamburg: Er schüttet immer wieder Sahne ins Essen, obwohl er weiß, dass ich eine Laktoseintoleranz habe.

Salma, 27, Flugbegleiterin, Berlin: Er schläft immer auf der Couch vor der Glotze ein. Kein schöner Anblick.

Esther, 24, Volontärin, München: Er hält über jedes Musikstück kulturtheoretische Vorträge, statt es einfach nur zu genießen.

Warum bin ich so genervt?

»Wenn ich sehe, wie du isst, wie du atmest, habe ich Lust, dir einfach nur ins Gesicht zu schlagen.« Das sagt Kathleen Turner zu Michael Douglas in »Der Rosenkrieg« mit grausamer Ehrlichkeit, und von da an nimmt die Ehe der beiden einen unerfreulichen Verlauf.

Tatsächlich gibt es Liebende, die gegen alle Widerstände ihres Umfelds zueinanderfinden und räumliche Trennungen überstehen, genauso wie Intrigen, Ablehnung, fiese Ex-Partner, Nebenbuhler, Krankheiten, Naturkatastrophen, Schwiegermütter, schwer erziehbare Kinder, Insolvenzen, miteinander verfeindete Familien-Clans und Suchterkrankungen. Aber dann werden diese großen, starken Lieben von unwichtigen Kleinigkeiten ausgehöhlt, so wie kleine Käfer einen alten Baum aushöhlen, der schon Wirbelstürmen trotzte. Und was einst eine liebenswerte Macke war, löst plötzlich Hass aus.

Nervereien im Alltag entstehen häufig, weil Frau und Mann gemeinsame Unternehmung, Handlungen oder Gespräche unterschiedlich gewichten. ER isst im Restaurant, um auf bequeme Art satt zu werden, SIE, um Gemeinsamkeit zu demonstrieren – weswegen sie in seinem Essen stochert. Wenn SIE eine Speise teilt, denkt sie eben an Susi und Strolch und die berühmte Szene, in der jeder an einem Ende einer Nudel schlingt; ER denkt jedoch daran, dass er jetzt selbst nicht mehr genug hat, um satt zu werden.
Beispiel Fernsehabend. Auch hier steht für SIE der Bindungsaspekt im Vordergrund. Sie will sich austauschen über das, was man gerade gemeinsam sieht – ER will es einfach nur ANSCHAUEN.

Während ER schlicht vergisst, dass SIE keine Sahne verträgt, sieht Anna darin eine Beziehungsbotschaft, nämlich Missachtung. Seinen Rülpser hält ER für ein Zeichen von Vertrautheit, Gita fühlt sich dadurch ungeliebt oder zum Kumpel degradiert, weil SIE sich niemals in Gegenwart von jemandem gehenlassen würde, für den sie romantische Gefühle hegt.

Nichts als Kleinkram!

Wiederholt sich das Gefühl immer öfter, dass einen der Partner durch Alltägliches in den Wahnsinn treibt, sollte man prüfen, ob tiefere, unausgesprochene Konflikte dahinterliegen. Es können auch innere Konflikte der eigentliche Auslöser sein, etwa wenn SIE sich unzufrieden fühlt, weil sie denkt, das Leben müsse ihr noch mehr bieten, als diesem einen Menschen dabei zuzusehen, wie er eine Graubrotstulle mit Dosenhering verschlingt. Vielleicht hockt man auch zu sehr aufeinander, und ein Lagerkoller stellt sich ein. Dann würde etwas Distanz die Beziehung beleben.

Schließlich ist es nie die Angewohnheit an sich, die uns auf die Palme bringt. Es ist die Art und Weise, wie wir über die Angewohnheit denken, die Wut in uns auslöst. Daher sollten wir in uns selbst hineinzuschauen, statt dem Partner die Verantwortung für unsere aggressiven Gefühle aufzuhalsen. Denn jedes Gefühl entsteht in unserem Kopf.

Betrachten wir uns, die Angewohnheit und unser Gefühl aus sicherer Distanz **(Dissoziation)**, dann werden wir feststellen, wie lächerlich die Angelegenheit ist und wie sehr wir durch unsere unverhältnismäßige Gewichtung einen nie wiederkehrenden Moment unserer Lebenszeit negativ färben. Die ganze Sache ist die Aufregung gar nicht wert.

Wenn eine Angewohnheit jedoch für Sie so nervig oder unappetitlich ist, dass Sie nicht darüber hinwegsehen möchten, sollte es selbstverständlich sein, den Partner freundlich darauf hinzuweisen. Wahrscheinlich ist er sich seines Verhaltens gar nicht bewusst und weit davon entfernt, Sie damit kränken zu wollen.

Wenn Sie nervige Angelegenheiten als das betrachten, was sie sind – lächerliche Kleinigkeiten –, kommen Sie und Ihr Partner gar nicht erst in die Versuchung, sich solche Kleinigkeiten einander in einer Art Wettrüsten gegenseitig aufzuwiegen. Und Sie und Ihr Partner enden dann auch nicht hasserfüllt an einem Kronleuchter hängend.

»Sie prahlt ständig damit, wie hip sie ist«

Frank: Sie ist so exaltiert, sie ist so populär, genau das ist ihr Flair! Als ich Nora in der PR-Agentur abholte, ließ sie mich erst mal warten, in Hörweite zu ihrem Schreibtisch natürlich, an dem sie telefonierte. Es fielen in dem Gespräch sämtliche Namen, die auch auf den Partyseiten der »Bunten« stehen. Hossa, die Message kam an, in dieser Agentur arbeitet man mit den ganz dicken Fischen. Auf dem Weg zu meinem Wagen setzte sie die Gespräche übers iPhone fort. Es ging um Gelegenheitsschauspielerin N. T., die bekannt dafür ist, auf roten Teppichen total schöne Sachen anzuhaben. »Anyway, Süße, ich würde für N. T. einfach mal was zusammenstellen, ein bisschen Urban Chic, ein bisschen Bohème meets Manga«, flötete sie. Beim Essen erzählte sie mir dann, mit wem sie sonst so alles essen geht (wenn nicht gerade ich ihr die knappe Zeit stehle) und wen ihre Firma sonst noch alles mit kostenlosen Klamotten versorgt: Sie nannte Namen von Deutsch-Rap-Combos, Seifenopern-Darstellern und Musikfernsehen-Moderatoren. Und natürlich einen DJ! Leider hat der Berufsberater am Gymnasium uns früher nicht geraten, DJ zu werden. Man hätte uns doch sagen können, dass wir dann grenzenlose sexuelle Möglichkeiten haben. Wenn ich nicht wusste, wofür all diese Menschen berühmt sind, guckte Nora irritiert, ein bisschen so wie meine Chemielehrerin früher, wenn ich das Periodensystem der Elemente nicht kannte. Das Restaurant hatte Nora ausgesucht, natürlich war der Besitzer ein Freund von ihr. Sie kennt ja sowieso jeden Alles-oder-nichts-Könner, der in dieser Stadt irgendwas besitzt, Stehtisch-Events veranstaltet, Gästelisten verwaltet, Musik auflegt, der modelt oder schauspielert oder singt oder von allem etwas. Ich kam mir klein und schäbig vor, ich bin Bauingenieur, und die Leute, die ich über meinen Job kenne, sind schlecht gelaunte und nicht immer erfreulich riechende Bauleiter. Ich habe Nora dann jedenfalls nicht wieder angerufen, ich glaube, es wäre immer so gegangen. Ich hätte wohl immer wie ein Depp danebengestanden, während sie diese ganzen wichtigen Leute busserlt. Ich glaube, so wie Aschenputtel früher auf den Traumprinzen gewartet hat, so hoffen manche Frauen von heute auf einen Mann der Spezies Promi sapiens. Da stört es auch nicht, dass sie so einen Mann kaum für sich allein haben. Da fallen sie wieder in die Rolle der Mätresse. Die Mätresse von heute nennt sich Schmuckdesignerin. Aber so wie manche Mätresse ein It-Girl ihrer Zeit wurde, hoffen auch die VIP-Jägerinnen von heute, dass vom Ruhm etwas abfällt, sie irgendwann mit gespielter Scheu eine teure Jacke vors Gesicht halten müssen, weil Paparazzi sie beim Verlassen eines Restaurants oder Clubs abblitzen. Und wenn sie dann noch der Star ihrer eigenen Realityshow werden, hat der Promi-Prinz doch ein Märchen wahr werden lassen.

Nora, 26, PR-Mitarbeiterin, Berlin: Ich habe den Abend ganz anders empfunden. Als ob ich es nötig habe, zu prahlen! Ich habe einfach von meinem Job erzählt. Ich habe ihn mehrfach gefragt, was bei ihm im Job so los sei. Wenn er dann nur blöd rumdruckst, was kann ich dafür? Ich arbeite nun mal im Mode-Business, muss ich das verstecken? Es heißt doch nicht, dass ich mir was drauf einbilde und nur solche Leute kennen will. Ich mache eben meinen Job. Ich dachte, ein paar Klatschgeschichten über Leute, die man aus dem Fernsehen kennt, könnten ganz unterhaltsam sein. Vielleicht ist er besser beraten mit einer Tussi, die ihn nur anhimmelt und mit den Wimpern klimpert und sagt: »O mein Gott, so hohe Türme baut ihr!« und nichts Eigenes zu erzählen hat. Männer scheinen Schwierigkeiten damit zu haben, dass Frauen erfolgreich sind und ein Netzwerk besitzen. Nur kein Neid, Jungs!

Was hinter Prahlerei steckt

Warum ist es so unangenehm für uns, wenn wir merken, dass unser Gesprächspartner ein Angeber ist? Der Prahler drängt sein Gegenüber in eine komplementäre Rolle – »Ich erzähle, du bewunderst« –, die der andere so gar nicht annehmen will. Aber hatte Nora wirklich die Absicht zu prahlen – oder wurde es von Frank nur so wahrgenommen? Tatsache ist: Sie war durchaus um Symmetrie bemüht und erkundigte sich nach Franks Job. Er ging darauf nicht ein.

Tatsächlich deuten Männer weibliche Gesprächsbeiträge, die sie bei sich und bei anderen Männern als normal empfinden würden, schnell als Prahlerei. Sie fürchten, von einer Frau in die Komplementärrolle gedrängt zu werden – und blocken dann trotzig ab. Frauen aber meinen Äußerungen, die vom Mann als Angeberei empfunden werden, oft gar nicht hierarchisch im Sinne von »Ich bin angesehener als du.« Vielmehr wollen sie Verbundenheit herstellen, indem sie bekannte Namen fallen lassen – ganz so, als entdecke man einen gemeinsamen Freund. Zwar sind Frank die DJs und Promis nicht persönlich bekannt, aber es war doch möglich, dass er wusste, wer die von ihr erwähnten Leute sind. Nora deutete an, dass sie unterhaltsam sein wollte, indem sie Geschichten über Personen erzählte, die beide kennen könnten, und sei es nur aus den Medien. Sicher ist, dass Äußerungen, die darauf abzielen, den Status hervorzuheben, nach hinten losgehen: Die anderen werden nur nach Dingen suchen, die unsere Fabelhaftigkeit demontieren. Zu offensichtlich ist die tiefsitzende Unsicherheit hinter Angebereien.

Wahrheit Nr. 28: Prinzen fühlen sich zu Frauen hingezogen, die ein ruhiges Selbstverständnis ausstrahlen und sich nicht ständig beweisen müssen.

Wir können uns nicht oft genug in Demut und Bescheidenheit üben. Wenn jemand vor uns prahlt, sollten wir allerdings auch die positive Absicht dahinter sehen: Es muss dem anderen an unserer Wertschätzung liegen, wenn er vor uns in einem so guten Licht dastehen will.

Wie wir uns vom Druck befreien, fabelhaft sein zu müssen

Der Kommunikationsforscher Friedemann Schulz von Thun schlüsselt den »sich beweisenden Stil« in drei Botschaften auf: »Ich bin großartig« auf der Ausdrucksebene, »Erkenne mich an« auf der Appellebene bzw. »Du wirst mich beurteilen« auf der Beziehungsebene. Der Angeber steht dabei stets in einem Spannungsfeld zwischen Ehrgeiz und Selbstzweifel. Schulz von Thun spricht von einem seelischen Axiom, »das den Selbstwert von der hergezeigten Leistung abhängig macht: ›Ich selbst bin nicht liebenswert, nur in dem Maße, wie ich gut bin, verdiene ich Liebe und Anerkennung.‹« Seine Selbstzweifel projiziert der Angeber auf seine Umwelt, von der er annimmt, dass sie ihn permanent mustert und beurteilt.

»Der Typ bei meinem Date gestern war ja eigentlich sympathisch, er hätte diese ganzen Storys über seinen spannenden Bekanntenkreis gar nicht erzählen müssen«, sagt Doro. *»Ich mochte ihn doch, weil er ein netter Typ war, und nicht, weil er irgendwelche tollen Leute kennt.«*

Der Schuss geht also oft nach hinten los: Viel öfter, als wir denken, werden wir um unserer selbst willen und nicht wegen irgendwelcher Leistungen akzeptiert. Durch den beweisenden Stil aber schaffen wir Gräben. Es entsteht ein Teufelskreis: Der Angeber geht gegen diese Verdrossenheit seiner Kommunikationspartner vor, indem er seine Selbstdarstellungen noch steigert.

Um dem zu entkommen, müssen wir die Negativseite unserer Persönlichkeit annehmen. Sie ist Teil des Ganzen. Es ist normal, dass wir uns anfangs beim Dating von unserer Schokoladenseite zeigen. Wenn wir jedoch mit Selbstdarstellungen übertreiben, kommen wir aus der Nummer so schnell nicht wieder heraus: Wir stehen unter dem Druck, das aufgebaute Image halten zu müssen. Gleichzeitig ziehen selbstdarstellende Menschen einen bestimmten Partnertypus an, der nur wegen seiner Vorzeigeseite mit ihm zusammen ist. Die integrierende Erfahrung einer Liebe, die dem ganzen Menschen gilt, bleibt ihm so verwehrt. Meditationsübungen können helfen, uns aus dem Spannungsfeld, immer großartig sein zu müssen, zu befreien.

Innere Inventur

Nehmen Sie eine passive Haltung an. Sie müssen nichts leisten, nichts produzieren. Welche Körperempfindungen haben Sie? Welche Gedanken und welche Bilder gehen Ihnen durch den Kopf? Welche Impulse verspüren Sie? Welche inneren Stimmen hören Sie? Achten Sie auf all das, ohne darauf Einfluss nehmen zu wollen. Bewerten Sie nichts. Sie müssen nur atmen und sich selbst und jedes Gefühl akzeptieren, wie es ist, ohne einzugreifen und es zu verändern.

Wie Sie sich als Ganzes akzeptieren

Machen Sie sich am Ende des Tages eine Liste: Was ist gutgelaufen, was weniger gut? Beurteilen Sie anschließend den Tag. Welche Seite der Liste war leichter anzufertigen? Welche ist länger? Würden Sie den Tag unterm Strich als positiven Tag bezeichnen? Wie würden Ihnen nahestehende Personen denken, wenn sie die Negativseite der Liste lesen würden?

Ziel dieser Übung: Indem Sie den negativen Aspekten ins Auge sehen, nehmen Sie ihnen den Schrecken. So gelingt es Ihnen, Unzulänglichkeiten in die Persönlichkeit zu integrieren: Sie müssen sich nicht übermäßig mit ihnen identifizieren. Sie SIND nicht Ihre Unzulänglichkeiten. Aber Sie müssen sie auch nicht abspalten, verdrängen und vertuschen: Sie sind auch mit Unzulänglichkeiten eine liebenswerte und erfolgreiche Person.

»Sie will mit mir über Yoga reden, aber über Fußball? Niemals!«

Fernando: Fakt ist: Ich trainiere viermal in der Woche Capoeira. Das hat Renée gewusst, bevor wir zusammenkamen. Fakt ist auch: Sie hasst es und bestraft mich mit kleinen Aufmerksamkeitssanktionen, wenn ich vom Training komme: Sie sitzt beispielsweise satt vor dem Fernseher, aber für mich gibt es nichts Essbares mehr im Haus. Oder sie geht betont früh schlafen. Oder sie ist einfach nicht da, ohne dass sie mitgeteilt hat, wo sie ist. Fakt ist: Ich liebe Musik und habe eine riesige Sammlung. Fakt ist auch: Sie besitzt ein paar Kuschelrock-CDs aus den 90ern und Greatest-Hits-CDs von Phil Collins und Tina Turner und ein paar ihrer französischen Schnulzen, und das war's. Fakt ist: Sie interessiert sich weder fürs Capoeira noch hat sie jemals meine Musiksammlung gewürdigt. Fakt ist auch: Sie ringt mir andererseits Interesse für ihre Hobbys ab und erklärt mir sehr gerne, wie Yoga ihr Leben verändert hat. Oder sie redet von der indischen Religion Sikhismus. Denn auch die hat ihr Leben verändert. Aber Themen, die sie nicht interessieren, aber mich, etwa Fußball, Elektromusik oder Capoeira, kommen gar nicht erst auf den Tisch.

Fakt ist: Ich komme nicht mit zum Yoga. Ich möchte nicht mit fremden Menschen in einem geschlossenen Raum auf Decken sitzen und deren Füße riechen. Es wäre ja auch damit nicht genug. Als Nächstes kommt eine Therapie, bei der Frauen durch Östrogenschreie die aus den Tiefen ihrer Eierstöcke erlittenen Schmerz verarbeiten. Oder ein Rückführungskurs. Oder ein Kurs, in dem Paare sich fallen lassen, auffangen und dann zusammen weinen, oder einer dieser

Kurse, wo man seine schlimmste Verletzung aus der Kindheit oder sein Frühstück tanzt. Es gibt ja so viele Kurse in Berlin, und ich fange da gar nicht erst mit an.

Renée, 31, Botschaftsangestellte, Berlin: Jetzt komme ich auch mal mit Fakten: Ich habe versucht, ein gemeinsames Hobby für uns zu finden. Da Capoeira mir zu wild ist, dachte ich, Yoga könnte ihm gefallen. Denn Yoga hat wie Capoeira mit bewusster Bewegung und sinnvollem Einsatz von Energien, Atmung, An- und Entspannung zu tun. Aber Fernando macht ja immer gleich dicht. Als ich uns Karten für das Mylene-Farmer-Konzert geschenkt habe, ist er demonstrativ im Stuhl eingeschlafen. Egal, was ich vorschlage, er boykottiert es.

Warum wir das Hobby des anderen hassen

Beim Internet-Portal MSN berichtet ein User zum Thema »Damit nerven Frauen«, wie sehr ihm die Ahnungslosigkeit seiner Freundin in Sachen Fußball zugesetzt hatte. Sie sahen ein Spiel. Ein Tor fiel. Name und Rückennummer des Torschützen wurden eingeblendet. Und seine Freundin fragte tatsächlich: »Du Schatz, warum blenden die jetzt das Alter des Spielers mit ein?« Einen anderen User nervte, dass er mit zur Schwiegermutter soll, obwohl doch ein wichtiges Fußballspiel ansteht. Spiegeln solche Kommentare, dass Frauen nicht ein Minimum an Interesse für Dinge zeigen können, die ihn begeistern – und wenn es Fußball ist?

Wahrheit Nr. 29: Der Weg ins Herz eines Prinzen führt über seine Interessen.

Niemand muss deswegen zum Fußballfan werden. Allerdings kann es nicht schaden, ein bisschen neugierig zu sein und in Ansätzen Bescheid zu wissen.

Das Herz der meisten Männer lässt sich auch über ihren natürlich exzellenten Musikgeschmack erobern. Die berechnende Amanda Seyfried in dem Thriller »Chloe« wusste das und erschlich sich die Aufmerksamkeit des Sohnes der Familie, auf die sie es abgesehen hatte, indem sie ihm eine CD seiner Lieblingsband mitbrachte. Tom (Joseph Gordon-Levitt) verliebt sich in dem bezaubernden Liebesfilm »(500) Days of Summer« auch deswegen in Summer (Zooey Deschanel), weil er in ihr erstmals ein Mädchen gefunden hat, das wirklich etwas von Musik versteht.

Männer beklagen sich häufig, dass Frauen speziell beim Thema Musik nicht mitreden können und wollen. »Weder für Musik noch Poesie noch bildende Künste haben sie wirklich und wahrhaftig Sinn und Empfänglichkeit«, schimpfte schon ein übellauniger Philosoph Arthur Schopenhauer. Es handle sich um bloße Gefallsucht, wenn sie Interesse vorgeben. Richtig ist wohl: Meist interessiert SIE sich nur gerade nicht für die Musik, die IHM gefällt.

Man muss nicht jedes Hobby teilen

Der andere interessiert sich nicht für das, was für mich wichtig ist – ein häufiger Vorwurf in Partnerschaften. Frauen verspüren dabei eher den Wunsch, gemeinsame Hobbys zu suchen. Das Problem: die unterschiedlichen Herangehensweisen von Mann und Frau. Während es dem Mann ums Hobby als solches geht und er sich Menschen sucht, mit denen er diesem Hobby nachgehen kann, will eine Frau durch das Hobby Nähe zu anderen schaffen. Eine Frau ist also eher bereit, sich mit ihrem Partner auf neue gemeinsame Aktivitäten einzulassen, während sich der Mann meist mit seinen bisherigen Interessen schon ganz ausgefüllt fühlt. Doch sich gemeinsam ein neues Hobby zu suchen birgt Gefahren: Wenn der eine schneller Fortschritte macht, ist das Selbstbewusstsein des anderen in Gefahr.

Andererseits tun sich gerade Männer schwer damit, sich auf die Hobbys oder Interessen der Frau einzulassen. Denn durch seinen Wissens- oder Erfahrungsrückstand entsteht ein komplementäres Rollenmuster, das am Selbstbewusstsein des Mannes nagt.

Renée: Fernando interessiert sich nicht für meine geliebten Chansons, weil er kein Französisch versteht. Deswegen fährt er auch nur widerwillig mit mir nach Paris: Ich spreche die Sprache, kenne mich dort aus, habe dort Freunde und Verwandte, und er nicht. Sein Gejammer über uns eingebildete Franzosen ist ein reines Macho-Ding.

Wenn Frauen sich davor scheuen, sich auf die Interessen von Männern einzulassen, dann oft deswegen, weil sie lange Vorträge befürchten. »Wenn er einmal anfängt, über die Entstehungsgeschichte der elektronischen Musik zu referieren und bei Kraftwerk anfängt, komme ich da nicht wieder raus«, sagt Renée. Männer untereinander haben kein Problem damit, sich gegenseitig bei ihren Vorträgen zu unterbrechen, um dann ihr eigenes Wissen zum Besten zu geben.

Frauen sind das weniger gewohnt und warten, bis man ihnen das Wort erteilt – und da warten sie manchmal vergebens. Sie finden sich viel eher ein in die Rolle des interessierten Zuhörers, ob das Interesse nun geheuchelt oder echt ist. Vielleicht ist es dieses tradierte Verhalten, das Schopenhauer zu seinem abwertenden Urteil brachte, Frauen ginge es nicht um die Kunst an sich, sondern um bloße »Gefallsucht«.

Warum Männer und Frauen ihre Gesprächsthemen oft gegenseitig langweilig finden? Frauen interessieren sich mehr für persönliche Erfahrungen, möchten etwa wissen, welche Erfahrungen ER mit einem Musikstück verknüpft. ER dagegen fragt sich, warum SIE ihn mit persönlichen Erlebnissen langweilt, statt etwas zur Sache beizutragen.

Um sich beim Thema Hobbys aufeinander zuzubewegen, können wir zunächst klären, ob hinter einem Konflikt auf diesem Gebiet eigentlich ein Beziehungskonflikt steckt. Boykottieren wir die Interessen des anderen, weil sie für uns negativ besetzt sind – etwa weil das Hobby des Partners für die Zeit steht, in der er nicht für uns da ist? Stehen wir in Rivalität zu den Hobbys? Fürchten wir, dass sie den Partner von uns entfremden können? Haben wir Angst vor der Unabhängigkeit, die seine Hobbys ihm verschaffen? Lesen wir im Hobby des Partners eine Beziehungsbotschaft, etwa dass er vor mir oder vor Nähe flüchtet oder sich vor gemeinsamen Pflichten drückt?

Nach einer solchen Klärung können beide an ihren Kommunikationsgewohnheiten arbeiten: SIE kann lernen, häufiger das Wort zu ergreifen und seine Vorträge auch zu lenken und zu unterbrechen. ER kann lernen, dass die Rolle des Publikums oder Schülers keine »Schwäche« bedeutet, sondern bereichernd sein kann. Mit diesen beiden Schritten können unterschiedliche Interessen angstfrei akzeptiert und gemeinsame Interessen ausgebaut werden.

»Was ich anziehe,
was wir unternehmen:
Sie will alles bestimmen«

Chris: Warum ich meine frühere Freundin Katrin eines Tages nicht mehr angerufen habe? Weil sie alles bestimmen wollte. Dabei kann ich meine Entscheidungen ganz gut selbst treffen. Ein Beispiel von damals: Das Handy klingelte, Katrin war am Apparat. »Chris, ich will nach Köln fahren, hol mich in einer Stunde ab.« Ich kam gerade vom Sport, dusche schnell, ziehe mich an: Lederblouson, Baggy-Wollhose, dazu meine geliebten Iceberg-Lederschuhe mit Nieten. Ein ziemlich cooler Look, wenn man mich fragt. Ich klingle bei ihr, sie mustert mich kurz, blickt angeekelt, als stände ich da in einem kreischbunten Jogging-Anzug von Ed Hardy mit Strass-Applikationen: »So nehme ich dich nicht mit. Du ziehst deinen Kaschmir-Pullover an, dazu deine Röhrenjeans und deine Stan-Smith-Turnschuhe.« Ich sage: »Und wenn nicht?« Katrin: »Dann fahre ich mit jemand anders!« Dann knallt sie die Tür zu. Ich klingle erneut, sie macht auf. »Noch was?« »Dann fahr doch mit jemand anders!«, sage ich trotzig. »Ich ziehe an, was ich will!« Sie knallt die Tür wieder zu. Ich bin wahnsinnig froh, ihr die Meinung gesagt zu haben – um dann eine halbe Stunde später doch noch mal vor ihrer Tür zu stehen. Im verlangten Outfit. Ihre Mitbewohnerin Anja macht auf. »Katrin ist nicht da«, sagt sie, löffelt einen Joghurt und genießt, mir unangenehme Nachrichten zu überbringen. »Was soll das heißen, sie ist nicht da?« »Sie ist nach Köln gefahren.« »Mit wem?« »Mit Steven.« Mit Steven The Notstopfen! Den rief sie bei jedem Streit zwischen uns an, und er springt wahrscheinlich heute noch auf Kommando.

Katrin war extrem, aber mehr oder weniger sind alle Frauen so, früher oder später. Sie wollen nicht nur bestimmen, wie deine Wohnung aussieht, welche Hobbys du aufgibst und welche du behältst, welche Freunde du haben darfst und welche nicht, was unternommen wird, nein, sie wollen auch sagen, was du anziehst. Ich habe meine Lektion gelernt: Wenn man sich auch nur ein einziges Mal in seinen Stil reinreden lässt, ist es schon zu spät. Man darf sich nichts verbieten lassen, und wenn es die Schlangenlederjacke zu Cowboy-Stiefeln ist.

Klara: Ich bin froh, dass Chris offenbar bei meinen Vorgängerinnen seine Lektion gelernt hat. Denn nichts ist so unsexy wie ein Mann, der nicht mehr selbstr über sich bestimmt! Es ist nicht so, dass ich nicht mal versuche, sagen wir mal, Chris zu etwas anzuregen. Aber ich komme nicht damit durch. Wenn ich ein Argument habe, hört er es sich an, aber er entscheidet selbst – anders könnte ich gar keine Achtung mehr vor ihm haben. Bei meinen Freundinnen sehe ich, wie unerbittlich sie sind, gerade wenn es um die Klamotten bei Typen geht. Da haben sie zum Beispiel endlich mal wieder ein Date, und natürlich haben sie immer was am Outfit des Typen auszusetzen. Ich kann mir richtig vorstellen, wie sie dasitzen und ein böses Vogelgesicht machen wie Anna Wintour bei einer verkorksten Modenschau. Einmal die falschen Turnschuhe getragen, und der Typ ist raus. Sie orientieren sich an Stars aus Zeitschriften und denken, der Typ müsste zum Date mindestens so gestylt sein wie Justin Timberlake. Oder die Mädels setzen voraus, jeder Typ würde genauso viel um Mode geben wie unsere schwulen Freunde. Sie engen sich damit selbst ein. Andererseits: Wenn der Typ okay ist und er wirklich bei einer Klamotte kräftig danebengegriffen hat, dann ist es doch besser, das direkt zu sagen, als so zu tun, als gefalle es einem. Denn sonst trägt er es immer, und man kommt da nicht mehr raus. Manchmal muss man von Anfang an das Schlimmste verhindern.

Die absurde Natur von Machtspielen

Der Wunsch, den Partner nach unserem Geschmack zu formen – jeder kennt ihn, ob Mann, ob Frau. Männer sind nur gewarnt und besonders vorsichtig damit, Äußerlichkeiten zu kritisieren. Ein Mann würde kaum zu seiner Partnerin sagen: »Du könntest mal wieder zum Friseur gehen!« Auch wenn Männer genauso eitel sind, ist der gesellschaftliche Stellenwert des Äußeren bei Frauen immer noch ungleich höher, oder wurde je über die Frisur eines Politikers lamentiert wie über die von Angela Merkel? Insofern können Frauen eine Kritik an einer Äußerlichkeit nicht sachlich nehmen, sondern fassen sie als Abwertung ihrer Gesamtperson ab. Frauen dagegen können relativ unverfänglich Bierbäuche, Unge-pflegtheiten oder fragwürdige Haarexperimente ihres Partners kommentieren. In einem Interview sagte Hollywood-Star Kathe-rine Heigl über ihren Mann, den Musiker Josh Kelley: »Ich habe ihm das Leben wirklich schwergemacht. Aber er hatte diese Frisur, die ich absolut nicht leiden konnte. Ich sagte zu ihm: ›Das bist doch nicht du. Du bist so sexy, ein richtig männlicher Mann, aber diese Frisur ist so metro.‹ Ich habe ihn mit anderen Augen gesehen, und irgendwann hat er dann nachgegeben und ist zum Friseur gegan-gen.«

Häufig steckt hinter IHREN Nörgeleien aber weit mehr, als dass ihr einfach SEINE Frisur nicht gefällt.
Männer, die von ihren Frauen vorgeschrieben bekommen, wann sie zu Hause sein sollen, wen sie treffen dürfen, wofür sie sich interes-

sieren sollen oder, wie in dem Beispiel von Chris und Katrin, was sie anziehen sollen, unterliegen einer Paradoxie: Widersetzen sie sich der Aufforderung, gefährden sie die aktuelle Situation. Befolgen sie die Aufforderung, gefährden sie die ganze Beziehung. Denn, wie Klara es sagt, kaum eine Frau wünscht sich einen Mann, der immer tut, was sie will. Im Gegenteil, er verliert seinen Sex-Appeal, sie verliert ihre Achtung. Die Aufforderung, etwas anderes anzuziehen, ist ein Versuch, eine komplementäre Situation zu schaffen (sie befiehlt/er führt aus) – und eine Provokation. Sie testet, ob er sich auf dieses Rollenmuster einlässt oder um die Symmetrie der Beziehung kämpft. Kurz: Sie startet einen Machtkampf.

Die Psychologie bezeichnet solche absurden Situationen als **Doppelbindung:** A fordert B zu einer Handlung auf, die zugleich befolgt und nicht befolgt werden soll. B steckt in einer Zwickmühle, einer Lose-lose-Situation. Es besteht ein Widerspruch zwischen dem explizit geäußerten Sachappell – »Zieh etwas anderes an!« – und einem impliziten Beziehungsappell: »Setz dich doch mal durch!«Wenn wir den einen Appell einer solchen Doppelbindung befolgen, missachten wir den anderen, missachten wir den einen, befolgen wir den anderen.

Die Kunst der Diplomatie

Warum aber kommuniziert Katrin nicht ihren eigentlichen Wunsch, nämlich den, dass Chris sich öfter mal durchsetzen soll? Warum spielt sie lieber ein Spielchen? Die Schwierigkeit ist, dass solche Beziehungsappelle (»Sei so!«) in sich ebenfalls paradox sind: Ein Mann, der aufgefordert wird, dominanter zu sein und anschließend dominante Verhaltensweisen zeigt, würde wieder nur einem Befehl gehorchen, wäre also doch wieder devot statt dominant. Zudem erscheinen direkte Aufforderungen als zu großer

Eingriff in die Persönlichkeit. Es ist sozial verträglicher, jemanden zu bitten, etwas anderes anzuziehen, als ihn aufzufordern, seinen Charakter zu ändern. Darum werden direkte Aufforderungen, sich zu ändern, oft vermieden und in Alltagssituationen »versteckt«.

Chris schildert, wie schwer es ihm fiel, diesen Machtkampf tatsächlich zu bestehen, weil ihn Katrins häufiges Genörgel zermürbte: *»Irgendwann fängt man selbst an, an seinem Urteilsvermögen zu zweifeln, und ist so verunsichert, dass man tatsächlich um Rat fragt.«* Dann aber steckt man schon in einem komplementären Rollenmuster.

Was aber, wenn ER wirklich in Schlangenlederjacke vor der Tür steht, wo es doch zur Taufe des Kindes von IHRER besten Freundin geht? Es empfiehlt sich, statt eines Vorwurfs – »Dass du mich so blamierst!« – ein Gefühl zu äußern: »Ich würde mich wohler fühlen, wenn du diese Jacke heute nicht anziehst. Es ist doch so ein feierlicher Anlass, und ich habe Angst, dass man denkt, wir würden ihn nicht richtig würdigen.« Ansonsten liegt man mit Vorschlägen richtig: Statt seine Kleidung zu kritisieren, lieber behutsam Anregungen machen: »Du sahst letztens in deinem Boss-Anzug aus dem Outlet so schneidig aus, den könnte ich mir auch heute gut vorstellen.«

Wahrheit Nr. 30: Wer seinem Prinzen etwas vorschreiben will, begibt sich auf dünnes Eis.

»Sie hat immer was zu meckern«

Frank: Ich weiß noch, was Ina und ich letzten Sommer getan haben. Wir haben beispielsweise Eis gegessen. Aber Ina ärgerte sich darüber, dass die Eismenschen den Becher mit einer Industrie-Großpackungswaffel verschandelten. Wir waren am See, aber statt den Ausblick zu genießen, störte sie sich an ein paar Zigarettenkippen im Gras. Wir mussten alles wieder einpacken und uns eine andere Stelle und schließlich einen anderen See suchen. In der stilsicheren Pension auf Kreta mit Blick auf Stadt, Berge und Meer störte sie eine Plexiglas-Trennwand am Swimmingpool. »Die sieht aus wie aus dem Baumarkt!«, schimpfte sie. Im Luxusresort in Thailand erschütterte sie eine gelangweilt vor sich hin essende, beleibte russische Familie am Nebentisch. In der noblen Operngala, für die ich unvernünftig teure Karten besorgt hatte, zielten die Blumengestecke an ihrem Ästhetikempfinden vorbei. »Geschmacklos, kitschig, wie auf einer Hollywood-Beerdigung«, urteilte sie. Im Biergarten ist sie genervt von den vielen Familien mit Kindern. In jeder Suppe ist ein Haar versteckt, und Ina findet es. Die Grenze zwischen cool und geschmacklos – Ina allein zieht sie. Und ihre Ansprüche sind hoch. Sie kommt aus einer normalen Familie, macht einen normalen Job – meint aber, die Umwelt schulde ihr nur ihre hippste, schickste, ästhetischste Version. Die Welt ist jedoch nur selten wie ein Musik-Video oder eine Modestrecke in der »W«. Die Welt ist erschreckend banal, voller Zigarettenstummel und schreiender Kinder.

Ina: Das Leben ist kurz, die Freizeit rar, die Möglichkeiten groß. Warum soll ich mich mit dem Zweitbesten oder Schlimmerem zufriedengeben? Warum soll ich in einer Müllkippe liegen, wenn ich es doch schön haben kann? Ich sehe also im Urlaub eine fette russische Familie, an der ein prächtiger Pfau vorbeizieht, und die Familie würdigt ihn keines Blickes, überlegt höchstens kurz, ob es wohl auch frischen Pfau auf der Speisekarte gibt. Dann werde ich es ja wohl mal bemerken dürfen, ohne dass Frank ein Drama daraus macht und ich die Spielverderberin des Tages bin.

Schluss mit dem Durst nach Perfektion!

Die Reize unserer Umwelt teilen wir ein in »angenehm« und »unangenehm«. Diese Einteilung erfolgt bereits auf einer unbewussten Ebene. Im Laufe unseres Lebens lernten wir, was schön ist und was hässlich. Die Ergebnisse dieses Lernprozesses finden sich im Unbewussten wieder. Hier regieren unsere Erfahrungen, unsere Bildung, unsere Kultur, unsere Veranlagung, unsere Vorurteile, unsere Glaubenssätze.

Marie Mannschatz empfiehlt in ihrem großartigen Buch »Buddhas Anleitung zum Glücklichsein«, dieser Einteilung durch Achtsamkeit zu begegnen und bewusst wahrzunehmen, wie wir zwischen angenehm und unangenehm unterscheiden. Ein See an einem Sommertag? Angenehm! Zigarettenstummel im Gras? Unangenehm! Der zweite Schritt: Registrieren, wie wir auf unangenehme und wie wir auf angenehme Reize reagieren. Mannschatz: »Sie erkennen dann Zusammenhänge zwischen dem auslösenden Reiz (angenehm/unangenehm) und den Folgen. Mit der Zeit ziehen Sie ganz von selbst die Konsequenzen.« Durch diese Achtsamkeit erkennen wir, dass wir in unseren Reaktionen viel freier sind, als wir dachten. Wir lassen diejenigen Reaktionen los, die uns ungünstig erscheinen.

Je bewusster uns dieser Prozess ist, also die Einteilung in angenehm/unangenehm und die darauffolgende Reaktion, desto weniger lassen wir uns von ihm bestimmen. Uns gelingt es dann, die gelernte Reiz-Reaktionskette zu durchbrechen. Wir sind kein Sklave mehr unseres Verlangens, uns zu etwas hingezogen und von etwas abgestoßen zu fühlen. Denn dieser Durst gilt in der buddhistischen Lehre als Hindernis. Wenn wir den Augenblick achtsam wahrnehmen, ohne ihn zu bewerten, sind wir in der Lage, seine Schönheit zu genießen. Wir akzeptieren den Augenblick, wie er gerade ist, statt uns darauf zu fixieren, wie er sein könnte. Denn dass man seine Schönheit nicht auf den ersten Blick sieht, heißt nicht, dass sie nicht da ist. Vielleicht ist einfach unser Herz verhangen. Natürlich, Sie müssen nicht in einer Müllkippe ausharren, wenn Sie doch die Möglichkeit haben, an einen schöneren Seezugang zu gelangen. Doch auch dieser Seezugang wird seine Makel haben, und Sie laufen Gefahr, so lange nach der perfekten Stelle zu suchen, bis der Tag vorüber ist. Schließlich gibt es auch Situationen, die sich eben nicht so einfach ändern lassen. Und wenn wir an einem Montagmorgen im November am Berliner Ostkreuz in eine verspätete S-Bahn umsteigen müssen und Schneeregen peitscht uns ins Gesicht – dann können wir trotzdem lächeln, die Augen schließen und etwas Sonniges in unserem Herzen finden!

Wahrheit Nr. 31: Wer immer das Haar in der Suppe sucht, verhagelt sich viele schöne Momente mit seinem Prinzen.

»›Magst du nicht mal auf Fleisch verzichten?‹ Sie will mich ändern!«

Frank: Einen hab ich noch! Wieder so ein Fall, in dem sie über mich bestimmen wollte! Wenn ich mal Lust auf ein Steak hatte, sah Ina mich an, als sei ich der schlimmste Schlächter seit Vlad, dem Pfähler. Frösche essen Fliegen, Löwen essen Antilopen, und auch Menschen essen hin und wieder ein Stück Fleisch. Die Natur ist nun einmal ein Arschloch. Ich hab diese ganze blutige Sauerei nicht erfunden. Es schmeckt mir eben manchmal, doch ihr missionarischer Eifer, aus mir einen Vegetarier zu machen, ging mir wahnsinnig auf die Nerven. Ihr ganzer Öko-Fimmel. Einmal hatte sie sich sogar in den Kopf gesetzt, bei kleinen Geschäften nicht mehr zu spülen, um die Ressource Wasser zu sparen. Das fand ich nur noch eklig. Für sie ist ja schon ein Frühstücksei Abtreibung, ein Caesar-Salat ein Massaker. Manchmal hat ihr Eifer meine Fleischeslust nur beflügelt, und wenn sie nicht da war, habe ich mein Steak so blutig gegessen, dass der Tierarzt es hätte wiederbeleben können.

Ina: Ich lasse einfach mal Fakten sprechen: Bis 2050 wird sich die Fleischproduktion auf der Erde verdoppeln. Das bedeutet einen immens höheren Verbrauch an Trinkwasser. Immer mehr Wälder fallen Weideflächen zum Opfer. Furzende Rinder lassen die Menge an Treibhausgasen steigen. Die Landwirtschaft ist jetzt schon verantwortlich für 20 Prozent der Treibhausgasemissionen. Bereits die Hälfte der weltweiten Landfläche wird bereits heute für die Landwirtschaft genutzt. Das Risiko, dass Tierkrankheiten auf den Menschen übertragen werden, steigt. Rotes Fleisch erhöht das Risiko von Herz- und Kreislauferkrankungen. Die Risiken durch die

Hormonbelastungen sind noch gar nicht absehbar. Aber bitte, guten Appetit.

Der andere ist nicht ich

In der Phase der Verliebtheit sehen wir uns im anderen und streben eine Symbiose an. Umso größer der Schock, wenn wir merken: Der andere ist nicht ich. Und er wird es auch nie werden. Auf diese Erkenntnis reagieren wir verwirrt, erschüttert und frustriert. Schließlich haben wir unser Leben lang gelernt, was richtig und was falsch ist. Unsere Werte sind tief in unserem Unbewussten verankert. Die Reaktion auf Ereignisse, die unsere Werte in Frage stellen, läuft automatisiert. Und vom Partner und anderen nahestehenden Menschen erwarten wir, unser Weltbild zu bestätigen. Verhält der Partner sich anders als wir, verlieren wir den Halt.

Wie wir den Halt wiedergewinnen können? Indem wir unsere Reaktionen auf derartige Ereignisse achtsam registrieren – und ebenso die Reaktionen der anderen. Dabei sollten wir vermeiden, beide Reaktionen zu bewerten und gegeneinander aufzuwiegen. Beobachten wir uns: Auf welche Reize (Überzeugungen, Handlungen) reagieren wir ablehnend oder zustimmend, auf welche Reize reagiert der andere ablehnend oder zustimmend? So rücken wir von einem absoluten Standpunkt in eine beobachtende Position. Wir gewinnen die Erkenntnis, dass die Menschen um uns herum uns zwar in vielen Aspekten gleichen, aber sich ebenso in vielen Aspekten unterscheiden. Sie werden niemals wir sein. Wir akzeptieren, dass verschiedene Überzeugungen nebeneinander existieren können.

Wahrheit Nr. 32: Auch der perfekte Traumprinz ist ganz anders als Sie.

Die 15 Prinzengebote

Im Folgenden räume ich meinen geschätzten Freunden Frank und Fernando Raum ein, ihre Gebote an alle Frauen aufzustellen, die ihren Mann als Renovierungsobjekt betrachten:

Gebot 1: Du sollst mich nicht überreden, mit dir zum Yoga zu gehen. Einmal nein reicht. Auch an einem Rückführungskurs, an einem Paare-lassen-sich-fallen-Kurs und einer Klangschalentherapie habe ich im Moment kein Interesse – sollte ich das Bedürfnis haben, mit fremden Menschen in einem nach Schweiß und Patschuli riechenden Raum zu sitzen, bist du die Erste, die es erfährt.

Gebot 2: Du sollst niemals ungebeten Karten für die Show eines Transvestiten besorgen, der auf der Bühne existenzialistische Lieder mit 20er-Jahre-Flair singt und dabei raucht und trinkt – wenn du weißt, dass ich dort keinen Spaß habe.

Gebot 3: Du sollst niemals sagen, so ein Sakko mit einem Halstuch dazu wie der Martin trägt, stünde mir doch auch gut. Ich brauche im Sommer keine Schals. Einen guten Geschmack hab ich selbst, und sollte ich kaufen, was du mir rätst, dann stehe ich, wenn mal Schluss ist, mit einem Haufen Klamotten da, die nur dir gefallen.

Gebot 4: Du sollst niemals die Men's Health auf den Tisch legen oder Strandfotos von vor vier Jahren. Du sollst auch keine verdeckten Anspielungen auf mein Wohlstandsbäuchlein machen. Wenn du findest, dass ich abnehmen soll, sag es.

Gebot 5: Du sollst niemals meine Lieblingsklamotten aussortieren. Auch keine Boxer-Shorts mit kopulierenden Elefanten drauf, nicht das »Hard Rock Café Bangkok«-T-Shirt oder den Hertha-BSC-Schal.

Gebot 6: Du sollst gar nichts aussortieren. Schon gar nicht meine riesige Sammlung mit den CDs, »die du dir ja doch nie wieder anhörst«.

Gebot 7: Du solltest niemals vergessen: Wenn du dich benimmst wie meine Mutti, könnte es das Ende unserer gemeinsamen sexuellen Laufbahn sein.

Gebot 8: Du sollst mir nicht in meinen Speiseplan hineinpfuschen oder mich sogar zum Vegetarismus missionieren wollen. Wir erinnern uns, was mit Hillu passierte, als sie Gerhard Schröder auf Currywurst-Entzug setzte. Sie wurde zur »Ex vom Schröder«, und das ist sie bis heute.

Gebot 9: Du sollst nicht an meinen Freunden rummäkeln und mir neue vorschlagen.

Gebot 10: Du sollst mich niemals zu irgendwelchen beruflichen Entscheidungen drängen. Ich schätze mitunter deinen Rat, ich entscheide aber allein.

Gebot 11: Du sollst niemals versuchen, mich durch Konditionierung zu dressieren. Also Sex- oder Aufmerksamkeitsentzug, wenn ich was mache, was dir nicht gefällt; kleine Häppchen, wenn dir etwas gefällt. Ich bin kein Hund. Mich als Hund zu betrachten ist verachtend. Was würdet ihr von einem Mann halten, der sagt: Ich behandle meine Frau wie eine Hündin?

Gebot 12: Du sollst nicht denken, dass du besser bist als ich. Denn das denkst du, wenn du glaubst, dass du mich ändern müsstest.

Gebot 13: Du solltest dir am besten direkt einen Mann auswählen, den du nicht daneben findest. Das erspart uns beiden viel Mühe.

Gebot 14: Du solltest wissen, was du am Ende deiner Arbeit mit dem dressierten Mann anfangen willst. Hattest du dich nicht einst in die Rohmasse verliebt?

Gebot 15: Du sollst gegen all diese Gebote verstoßen, wenn du die nächste Runde bei Germany's Next Ex-Girlfriend gewinnen willst.

👑 **Wahrheit Nr. 33:** Ein Prinz, der merkt, dass er nicht so angenommen wird, wie er ist, reitet vielleicht bald weiter.

Mit meinem Partner sollte ich möglichst viele Übereinstimmungen haben

Gleich und Gleich gesellt sich gern. Gegensätze ziehen sich an. Was denn nun? Unterschiede in Lebensentwurf, Habitus, Lebensart, Werten oder Temperament können zunächst sehr anregend wirken. Der Partner besitzt etwas, von dem man glaubt, dass es einem fehlt. Genau das lässt ihn für uns charismatisch erscheinen.

Sehr schnell entstehen so jedoch **komplementäre Partnerschaften:** SIE bestimmt, ER folgt. ER hat Probleme, SIE ist sein Halt. ER ist pleite, SIE zahlt. SIE redet, ER hört zu. Komplementäre Beziehungen sind starr, weil beide auf eine Rolle festgelegt sind. Der vermeintlich Schwache wird bei dem vermeintlich Starken nie seine starke Seite entwickeln können; der vermeintlich Starke wird im vermeintlich Schwachen nie eine Schulter zum Anlehnen finden, die auch er gelegentlich braucht. In komplementären Beziehungen entwickelt sich oft Ko-Abhängigkeit, etwa wenn einer der Partner an Suchtproblemen oder psychischen Erkrankungen leidet, der andere den Lebenshalt gibt. Löst der eine Partner seine Probleme, etwa durch eine Therapie, zerbricht oft die ganze Beziehung. Grund: Das Rollenmuster, auf dem die Partnerschaft aufbaute, existiert plötzlich nicht mehr. Auch in weniger extremen Fällen birgt die komplementäre Beziehung die Gefahr, Unbehagen auszulösen: Schnell entstehen Teufelsspiralen. Der ruhigere Partner baut mehr Barrieren um sich auf, weil er sich vom lebhafteren Partner strapaziert fühlt. Der lebhafte Partner drückt jetzt erst recht auf die Tube, um den zurückgezogenen Partner aus seiner Reserve zu locken. Beide können sich immer weniger ertragen.

Eine **symmetrische Partnerschaft** dagegen besteht immer wieder aus komplementären Elementen, die Bilanz ergibt jedoch ein relatives Gleichgewicht. Um das wird freilich immer wieder gerungen. Das macht die symmetrische Partnerschaft anstrengend, aber auch lebendig. Sie bietet Raum für beide, sich zu entfalten. Voraussetzung für eine solche Partnerschaft sind weitgehende Übereinstimmungen: Nur so entsteht das Gefühl, als die Person angenommen zu sein, die man ist, ohne sich grundlegend ändern zu müssen. Statt kurzfristiger Faszination und Abhängigkeit entwickeln sich in symmetrischen Partnerschaften Respekt und Vertrauen.

Unterschiede in Teilbereichen wie Temperament und Talenten wirken dabei jedoch belebend und anregend. Der eine regelt beispielsweise stärker das soziale Leben, der andere plant den Urlaub. Der eine weiß eine Menge über Kunst, der andere über Technik. Unterschiede in der Lebensart werden durch ausreichend Gemeinsamkeiten wieder ausgeglichen: Der eine liebt Sport, der andere Kultur, aber beide lieben die Natur. So geht es also nicht darum, in allem gleich zu sein, sondern um Ausgewogenheit. Wenn wir akzeptieren, dass es hundertprozentige Übereinstimmung mit dem Partner nicht geben kann, können Eigenarten und Freiräume respektiert und sogar gefördert werden. Wir sind in der Lage, den Partner bei seiner Selbstverwirklichung zu unterstützen. Die ausgewogene Partnerschaft bietet Raum für Liebe, Verständnis, Mitgefühl. Wir wissen den Partner in seiner Einzigartigkeit zu schätzen.

♛ **Wahrheit Nr. 34:** Je ähnlicher Sie Ihrem Prinzen in Bezug auf Lebensentwurf, Lebensart, Habitus, Werte und Temperament sind, desto besser sind langfristig Ihre Chancen.

Wahrheit Nr. 35: Völlige Übereinstimmung wird es nie geben, zum Glück. Kleinere Unterschiede wirken belebend.

Wahrheit Nr. 36: Schon auf wenigen Übereinstimmungen lässt sich bauen.

Kapitel 6

JOB

»Sie hasst ihren Job –
aber was kann ich dafür?«

Fernando: Mag sein, dass die Arbeitsbedingungen in einer Fabrik in Bangladesch, in der Billigklamotten geknüpft werden, hart sind. Aber den schlimmsten Job auf der Welt hat Renée. Sie arbeitet in der Botschaft. Jeder Tag ist eine Qual, denn ihr unmittelbarer Vorgesetzter weiß sie nicht zu schätzen. Der Feierabend bringt keine Entspannung, denn dann quält sie die Migräne, die ihre Arbeit verursacht hat. Wenn ich sie frage, ob sie Ideen hat, wie das Problem zu lösen sei, etwa mit ihrem Vorgesetzten über die Schwierigkeiten zu sprechen, sagt sie nur: »Nein, das bringt nichts, er ändert sich nicht. Er ist ja, wie er ist.« Ich schlage vor, das Gespräch mit einem höhergestellten Vorgesetzten zu suchen. »Bist du verrückt? Wenn ich mich über ihn beschwere, macht er mir das Leben erst recht zur Hölle!« Wenn ich vorsichtig anklingen lasse, dann sei es vielleicht besser, sich nach einem anderen Job umzusehen, faucht sie: »Das wäre ja Irrsinn! Ich arbeite in einer Botschaft! Das ist ein Privileg! Was glaubst du, wie viele Botschaften es gibt?« Ich sage daraufhin, sie müsse sich dann wohl irgendwie mit der Situation arrangieren. »Arrangieren? Wie kann man sich mit so einem Menschen arrangieren? Du hast ja keine Ahnung ...« Nun, auch meine Zwölfstundenschichten laufen nicht immer so ab, dass wir uns alle gegenseitig in die Luft werfen, loben und wieder auffangen, aber Renée und ich kommen nicht dazu, auch noch über meinen Job zu reden. Wir sind ja genug mit ihrem Leid beschäftigt. Ihr Leben – eine Kreuzung mit vier Sackgassen!

Renée: Wenn ich mal einen schlechten Tag hatte, brauche

ich nicht immer jemandem, der mir sagt, was zu tun ist oder meinen Arbeitsberater spielt. Ich brauche einfach mal etwas Unterstützung, ein warmes Gefühl, dass er mich in den Arm nimmt und sagt, dass ich das schaffe.

Dürfen wir unsere Arbeit hassen?

»Mein Job ist so schön, dass ich ihn nicht als Arbeit empfinde«, sagt Moderatorin Sonya Kraus in einem Interview. Menschen, die beruflich das tun, was ihren Werten entspricht, kommen selten auf den Gedanken, ihre Arbeit zu hassen. Seinen Job abzulehnen kann ein wichtiger Hinweis darauf sein, dass wir etwas in unserem Leben ändern sollten. Doch selbst wenn wir den erfülltesten Job der Welt haben, beispielsweise das Klima retten, Vampir-Bestseller schreiben oder Brunnenbauprojekte in Afrika leiten, wird es Momente geben, in denen wir uns angestrengt und überfordert fühlen. So wie unsere Laune nur schlechter wird, wenn wir sie ausleben und alle vor unserer Laune warnen, so wird auch der Job anstrengender, je mehr wir uns von unseren Gedanken über ihn stressen lassen. Bewahren wir jedoch auch in anstrengenden Zeiten eine gewisse Leichtigkeit, geraten wir erst gar nicht in eine solche Negativspirale. Robert Greene schreibt in seinem Buch »Power: Die 48 Gesetze der Macht«: »Was Sie leisten, muss selbstverständlich und mühelos wirken. Verbergen Sie, wie viel Plackerei, wie viel Erfahrung und wie viel clevere Tricks dahinterstecken. Wenn Sie loslegen, tun Sie es unangestrengt, als könnten Sie viel mehr leisten. Widerstehen Sie der Versuchung zu enthüllen, wie hart Sie arbeiten. Das wirft nur Fragen auf.«

Männer haben meist längst verinnerlicht, dass es ein Hindernis ist, über seine Arbeit zu jammern. Prompt leiden sie auch tatsächlich weniger, denn wer jammert, wird immer nur das Schlechte sehen.

Deswegen stehen Männer, wenn jemand von Schwierigkeiten im Job spricht, schnell mit pragmatischen Lösungen parat, statt auf Gejammer einzugehen.

Zunächst: Frauen sind in ihrem Job besonderen Anforderungen ausgesetzt, von denen Männer keine Ahnung haben. Sie müssen härter arbeiten, um das Gleiche zu erreichen. Verhalten sie sich »typisch weiblich«, heißt es, sie seien zu weich für den Job. Verhalten sie sich »typisch männlich«, sind sie karrieresüchtige Hexen oder eiskalte Mannweiber. Sie müssen gegen männliche Seilschaften bestehen, sind stärker unsachlichen Anfeindungen und Sexismus ausgesetzt. Männer lassen sich von Frauen nur ungern etwas sagen. Sie werden nur darauf warten, dass eine ihnen vorgesetzte Frau einen Fehler macht. Frauen müssen sich stärker beweisen und dann noch damit leben, dass karrierebewusste Frauen anderen unheimlich sind – nicht nur Männern, sondern auch anderen Frauen. »Sie hat sich hochgeschlafen«, »Sie ist eiskalt« oder »Sie hat es nur durch einflussreiche Verwandte geschafft«, heißt es dann oft. Das alles kann zum Feierabend schon mal schlechte Laune machen. Denn es sind Situationen, die sich ein Mann oft nicht vorstellen kann. Wenn Ihr Traumprinz für Gleichberechtigung ist, geht er wahrscheinlich davon aus, dass andere Männer ebenso denken – und ahnt nicht, wie rückständig manche seiner Geschlechtsgenossen noch sind.

Frauen wollen jedoch oft daheim erst einmal ihr Problem umreißen, statt sofort an eine Lösung zu denken. Sie wünschen zunächst viel eher seelische und moralische Unterstützung als praktische Hilfe. Der Rat des Mannes klingt ihnen oft zu hart und aggressiv. Eine Möglichkeit wäre, dass SIE sich mit IHM einigt: SIE will erst dann einen Rat, wenn sie wirklich danach fragt. Dann sollte SIE den Rat aber auch nicht verschmähen:

👑 **Wahrheit Nr. 37:** Sie können durch Ihren Prinzen lernen, wie direkt Männer an berufliche Probleme herangehen und Entscheidungen treffen.

Letztendlich bleibt uns bei Problemen im Job nichts anderes übrig, als zu prüfen, was sich ändern lässt und womit wir uns arrangieren müssen. Das, was wir nicht ändern können, können wir immer noch in einen anderen Rahmen setzen: Wir können versuchen, es als Probe für unsere Geduld, unsere Kompromissfähigkeit oder unsere Anpassungsgabe willkommen zu heißen.

»Sie ist karrieregeil – und wo bleib ich?«

Phillip: Die beste Uni, die besten Abschlüsse, fünf Sprachen: Kerstin hat alles richtig gemacht. Immer schon. Ist ja auch alles wunderbar. Ich unterstütze das. Ich bin auch ihrer Meinung, dass eine wie Eva Herman mit ihren irren Thesen eigentlich nirgendwo mehr ein Forum bekommen sollte. Frauen und Karriere, find ich gut, aber bitte, diese Verbissenheit! Diese Vehemenz! Manchmal denke ich, dass hinter Kerstins Wunsch, alles richtig zu machen, Angst und Unsicherheit stecken. Manchmal wünsche ich mir, sie würde es etwas lockerer angehen und auch mal nach links und rechts schauen und nicht immer nur nach vorne. Manchmal führen auch Umwege ans Ziel. Sie hat noch nie Mist gebaut in ihrem Leben! Sie ist eine solche Streberin!
Kerstin: Frank hat gut reden. Er hatte seine Schäfchen

längst im Trockenen, als wir uns kennenlernten. Wir Frauen müssen dreifach so hart arbeiten. Und dann wollte ich ja auch noch Kinder und vorher mit ihm eine Weltreise machen. Die Zeit rast. Und ich denke mal, wenn ein Mann ein Problem mit meiner Karriere hat, dann liegt das Problem doch bei ihm und nicht bei mir.

Schlüsselqualifikation innerer Frieden

Beruf und Freundeskreis sind die Bereiche, aus denen wir unser Selbstbewusstsein mit in die Partnerschaft bringen. Gibt es in diesen Bereichen bei einem der Partner Defizite, entsteht leicht ein Gefälle innerhalb der Beziehung. Während die Asymmetrie jahrhundertelang zugunsten der Männer ausfiel, könnte das Pendel nun umschlagen: Frauen holen gewaltig auf, erreichen bereits die besseren Schulnoten. Asymmetrie – also eine Frau an der Seite, die erfolgreicher ist – ist für Männer nur schwer zu ertragen. Der Wunsch der Frauen, unabhängig zu sein, entwickelt jedoch eine Eigendynamik: Irgendwann hat sie so viel zu tun, dass sie tatsächlich kaum noch ihren Partner sehen kann. Unabhängigkeit schlägt dann um in Entfremdung. Für beide gilt:

Wahrheit Nr. 38: Man kann einen Prinzen nicht ewig warten lassen. Irgendwann verliert er das Interesse – und ruft nicht mehr an.

Wir denken, wenn wir erst die To-do-Liste abgehakt haben, beginne das wahre, das entspannte Leben. Doch je mehr wir erledigen, umso mehr neue Punkte kommen auf der Liste hinzu. Wenn ich es endlich geschafft habe, mich für den Spanischkurs anzumelden, muss ich bald auch Spanisch-Hausaufgaben machen. Es wird niemals alles erledigt sein. Selbst bis zu unserem Tod nicht. Das ist die schlechte Nachricht. Die Gute:

👑 **Wahrheit Nr. 39:** Fast alles kann warten. Und nichts ist wichtiger als innerer Frieden – auch für den Job.

So verstand **Franca, 25, Hotelfachfrau, Düsseldorf,** die Welt nicht mehr: Sie war mit einer Mitbewerberin in der Endausscheidung für einen begehrten Job in einem großen Hotel. Die andere erhielt den Zuschlag.

> **Franca:** Ich begreife das nicht. Ich habe einen 1,2-Abschluss, habe in Tophäusern gelernt, spreche vier Sprachen, habe zwei Jahre im Ausland gearbeitet und bin erst 25. Das kann die andere doch unmöglich in ihrer Vita haben.

Doch es sind immer Menschen, die Jobentscheidungen treffen, keine Maschinen, die Karrieretauglichkeit nach einer Formel aus Eckdaten ermitteln. Vielleicht wirkte die andere Bewerberin auf den Personalchef oder die Personalchefin gelassener, vielleicht sympathischer, vielleicht teamfähiger, vielleicht interessanter. Eine Karriere lässt sich nicht detailliert planen und mit Fleiß und Zielstrebigkeit gegen Eventualitäten schützen. Es geht nicht darum, alle Anforderungen zu erfüllen und alles richtig zu machen.

Darum ist innerer Frieden so viel wichtiger als alle Auslandspraktika und Abschlüsse, auch wenn er sich nicht in Noten messen lässt. Diese große innere Ruhe erreichen wir nur, wenn wir von unserem Verlangen abrücken: unserem Verlangen nach Anerkennung,

Sicherheit, Kontrolle. Die übermäßige Identifikation mit Status, Prestige, Beruf und Besitz schafft nach buddhistischer Psychologie erst das Leid.

Es heißt nicht, dass wir nicht mehr zielstrebig und ehrgeizig sein sollen. Es heißt nur, sich nicht mehr davon abhängig zu machen.

Wahrheit Nr. 40: Die wahre Ruhe unseres Ichs existiert losgelöst davon, was auf den künstlichen Ausweitungen unseres Ichs (Beruf, Karriere, Konto) passiert. Denn auch wenn es dort nicht perfekt läuft, sind wir noch genauso wertvoll.

»›O Mann, du arbeitest so viel!‹ Sie hat kein Verständnis für meinen Job«

Sascha: »Nie bist du zu Hause!«, »Ich dachte, wir gehen heute mal schön brunchen.«, »Aber es ist doch Sonntag!«, »Meine Mutter würde sich echt freuen, dich auch mal wiederzusehen!« Das muss ich mir immer wieder von Marie anhören. Ja, ich muss arbeiten! Ich muss Geld verdienen! Unser Sofa hat 2100 Euro gekostet, es hält ja dafür länger, gut, aber es waren eben 2100 Euro. Laminat kommt für sie nicht in Frage, Parkett muss es sein. Im Urlaub hat sie es schon gern komfortabel. Die Privatschulen für noch nicht existierende Kinder sind schon ausgesucht. Das kostet alles Geld. Von ihrem Verdienst allein könnten wir es nicht bezahlen.

Also muss ich arbeiten. Auch am Sonntag, auch am Abend. Nicht immer schaffe ich es dann, wenn ihre Mutter, zurück von einer ausgiebigen Kreuzfahrt, uns zu einer Dia-Show einlädt. Es ist auch für mich nicht immer leicht. Aber wenn ich dabei auch noch ein schlechtes Gewissen haben muss, macht das die Sache noch schwieriger.

Kerstin: Da haben wir es ja! Wenn Frauen viel arbeiten, sind sie karrierebesessen, wenn Männer zu viel arbeiten, ist das eben eine Notwendigkeit, weil ihre Partnerin ja auch so überzogene materielle Ansprüche hat!

Marie: Manchmal denke ich eben auch, dass Sascha den Beruf vorschiebt, um nicht mit mir zusammen sein zu müssen.

Beruf als Beziehungsflucht

Natürlich gilt auch in diesem, umgekehrten Fall – ER muss mehr arbeiten als SIE – das Gleiche, wie im vorigen Kapitel beschrieben: Innere Ruhe ist wichtiger als der nächste Karriereschritt.

Auch in diesem Fall ist das Ungleichgewicht, das entsteht, wenn einer der Partner gegenwärtig karriereorientierter lebt als der andere, Nährboden für innere Konflikte: Bin ich noch gut genug für ihn? Verstärkt sein/ihr Erfolg bereits vorhandene Unsicherheiten? Habe ich Angst, nur die zweite Geige zu spielen?

Wahrheit Nr. 41: Beruf ist Sinnerfüllung, Anerkennung, Wertschätzung, Ort sozialer Kontakte, aber auch ein Stück Unabhängigkeit vom Partner. Er kann bei Konflikten innerhalb der Beziehung tatsächlich als Barriere und Fluchtpunkt benutzt werden.

Wichtig: dass beide als Team auftreten und die Situation des Partners – er arbeitet zu viel, sie fühlt sich allein, oder umgekehrt – immer als gemeinsames Problem sehen.

Mythos Nr. 6:

Wenn man einen Partner hat, fühlt man sich nie wieder allein

Wahrheit Nr. 42: Wir werden immer wieder in Situationen geraten, die wir mit uns allein ausmachen müssen.

Der Psychologe Erich Fromm sagt dazu: »Es gibt nur eine Lösung: der Wahrheit ins Auge sehen und sich mit dem fundamentalen Alleinsein und der Verlassenheit abfinden.«

Wir muten manchmal dem Partner zu viel zu. Gerade Frauen erwarten von der Beziehung oft das Ende der Einsamkeit und der Unsicherheit – für immer. Das kann eine Partnerschaft aber nicht leisten. Auch Eheskeptiker George Clooney bekennt: »Ich hatte einige Beziehungen, in denen ich mich schrecklich allein gefühlt habe. Nur weil man mit jemandem zusammen ist, heißt das nicht, dass man auch unglaublich glücklich ist.«

Wir können uns sowohl allein fühlen, weil wir vom anderen räumlich getrennt sind, aber auch, wenn wir zusammen sind – weil er oder ich mein Gepäck gerade allein tragen muss. Bei manchen Enttäuschungen, Kämpfen oder Ängsten kann uns der Partner nicht helfen. Deprimierend? Nein!

»Gerade aus der Polarität zwischen Getrenntsein und Vereinigung wird Liebe geboren und immer wieder geboren«, sagt Erich Fromm. Passive Wünsche können in realistische Wünsche umgewandelt werden. Statt endloser Geborgenheit finden wir eine gelegentliche Schulter zum Anlehnen, ertragen aber auch ein gewisses Maß an Alleinsein. Statt verwöhnt und versorgt zu werden, stellen wir fest, dass wir alleine für uns sorgen können. Wir übernehmen Verantwortung für uns selbst.

Wer erlebt hat, dass er Krisen allein bewältigen kann, traut sich auch eher zu, Partnerschaftskonflikte produktiv anzugehen. Sie verlieren ihren Schrecken. Die Entdeckung, dass man vital genug ist, das Leben allein zu meistern, stärkt die eigene Identität. Die eigene Identität ist schließlich der wichtigste Beitrag, den wir in eine Beziehung einbringen. Darum können Zeiten als Single so wichtig sein für die Persönlichkeitsentwicklung. Wer Singlephasen als Zeiten der Entbehrung betrachtet, unterschätzt sie. Sie formen unsere Persönlichkeit und schärfen unsere Sinne. Auch zeitweise Trennungen innerhalb einer Beziehung stärken die Identität. Wir können unser Leben reflektieren und uns selbst erforschen. Wenn wir wissen, dass wir allein sein können, dann gelingt es auch, Zweisamkeit zu enießen. Wir haben dann weniger Verlustängste. Das schließt nicht aus, sich auch in der Beziehung mal fallenzulassen und gelegentlich Schutz zu suchen. Aber:

👑 **Wahrheit Nr. 43:** Wenn sich zwei Menschen auf einem Boot befinden, kann derjenige sich sorgenfreier treiben lassen, der schwimmen kann.

Kapitel 7

GELD & KONSUM

Mythos Nr. 7:

Männer hassen Shopping

Mick: Seit ich sie kenne, ist Vera auf der Suche nach der perfekt sitzenden Jeans. Nie wird sie fündig. Immer kommt sie dann sehr schlecht gelaunt aus der Stadt zurück. Es beeinträchtigt richtig unsere Familienharmonie, so dass wir alle schon Angst haben, wenn sie einkaufen geht. Ein paarmal habe ich sie sogar begleitet. Grundsätzlich geht es dann erst mal zu H&M, wo sie T-Shirts und anderen nutzlosen Fummel kauft, wie er schon daheim aus allen Schränken quillt. Dann geht's in einen Tüttelkramladen und in den Buchladen. Dann ist die Zeit fast um, und man hat nur noch eine halbe Stunde, die perfekte Hose zu finden. Sie fragt beim Anprobieren, wie die Jeans sitzt. Sage ich: »Sitzt super«, dann schimpft sie, dass ich gar nicht aufmerksam genug bin. Wie könne ich sagen, dass DIESE Jeans super sitzt? Das sehe man doch gleich, dass sie ÜBERHAUPT NICHT sitzt. Sage ich: »Sitzt nicht so gut«, schimpft sie erst recht: »Sag mal, findest du mich zu dick?« Würde ich mal sagen: »Na ja, Schatz, wenn du mich so fragst, in dieser Hose siehst du echt fett aus. Wenn ich es mir so recht ansehe, dein Hintern ist darin so groß wie Russland«, dann würde noch in der Boutique ein Massaker passieren, dass man das Video der Überwachungskamera als Splatter-Film verkaufen könnte. Auf dem Heimweg geht dann die Beschimpfungstirade erst richtig los: Nie kriegt man genug Zeit, nie guckt man aufmerksam genug zu, man glaubt ja sowieso, dass sie zugenommen hat usw. Es ist nicht zum Aushalten.
Der Mann (ich) kauft ganz anders ein: Brauche ich eine

Hose, gucke ich nach einer Hose – und nach nichts anderem. Brauche ich eine Uhr, kaufe ich eine Uhr, brauche ich Schuhe, kaufe ich Schuhe. Fertig bin ich in kurzer Zeit. Ich denke mal, es ist wie beim Sex, da dreht sich ja auch alles ums Vorspiel für die Frauen, während Männer direkt zur Sache kommen wollen. Männer sind einfach zielgerichteter. Ich habe Vera mein Prinzip erklärt und sie in einen Laden geschleppt, in dem ich kurz vorher zwei neue Hosen in einer halben Stunde gekauft hatte. Ich bin böse mit ihr geworden, als sie erst noch mal schnell zu H&M und in den Tüttelkramladen wollte. Dann sind wir in den besagten Laden, haben uns 20 Hosen zeigen lassen, sie hat drei gekauft in einer Stunde. Das Problem bin ich erst mal los. Ein Punkt ist noch: Frauen sind, wie wir ja alle wissen, untereinander Giftnudeln. Deswegen misstraut Vera grundsätzlich der Beratungsqualität von Freundinnen, aber auch der Verkäuferin. Sie glaubt, sie sehe sie als Konkurrentin und nicht als Kundin und wolle sie schlecht aussehen lassen. Und manchmal glaube ich, da ist was dran.

Vera: Shopping mit Mick macht mich immer fürchterlich schlecht gelaunt. Ein brenzliges Thema. Das führt dazu, dass Mick inzwischen richtig Angst hat, mit mir einkaufen zu gehen. Mick geht feist in bestimmte Läden und kauft nach Einkaufsliste das, was er braucht: Hose: abgehakt. Uhr: abgehakt. Schuhe: abgehakt. Ich könnte ihn umbringen. Es ist hammerunromantisch, und außerdem kümmert er sich überhaupt nicht um meine Bedürfnisse, mit der Ausrede, dass ich mich stundenlang mit »unwichtigen Dingen« aufhalte, wie Modeschmuck aussuchen (finde ich eben wichtig). Micks Einkäufe langweilen mich einfach. Ich versuche, zehn Minuten Interesse zu heucheln, aber es ist so wahnsinnig öde. Und dann trifft Mick immer teure Produktentscheidungen:

Autos, iPhones, Uhren, Technik, Golf-Equipment. Meistens hässliche Dinge. Und die Verkaufsgespräche sind so langweilig: Mick geht es meist darum, dem Verkäufer zu zeigen, wie viel Ahnung er von dem Gerät hat und dass er jede Verkaufstaktik durchschaut. Dass man ihm »Scheiße nicht als Schuhcreme verkaufen kann«, wie er es ausdrückt. Ich hingegen kaufe ständig viel, aber es muss gar nicht teuer sein. Mick kauft ein Hemd und zieht es dann drei Jahre an, ich habe lieber immer etwas anderes an, und wenn es nur von H&M ist. Sonst wird mir langweilig. Wenn ich dann aber mal etwas Teures kaufen will, bin ich dazu verdonnert, es dauernd zu tragen. Mick sagt dann so etwas wie: »Leider verwandelt sich das Kleid nicht in mein neues Dolby-Surround-System, wenn du es ein-, zweimal getragen hast, also trag es öfter!«

Wahrheit Nr. 44: Es stimmt nicht, dass Männer einkaufen hassen: Frauen ziehen aus dem Gemurre ihrer Männer nur diesen Schluss. Tatsache ist, dass beide auch hier eine andere Sprache sprechen.

SIE ist eher eine Sammlerin, ER ein Jäger. Für Frauen ist auch beim Einkaufen der Beziehungsaspekt von Bedeutung. So bezeichnete Vera Micks Art und Weise, zielgerichtet Produkte zu erwerben, als »hammerunromantisch«. Für sie ist das gemeinsame Einkaufen eine Gelegenheit, Nähe herzustellen: Es bedeutet ein gemeinsames Erlebnis. Dabei wünscht sie Bestätigung von ihrem Partner, dass er ihr über Unsicherheiten, etwa eingebildete neue Kilos, hinweghilft. Sie will beim Einkaufen Aufmerksamkeit und mit ihrem Mann an einem Strang ziehen.

Frauen kaufen als Streicheleinheit für die Seele und eher aus dem Bauch heraus. Sie lassen sich von dem Angebot inspirieren und sammeln ein, was ihnen gefällt. Was sie jetzt nicht brauchen, kann ja vielleicht später noch einmal nützlich sein. Es kann doch nicht schaden, es erst mal zu besitzen! Einkaufen ist für Frauen Selbstverwirklichung und identitätsstiftend, und sie wollen, dass der Partner dabei ihre Identität bestätigt.

Männer dagegen kaufen aus praktischen Gründen und daher planvoller und gezielter. Sie sind besonders dann mit Begeisterung bei der Sache, wenn es um den Kauf von Statussymbolen geht. Ansonsten liegt für sie der Spaß in der Jagd: gezielt und in kurzer Zeit all das besorgen zu können, was sie sich vorgenommen haben, und sich eine gute Qualität leisten zu können. Für einen Mann ist es ein besonders unangenehmes Erlebnis, an einem Ort zu sein, an dem er gar nicht sein will – etwa das Damenschuhgeschäft. Geschlagen und müde – so sehen die Männer aus, die auf den mitleidsvoll bereitgestellten Bänken in Schuhgeschäften warten, während ihre Frauen rauschhaft Schuhe anprobieren.

Shoppen leicht gemacht ...

Wie kann man die Schmerzen auf beiden Seiten reduzieren? Eine gute Idee ist es, nur dann zusammen einzukaufen, wenn für beide etwas herausspringt. Listen, wie Mick sie anfertigt, sind ebenfalls sinnvoll. Zeitliche Limits, die gesetzt und eingehalten werden, sorgen dafür, dass man immer Licht am Horizont sieht. Der Rahmen sollte so sein, dass man, wenn alles auf der Liste abgehakt ist, noch genügend Zeit hat, um frei von Zielen im Tüttelkramladen zu stöbern. An das Geld, das einem tatsächlich zur Verfügung steht, sollte man sich außerdem nicht zu sehr klammern. Geld ist virtuell. Es gehört einem nie wirklich, ist immer nur im Durchlauf. Deswegen ist es im Grunde unerheblich, ob man nun mehr Geld oder mehr Kram besitzt. Manchmal kosten ewige Preisvergleiche viel Zeit, die mehr wert ist als die Summe, die man am Ende gespart hat. Hinter einmal getätigten Ausgaben sollte man stehen und sich das gute Gefühl nicht durch Reue verhageln lassen. Denn neue Produkte vermitteln uns die angenehme und inspirierende Illusion eines Neuanfangs.

Mehr auszugeben, als man hätte ausgeben dürfen, hinterlässt aber immer ein ungutes Gefühl und beeinträchtigt die Kauffreude. Sparen ist nicht sexy, aber man kann es als Sport betrachten: Am Ende schafft es gute Gefühle, wenn man mit dem auskommt, was man hat, und es gelingt, die Kontrolle zu behalten. Gerade Männer hassen es, zu Kaufentscheidungen überrumpelt oder gedrängt zu werden. Sie wollen das Gefühl behalten, Entscheidungen selbst getroffen zu haben. Und am Ende eines Einkaufstages sollte eine Belohnung stehen, die Nähe schafft, etwa ein schönes Essen oder ein Kinobesuch.

»Sie ist ein Material Girl«

Frank: Kreuzfahrt, Antigua, Landausflug mit einem anderen Pärchen, Johannes und Edith. Feiste Superyachten schaukeln träge im Hafenwasser, und Edith ruft verzückt mit ihrem schwäbischen Akzent: »Auf so einer Yacht, das muss ja der Wahnsinn sein.« Und ihre Augen funkeln wie das Chrom der Schiffe, so eine Art entrückte Gier. Ihr gutmütiger Freund Johannes steht in dem Moment wie ein Depp da. Was soll er denn auch sagen? Seine Fähigkeiten, ein Diamantenhändler zu werden, ein Gangsterkartell zu gründen oder das nächste große Internet-Ding nach Google, YouTube und Facebook zu erfinden, schätze ich als begrenzt ein. Sollte ihm doch noch einmal ein großer Wurf gelingen in seinem Leben als Programmierer in Böblingen, hoffe ich, schubst er Edith von Bord seiner ersten Yacht und lädt sich ein paar heiße Hasen ein, die ihn den ganzen Tag massieren und ihre Hüften zu karibischen Rhythmen bewegen. Frauen wie Edith sind davon überzeugt, dass ihre bloße Existenz mit Luxus entlohnt werden sollte. Diese Überzeugung vermitteln sie mehr oder weniger unterschwellig. Dabei sind es gar nicht nur die offensichtlichen Goldgräberinnen mit Liliana Matthäus als großem Vorbild, die im engen Zara-Kleidchen, mit gefälschter Louis-Vuitton-Tasche und mit kaltem Blick auf die Jagd gehen und unbeholfen in Highheels durch einschlägige Clubs staksen. Die noch nie etwas gelesen haben außer einem Preisschild. Diese Gier gibt es auch bei aufgeklärten, gebildeten Frauen mit bürgerlichem Wertesystem. Man merkt, wie sie einen bei ersten Dates abchecken: Wie sind die Aussichten in seinem Beruf? Wie ehrgeizig ist er? Was er wohl jetzt verdient, und was in zehn Jahren? Was hat er für einen Background? Ist großzügige Unterstützung von seiner Familie zu erwarten? Vielleicht sogar ein Erbe? Wird mit ihm das Leben so, wie ich es verdiene, mit einem parkettausgelegten Haus, dem Kindermädchen, der Privatschule, den Biolebensmitteln vom Markt? Am besten, man bringt einen Kontoauszug und eine Schufa-Auskunft zum Rendezvous mit. Für emanzipierte Frauen, die dir gerade noch erzählt haben, wie sie sich allein ein halbes Jahr durch Lateinamerika durchgeschlagen haben und wie wichtig ihnen die berufliche Selbstverwirklichung ist, bedeutet es ein Ausschlusskriterium, wenn du beim vierten Treffen erstmals nicht die komplette Restaurantrechnung übernimmst. Da hört es dann plötzlich auf mit der Gleichberechtigung. Da wollen sie dann wieder ganz Weibchen sein. Mir tun jedenfalls die reichen Typen leid, denn oft ist es ja nur zu offensichtlich, dass ihre Frauen nur deswegen bei ihnen sind, weil sie Geld haben. Was können sie von Liebe wissen?

Marta, 25, Model, Berlin: Ich habe einen reichen Mann. Er sieht passabel aus und ist ein charmanter Typ. Er weiß viel. Er behandelt mich gut. Ich hätte ihn mir nicht geschnappt, wenn er nicht reich wäre. Er macht irgendwas mit Export, Import, genau verstehe ich das nicht. Muss ich auch nicht. Ich habe eine absehbare Blütezeit. Ich blühe schön. Aber wie schnell ist die Blüte vorbei. Ich verschwende sie jedenfalls nicht an einen Hänger in enger Hose und mit zerzaustem Hipster-Haarschnitt, der seinen Laptop um 12 im Café aufschlägt und einen Piloten plant oder vielleicht auch ein Projekt, was beides zum Scheitern verurteilt ist, so viel ist sicher. Mein Mann ist ein Macher. Um 12 hat er schon den ersten fetten Deal abgeschlossen. Die Zeit mit ihm zu verbringen ist angenehm. In guten Restaurants schmeckt es anders, das Essen macht niemals dick, die Geräusche sind gedämpft. Alles ist in Watte gepackt. Reiche Leute sind freundlich und gelassen. Sie hören einander zu und fragen nach. Sie wissen, dass es Vorteile bringt, sich Informationen zu holen, statt nur über sich selbst zu sprechen. Armut dagegen macht die Menschen rau, die Bedürfnisse banal. Armut ist unästhetisch. Die Argumentation, die irgendwelche Verlierer bringen, ist immer die gleiche: Reiche Männer seien ja in Wirklichkeit arm dran, weil wir Frauen sie nur ihres Geldes wegen lieben. Das ist so, als würde man sagen, Männer lieben uns Frauen ja nur wegen unserer Schönheit und Jugend. Natürlich tun sie das! Ich bin mein Aussehen, und er ist sein

Erfolg. Sein Geld steht für seine Stärke, seine Durchsetzungskraft, seine Macht. Das ist sexy. Ich stehe nicht auf Armutsromantik. In einer zugigen Hinterhofwohnung in Berlin-Friedrichshain auf einer Mief-Matratze, daneben eine Tropfkerze, billiger Rotwein: Das macht den Sex nicht automatisch gut. Ich hatte gestern Abend Sex in seinem Luxusapartment, zog danach ein paar Bahnen im Pool auf dem Dachgarten, und unten glitzerte die Stadt. Ich weiß nicht, was daran verkehrt sein soll.

Wie materielle Begierde uns einschränkt

Schönheit und Status sind seit jeher zwei Währungen, die auf dem Paarungsmarkt miteinander getauscht werden. Untersuchungen ergaben, dass diejenigen Paare die besten Chancen auf Bestand haben, die sich auf einem ähnlichen Erfolgs- und Attraktivitätsniveau befinden. Besteht ein Statusgefälle, kann es dadurch ausgeglichen werden, dass der Partner mit dem geringeren Status attraktiver ist. Am Ende entsteht bestenfalls ein Gleichgewicht. Es ist also nichts verwerflich daran, dass eine erfolgreiche Frau schaut, ob auch ihr Partner erfolgreich ist. Es ist auch nichts verwerflich daran, wenn eine junge, schöne Frau nach einem Partner mit hohem Status Ausschau hält. Zwar geben Frauen in Umfragen an, Humor, Treue oder Charakter seien bei ihnen die ausschlaggebenden Kriterien bei der Partnerwahl, doch es lässt sich kaum prüfen, ob hier nur sozial erwünschte Antworten gegeben wurden. Die Gefahr, sich zu sehr auf den Status zu fokussieren, liegt darin, von den Werten abzurücken, die das Wesen einer Partnerschaft ausmachen – Gemeinsamkeit, Vertrauen, Bestätigung der Identität des anderen in all seinen Facetten. Das Verlangen nach Wohlstand kann übermächtig werden und andere Werte in den Hintergrund rücken lassen. Wir sind dann konditioniert darauf wie der Pawlow-sche Hund: Wir hören ein Reizwort (Gucci, Oscar-Verleihung, Privatjet), und der Speichel fängt schon an zu tropfen. Es erscheint wichtig und begehrenswert, was wir eigentlich gar nicht brauchen. Die Begierde bezieht sich dann nur noch auf sich selbst. Es ist nicht mehr das schöne Haus an sich, um das unsere Gedanken kreisen, es ist die Begierde nach einem schönen Haus, das unsere Gedanken und Gefühle auslöst. Marie Mannschatz in »Buddhas Anleitung zum Glücklichsein«: »Der Geist, der vom Verlangen gefüllt ist, unterstellt all seine Wahrnehmungen dem Einfluss dieses Triebes.« Das führt uns schnell weg von dem, was eigentlich zählt.

Deswegen sollten wir uns immer wieder die Zeit nehmen, darüber nachzudenken, welche Werte uns wirklich Erfüllung bringen, welche wir davon selbst verwirklichen und welche wir durch unsere Partnerschaft verwirklicht sehen.

Wahrheit Nr. 45: Letztendlich schränkt uns zu große materielle Begierde ein.

Wahrheit Nr. 46: Zudem entwickeln Männer oft eine feine Antenne für berechnende Frauen.

Wahrheit Nr. 47: Und sie schätzen Frauen, die auch mal eine Rechnung übernehmen.

»Sie ist für Nestbau statt neue Sportfelgen ...«

Chris: Ich: »Schau mal, was ich gekauft habe.« Sie: »Wir müssen noch Raten für die Couch abbezahlen.« Ich: »Aber guck mal, es war super runtergesetzt.« Sie: »Ja, klar. Du denkst, die Summe, um die das runtergesetzt war, hättest du gewonnen. Hast du aber nicht.« Ich: »Du fragst nicht mal, was es ist.« Sie: »Ach, weißt du, wir wollten endlich mal renovieren und dann zusammen nach Bali fahren.« Ich: »Weil ich jetzt mal 300 Euro ausgegeben habe, können wir trotzdem noch renovieren und nach Bali fahren?« Sie: »300 Euro? Bist du wahnsinnig? 300 Euro hier, 100 Euro da. Mir wäre lieber gewesen, wir hätten darüber gesprochen.« Ich: »Soll ich dich aus dem Mediamarkt anrufen und um Erlaubnis fragen?« Sie: »Ach, weißt du was, mach doch, was du willst, ich mache jetzt auch, was ich will.« (Steht auf und geht.)

So geht es immer. Ich verdiene mein Geld und bin es nicht gewohnt, Rechenschaft darüber abzulegen, wenn ich mir etwas gönne.

Klara: Ich will Chris nicht bevormunden, aber es wäre mir lieb, wenn wir etwas mehr planen würden. Es sind genau diese Anschaffungen, mal 300 Euro hier, mal 100 Euro da, die dazu führen, dass wir am Ende kein Geld mehr haben für die Dinge, die wir uns eigentlich vorgenommen hatten. Ich würde mir nur wünschen, er würde mich ein bisschen mehr einbeziehen. Er macht einfach sein Ding. Klar ist es sein Geld, und ich habe mein eigenes Geld, aber ich versuche es einzuteilen, damit wir es mal umso schöner haben, und denke weiter als bis zum Monatsende. Außerdem regt mich diese kritiklose Konsumhaltung auf. Das Meiste ist einfach überflüssig. Und ob wir wirklich ein iPad brauchen, obwohl hier zwei völlig funktionstüchtige Laptops rumstehen? Nur weil es jetzt gerade schick ist? Und wieder einen neuen Tennisschläger, obwohl er kaum noch spielt. Und ein Hirschkopf für die Wand, der Countrysongs singt und dazu den Kopf bewegt, während ich Kostenvoranschläge für die Renovierung abchecke. Anscheinend ist Chris unsere gemeinsame Zukunft nicht so wichtig.

Wie Sie Streit übers Geld besser verstehen

Nach Eifersucht ist Geld das häufigste Streitthema. Nach der Kennenlernphase will jeder seinen Lebensentwurf durchsetzen. Und längst geht es dabei nicht immer nur ums Geld an sich. Das Blöde: Diskussionen über Geld sind nicht sexy. Das Gute: Über Geld spricht man nicht, und wenn man es dann doch tun muss, ist das ein Signal: Die Beziehung ist aus der romantischen Verklärtheit im wirklichen Leben angekommen. Und das allein ist zunächst schon einmal eine Leistung. Doch Geldthemen sind heikel. Da fast immer einer ärmer ist, entsteht ein Ungleichgewicht, denn Geld ist eng mit dem Selbstwertgefühl verknüpft. Im Folgenden sind die unterschiedlichen Ebenen aufgeführt, auf denen sich Streitigkeiten zum Thema Geld analysieren lassen.

Das Paar als Team: Der Umgang mit Geld in der Partnerschaft verlangt, dass man als Team auftritt: Man hat gemeinsame Ziele, handelt faire Lösungen und Vereinbarungen aus, die für beide Seiten Vorteile bringen. Eine Lösung könnte es sein, drei Konten einzurichten, wie es Gerlinde Unverzagt in ihrem Buch »Geld, Liebe und Partnerschaft« vorschlägt: eines für jeden Partner und eines für gemeinsame Anschaffungen, auf das beide entsprechend ihrem

Einkommen einzahlen. Hat ein Partner kein Einkommen, etwa weil er sich um die Kindererziehung kümmert, kann der verdienende Partner eine Art Gehalt auf das Konto des anderen Partners einzahlen, das dieser Leistung Rechnung trägt. Eine Buchführung über Ausgaben zeigt, ob das Geld wirklich dahin fließt, wo man es haben möchte, und wo eingespart oder umverteilt werden kann. Das Haushaltsbuch ermöglicht es, Diskussionen ums Geld auf sachlicher Grundlage zu führen.

Unterschiede im Habitus: Geld ist ein mit starken Gefühlen aufgeladenes Symbol, das verspricht, tiefliegende Bedürfnisse zu erfüllen: Männern verleiht Geld eher das Gefühl von Macht und Anerkennung, für Frauen bedeutet es häufiger Sicherheit und Unabhängigkeit. Zugleich ist Geld mit Ängsten verbunden: Es nicht mehr zu haben heißt, sozial ausgegrenzt zu sein, im Extremfall ist die Existenz bedroht. Geld zu besitzen kann ebenfalls zu Ängsten führen, nämlich davor, es wieder zu verlieren, ausgenutzt und bestohlen zu werden oder aber Sklave des Geldes zu werden.

Welche Gefühle Geld in uns auslöst, hängt davon ab, was wir gelernt und erfahren haben, etwa in unserer Herkunftsfamilie. Betrachten wir den anderen als geizig oder verschwenderisch, so messen wir ihn immer an unserem eigenen Wertesystem – unser Urteil über den anderen sagt also vor allem etwas über uns selbst aus. Versuchen wir den Partner und seine Eigenarten im Umgang mit Geld also lieber zu verstehen, statt ihn zu bewerten: Vielleicht ist SIE sparsam, weil ihre Familie durch eine Pleite bedroht war oder die Ehe der Eltern an der Verschwendungssucht ihrer Mutter scheiterte. Vielleicht neigt ER dazu, Geld zu verprassen, weil sein Vater mangelnde Fürsorge durch großzügige Geschenke auszugleichen versuchte. Indem wir versuchen zu verstehen, entwickeln wir Mitgefühl, statt frustriert zu sein.

Unterschiede in der Lebensart: Der Habitus wirkt auch ein auf unsere Lebensart, also die Weise, wie wir unser Leben gestalten und wie wichtig für uns schnelle Autos, Markenklamotten oder Luxushotels sind. Unterschiede in der Lebensart sind besonderer Zündstoff für Konflikte.

Kampf um Rollenmuster: Wird über Geld ein Konflikt ausgetragen, der auf einem Machtspiel innerhalb der Beziehung beruht? Will der eine Partner über den anderen bestimmen und ihn kontrollieren? Wehrt sich der andere Partner mit vermeintlichen Verschwendungsanfällen dagegen?

Unterschiedliche Beziehungsmuster: SIE ist verärgert, weil ER bei der Anschaffung keine Rücksprache geführt hat, ER fühlt sich dadurch kontrolliert. IHR geht es jedoch gar nicht um das Geld an sich. Alltägliches miteinander zu besprechen ist für SIE ein Zeichen von Nähe. ER dagegen ist gewohnt, Entscheidungen allein zu treffen. SIE schätzt die Absprache als Ausdruck von Verbundenheit, ER fühlt sich dadurch eingeengt. SIE sieht durch sein Verhalten die partnerschaftliche Nähe gefährdet, ER seinen Status. Hier wurde die Balance auf der Werteskala zwischen den Polen Intimität und Unabhängigkeit gestört – die Extreme an beiden Enden heißen Kontrolle und Abnabelung.

Unterschiedliche Lebensentwürfe: Besonders frustrierend wirken Konflikte um Geldausgaben, wenn wir dahinter unterschiedliche Konzepte darüber vermuten, wie die Beziehung weiter verlaufen soll. Wenn ER lieber mit seinen Kumpels Geld auf Ibiza verprasst, statt für das gemeinsame Häuschen zu sparen, wittert SIE vielleicht ganz zu Recht, dass er es mit der Langfristigkeit nicht ganz so ernst nimmt wie sie. Sie versteht seine Ausgaben dann als verborgene Mitteilung: Ich will mich noch nicht binden.

Wahrheit Nr. 48: Da Geld für den Mann stark mit Unabhängigkeit verknüpft ist, kann es sein, dass er sich durch seine Anschaffung ein Stück Freiheit erkauft hat.

SIE wiederum fürchtet seine Abnabelung und reagiert daher empfindlich auf eine Geldausgabe, die sie eigentlich gar nicht gestört hätte – wäre sie nur vorher einbezogen worden.

Für alle Ebenen gilt: Um Konflikte über Geld erfolgreich zu bewältigen, sollte die Sachebene von der Beziehungsebene getrennt werden. Bei welchem Teil des Konflikts geht es tatsächlich ums Geld, bei welchem um Gefühle, Erwartungen und Frustrationen? Sexy werden Debatten über Geld dadurch noch nicht. Aber man kann sie schneller und ergebnisreicher abschließen.

Sich Klarheit über gemeinsame Ziele schaffen

Mit folgender Methode, angelehnt an eine Übung aus dem »Praxisbuch NLP« von Schwarz & Schweppe, können Sie sich Klarheit über Ihre Ziele verschaffen und erkennen, wie wichtig Geld ist, um diese Ziele zu erreichen.

Sie und Ihr Partner schreiben auf, was für Sie jeweils wirklich wichtig ist. Kinderkriegen, spirituelles Wachstum, Naturerlebnisse, Reisen, ein Haus, was immer Ihnen einfällt.

Notieren Sie von 1 (= nicht so wichtig) bis 4 (= sehr wichtig), wie wichtig Ihnen die Ziele sind. Beantworten Sie dann, was davon Sie tun würden, wenn Sie eine Million Euro zur Verfügung hätten. Geben Sie Punkte von 1 (= würde ich vielleicht tun) bis 4 (= würde ich ganz sicher tun). Notieren Sie anschließend, ob es möglich wäre, das Gleiche auch ohne die Million zu tun: 1 (= eigentlich schon) bis 4 (= nein, es wäre unmöglich).

Addieren Sie dann die Punkte und vergleichen Sie, wo Sie und Ihr

Partner Unterschiede haben und wo Gemeinsamkeiten. Nur die Ziele mit Punktzahlen ab 10 sind Ziele mit hoher Priorität, für die viel Geld nötig wäre.

Vielleicht werden Sie feststellen, dass Geld weniger wichtig für Ihr Lebensglück ist als bisher angenommen. Vielleicht regt die Übung Sie dazu an, Verantwortung für die Zufriedenheit in der Partnerschaft zu übernehmen und sie nicht auf materielle Umstände abzuschieben.

»Sie ist nie zufrieden mit dem, was wir haben«

Achim: Beate sagte, alles wird gut, wenn erst die Scheidung von ihrem Ex-Mann durch ist. Sie sagte, alles wird gut, wenn sie erst einmal in meine Stadt gezogen ist. Sie sagte, alles wird gut, wenn sie endlich ihre Uniprüfung bestanden hat. Sie sagte, alles wird gut, wenn nur endlich dieses dumme Praktikum vorbei ist. Sie sagte, alles wird gut, wenn sie endlich den richtigen Job hat. Sie sagte, alles wird gut, wenn nur erst die Probezeit vorbei ist. Sie sagte, alles wird gut, wenn ihre stressige Vorgesetzte bald endlich in Rente ist. Sie sagte, alles wird gut, wenn wir nur erst zusammenwohnen würden. Sie sagte, alles wird gut, wenn wir nur endlich die größere Wohnung hätten. Sie sagte, alles wird gut, wenn wir endlich mal zusammen in Urlaub fahren würden. Sie sagte, alles wird gut, wenn sie nur endlich die Laser-OP an den Augen hinter sich bringen würde. Sie sagte, alles wird gut, wenn wir nur endlich die Wohnung abbezahlt hätten. Sie sagte, alles wird gut, wenn nur ein Baby da wäre. Sie sagte, alles wird gut, wenn die Kleine erst mal aus dem Gröbsten raus ist.

Und ich sage: So wie es aussieht, ist das Leben ein einziges Hindernis. Ich denke mal, die Chancen sind gut, dass es so bleibt. Woher sollte plötzlich ein Wunder kommen und weshalb? Jetzt sind wir neun Jahre zusammen. Vielleicht wird es Zeit, endlich mal anzufangen zu leben.

Beate: Ich kann dazu gerade nichts sagen. Ich will erst diese blöden Abendseminare hinter mich bringen, dann schreib ich auch gerne ein Kapitel für dein neues Buch.

Leben – jetzt!

Es geht immer noch besser. Doch der Wunsch, perfekt zu sein, und der Wunsch, seine innere Ruhe zu finden, schließen einander aus. Das Verlangen nach immer angenehmeren Sinneseindrücken, dem perfekten Haus, dem perfekt passenden Traumprinzen, dem wildesten Sex, der schicksten Party, dem malerischsten Urlaubsort, dem schnittigsten Auto, den lustigsten Freunden, dem besten Essen, lässt nur immer neues Verlangen entstehen. Nach oben hin ist alles offen, und es wird immer jemanden geben, der es noch besser hat. Unter der Diktatur des Verlangens ist es aber unmöglich, achtsam dem Augenblick zu begegnen und die Wirklichkeit zu genießen. Wir hetzen Trugbildern hinterher und übersehen, was uns im Hier und Jetzt glücklich machen könnte. Wir sehen an der Gegenwart nur die Mängel. Wenn wir jedoch aufs Negative fixiert sind, können wir niemals zufrieden und freundlich sein.

Wahrheit Nr. 49: Zufriedener werden wir erst, wenn wir beobachten, statt zu bewerten und die Welt in »angenehm« und »unangenehm« einzuteilen.

Wahrheit Nr. 50: Viele Dinge sind völlig in Ordnung, so wie sie gerade sind. Wir können dafür dankbar sein.

Wahrheit Nr. 51: Wir werden niemals fertig sein. Unsere To-do-Liste wird bis zum Tod nicht komplett abgehakt sein. Besser, wir legen sie öfter einmal beiseite.

Genießen wir lieber die Sicht, statt nur an die nächste Hürde zu denken! Gleichzeitig können wir unsere Handlungen besser mit unseren Zielen abstimmen.

Wahrheit Nr. 52: Fragen wir uns, was wirklich wichtig ist.

Wir sind, was wir üben. Und dennoch: Fertig werden wir nie. Der Wunsch, ein perfektes Leben führen zu wollen, verschließt unsere Augen davor, die Vollkommenheit im Augenblick zu erleben. Da fällt mir ein, ich suche mir bald ein neues spannendes Hobby. Irgendwas, wo man auf dem Wasser ist und sich Fachbegriffe zuruft. Oder ich lerne zumindest eine neue Fremdsprache so gut, dass ich in Restaurants auftrumpfen kann. Bald, wenn ich endlich mal mit diesem Buch fertig bin …

Kapitel 8

KOMMUNIKATION

»Sie spielt anstrengende
Mach-dich-rar-sei-ein-Star-Spiele«

Tobias: Für wie blöd halten uns die Girls eigentlich? Ich rufe Nora am Mittwoch an und frage, ob sie am Samstag Zeit hat. Da müsse sie erst überlegen, sagt sie. »Samstag, hmm, könnte schwierig werden. Vielleicht etwas kurzfristig. Ich checke das mal ab und melde mich noch mal, ja?« Dabei höre ich doch, wie ihre Stimme immer höher wird und wie aufgeregt sie gerade atmet. Ich höre ihr Herz durchs Telefon pochen. Auch auf die Gefahr, wie ein eingebildetes Arschloch zu klingen – eigentlich möchte sie mir doch entgegenschreien: »Ja, ich will! Samstag, acht Uhr, passt mir prima, ich freu mich!« Sobald sie aufgelegt hat, wird sie ihre Freundinnen anrufen und nach Herzenslust kreischen: »Ich habe ein Date! Samstag! Yipiiiiiiehhhhh! Mit dem supertroupergeilen Tobias!« Eine Stunde später ruft Nora dann wieder an, versucht, beiläufig zu klingen. Ja, Samstag würde gehen, an was ich denn so gedacht hätte?

Alles Spielchen! Die Mädels halten »Sex and the City« für ein Lernprogramm und nicht für eine Comedy-Serie. Dann stoßen sie einen mitten beim ersten Kuss zurück, obwohl sie doch viel lieber bleiben würden, und verabschieden sich rätselhaft lächelnd in die Nacht! So rätselhaft ist das gar nicht: Sie haben das in irgendeinem Ratgeber gelesen, den sie vor uns verstecken: »Lächeln Sie nach dem Kuss mit einem Hauch von Geheimnis«, steht da, »und verabschieden Sie sich in die Nacht! Besonders wirksam, wenn der Wind dabei eine Haarsträhne in Ihr Gesicht weht!«

Mein Rat: Mädels, hört auf mit den Spielchen! Wir durchschauen sie! Wenn ihr euch verstellt, wirkt ihr nur verkrampft. Ihr haltet das sowieso nicht durch, deswegen könnt ihr besser von Beginn an ihr selbst sein. Wenn ihr euch über eine Verabredung freut, freut euch! Und wenn ihr anrufen wollt, ruft einfach an. Und wenn ihr rummachen wollt, macht mit uns rum. Ja, so einfach ist das. Dann rufen auch wir gerne an, wann immer wir Lust haben, euch anzurufen!

Doro: Ha! Das hat Tobias gesagt? Ist ja unglaublich. Dabei sind Männer doch die geborenen Taktiker. Sie sind ja geradezu Meister darin, Regeln aufzustellen, die ihnen helfen sollen, endlich mal was abzubekommen. Da muss man sich nur mal in sogenannten Pick-up-Blogs im Internet umsehen. Und da geht es nicht um Geländewagen. Da tauschen sich Jungs aus und erfinden ein System, mit dem es möglich sein soll, jede Frau zu verführen. Eine Menge pickeliger Jungs, die noch nie was vor die Flinte bekommen haben, wollen da am Computer lernen, ein Alphatier zu sein. Da empfehlen sie sich dann, immer schön vage zu bleiben und auf die Frage, welchen Beruf sie haben, zu sagen, sie seien Pharao oder Zuhälter, wenn sie in Wirklichkeit auf Lehramt studieren. Sie sagen Sachen wie »Frauen müssen benutzerfreundlicher werden« und meinen das vermutlich auch so. In irgendeinem dieser Pick-up-Foren wurde mal verbreitet, dass man total schnell ans Ziel kommt, wenn man der Frau aus der Hand liest. Plötzlich nahmen alle Männer einem auf Partys die Hand und faselten etwas von Kopflinie und rezeptiver Handfläche. Uhh, jaaa, ich brauche es ganz dringend und ganz sofort, weil mir so ein unsicherer Knabe gerade meine Kopflinie analysiert! Sei kein Nice Guy, leg dir Arschlocheigenschaften zu, dass macht dich Alpha, heißt es da. Und Vorsicht! Die Frauen da draußen versuchen, euch zu »betaisieren«, aber das ist dann nur ein Test. Dazu gibt es auch bizarre selbstverlegte Bücher. Die werden verschwörerisch herumgereicht, als handle es sich um eine Programmschrift der Illuminaten. Also Jungs, wenn ihr Alphatiere werden wollt, ist der Computer dafür der ganz falsche Ort! Knattert mit einer Harley durch Patagonien oder kämpft für Frieden in Afghanistan, aber um Himmels willen, treibt euch nicht in Internet-Foren herum! Als könnte man überhaupt definieren, was ein Alphatier ist. Ist es der Sport-Crack, der Firmenchef, der Getto-Junge mit der größten Klappe? Ist es der nervige Typ in der Kinoreihe vor dir, der die ganze Zeit laut schale Witze reißt? Ich sag euch was: Mein zukünftiger Freund ist kein Marktschreier und auch kein Fußballkapitän und kein Extremsportler und prügelt sich auch nicht. Er hat wahrscheinlich auch keine Harley und wäre nicht der Typ für Afghanistan. Aber er wird gut und beständig erfolgreich in seinem Job sein. Es wird ein freundlicher und verlässlicher Typ sein, und er bleibt cool, wenn es brenzlig wird. Er kann denken und sich ausdrücken und zuhören, er ist gebildet und wird ein guter Vater sein. Er trifft vernünftige Entscheidungen und ist für seine Mitmenschen da. Für mich ist das Alpha. Wenn jemand weiß, wo er steckt, bitte sofort bei mir melden!

Partnersuche als Methode – wie gehe ich damit um?

Wahrheit Nr. 53: Männer durchschauen Taktiken meist sehr schnell, auch wenn sie scheinbar auf sie eingehen.

Frauen haben so viel damit zu tun, Regeln zu befolgen und so zu sein, wie sie denken, dass sie sein müssten, dass sie manchmal starr und angestrengt wirken. »Ich muss mich selten machen. Ich darf nicht zu fordernd wirken. Ich muss sexy sein, aber darf nicht billig wirken.« Sie senden Signale aus, die nicht zu ihrem Ich passen, und geraten so an Männer, die nicht zu ihrem Ich passen.

Doch auch Männer verlassen sich, tief verunsichert von einer neuen, selbstbewussten Frauengeneration, immer weniger auf ihre Instinkte. Ihr Selbstverständnis, ein toller Typ zu sein, ist ins Wanken geraten. Während es Frauen in die Ratgeberecke der Bücherei zieht, suchen Männer im Internet nach Hilfe. Zum Beispiel in den von Doro erwähnten Pick-up-Communitys. Hier unterstützen sich Männer dabei, Frauen zu verführen, und entwickeln dafür eine Methodik. Ihre technische und aus Anglizismen bestehende Sprache wirkt befremdlich. Der Weg soll vom AFC (Average Frustrated Chump, dt. »durchschnittlich frustrierter Trottel«) zum PUA führen, dem Pick-up-Artist, zu Deutsch Verführungskünstler. Die Pick-up-Communitys versuchen, Strategien zur Verführung von Frauen zu entwickeln. Ein Flirtversuch mit einer Frau in der Bowlingbahn ist da ein Outer Game im Field, eine kleine Frechheit ist eine Neg, mit der man Desinteresse heuchelt, um sich interessant zu machen. Und wenn man alles richtig macht, gelingt einem mit etwas Glück ein NC (Number Close, man bekommt die Telefonnummer der Frau) oder ein KC (Kiss Close, man darf küssen). Irgendwann springt dann hoffentlich endlich ein Lay (Geschlechtsverkehr!) raus. Es ist der Versuch, die Annäherung (sorry, den Approach!) ans andere Geschlecht zu rationalisieren, um Ängste und Unsicherheiten zu verbergen. Doro: »Auf mich wirkt das kalt, mathematisch und manipulativ. War Verführung nicht mal Intuition, Spaß, Spiel, Humor und Erotik?«

Tatsächlich wirken die Strategien oft entmenschlicht. Für die Pick-up-Community scheinen Frauen eine furchteinflößende und fremdartige Spezies zu sein. Um vor der zu bestehen, sucht man nach Formeln und Regeln. Das unheimliche, unergründliche, unbekannte Wesen, die Frau, soll begreifbar gemacht werden. Die Strategien und Formeln sind ein Geländer in dem heiklen, unlogischen und unberechenbaren Dickicht der Partnersuche. Die angehenden Verführungskünstler hoffen, durch die Methodik ihre Unsicherheiten in den Griff zu bekommen. Wie daraus Nähe und Echtheit entstehen können, ist mir noch nicht klar, ich will es aber auch nicht ausschließen. Zwar erscheint das alles manchmal holprig, oft hilflos. Die codierte Sprache hat etwas Geheimbündlerisches. Dabei hat sie denselben Zweck wie die sogenannte »ChickLit«, also Unterhaltungsliteratur, in der Frauen selbstironisch ihre Lebenssituation in all ihren Absurditäten beschreiben – sie vermittelt den Geschlechtsgenossen vor allem eines: Du bist nicht allein!

Ob man jedoch durch standardisierte Strategien erreicht, unabhängig, selbstsicher und männlich zu wirken? Man kann sich nicht vorstellen, dass große Verführer wie Erol Flynn, Sean Connery oder Jean-Paul Belmondo jemals ein Regelwerk gelernt hätten. Sicher ist: Nichts wirkt auf andere Menschen so attraktiv wie eine starke Identität, und die Pick-up-Methoden sind immerhin ein Versuch, seine Identität zu finden. Sicher ist auch:

Wahrheit Nr. 54: Versuche, aus Verführung Methode zu machen, gibt es bei beiden Geschlechtern …

Wahrheit Nr. 55: … und schließlich werden wir, was wir üben! Viele Wege führen ans Ziel. Und auch falsche Wege erhöhen die Ortskenntnis.

Die faire Partnersuche

Hier ein paar ganz menschliche Grundsätze, die den Umgang mit Tipps und Regeln zur Partnersuche erleichtern:

1. Jede Information ist positiv. Auch wenn ich weiß, dass ein Tipp nichts für mich ist, ist das schon ein Erkenntnisgewinn. Ich betrachte jeden Tipp als Möglichkeit.
2. Meine neue Strategie harmonisiert mit meinem übrigen Leben und meinen vorhandenen Beziehungen.
3. Ich überprüfe, was positiv daran ist, so wie ich mich jetzt verhalte.
4. Ich überprüfe, ob meine neue Strategie einem meiner Werte widerspricht.
5. Ich gehe davon aus, dass die Menschen in Ordnung sind und nicht kaputt oder verkorkst.
6. Ich will niemanden übervorteilen oder manipulieren.
7. Ich stelle mir vor, wie ich meine neue Strategie anwende. Ich überprüfe, wie ich mich bei der Vorstellung fühle.
8. Ich überprüfe den Vorteil meiner neuen Strategie und werte Rückmeldungen aus.
9. Ich überprüfe, welchen Preis ich für meine neue Strategie zahle. Lohnt sich das?
10. Ich bleibe flexibel: Wenn etwas nicht funktioniert, probiere ich etwas anderes.

»Sie spricht von großer Liebe, doch die ist verheiratet ...«

Jamilo, 40, Cutter, Berlin: Meine gute Freundin Sarah rief an: Es wäre alles ganz dramatisch, wie in einer »griechischen Tragödie«. Sie wolle sich sofort mit mir treffen. Dann sitzt sie da, freudig erregt und leidgeschüttelt zugleich. Sechs Wochen war sie an ihrem neuen Arbeitsplatz, und zwischen ihrem Kollegen B. und ihr hätte es direkt gefunkt. Eine magische Anziehung. Sie haben sich getroffen, Sarah wollte erst nicht, sagte Sachen wie »Das dürfen wir nicht« oder »Das ist falsch!«. Dann stiegen sie in die Kiste. Sarah: »Es war eine Explosion! Es führte uns einfach da hin, es war nicht aufzuhalten!« Denn natürlich gibt es einen kleinen Haken, und wäre es nur der, dass es ein Kollege ist und man mit Kollegen nichts anfängt – dann wäre ja alles noch in bester Ordnung. Doch B. ist verheiratet und hat einen anderthalbjährigen Sohn.

Nun ist Sarah eine gebildete, reflektierte Frau, die ihre Erfahrungen gemacht hat, und nicht nur gute. Man sollte meinen, sie hätte ein paar Lektionen gelernt. Hat sie nicht. Es kam sogar dieser Spruch hier: »Er sagt, es ist was Besonderes mit mir!« Geht es noch schimmer? Ja, geht es! »Er will seine Frau für mich verlassen.« Ich kann es nicht fassen. »Er ist verheiratet! Du wolltest nie wieder etwas mit einem verheirateten Mann anfangen! Würdest du das denn wollen, eine junge Familie zerstören?«, herrsche ich sie an. Und Sarah: »Aber er ist doch nicht glücklich! Er hat mir erzählt, wie er in seiner Ehe leidet. Ich habe das Gefühl, ihn daraus retten zu müssen.« Und dann kam tatsächlich noch das: »Ich glaube, dass wir füreinander bestimmt sind!«

Was soll ich da noch sagen? »O Sarah, das tut mir so leid, das ist ja alles so dramatisch, eine Liebe, die nicht sein darf, wie bei ›Dornenvögel‹ oder ›Fackeln im Sturm‹. Aber die Liebe ist ja eine so starke Kraft, die wird sich ihren Weg suchen und am Ende eines Weges voller Irrungen und Wirrungen siegen!« Nein, das sage ich natürlich nicht! Da ist ein Arschloch mit einer Frau und einem Baby, das skrupellos genug ist, seine Ehe in seinem Haus zu brechen, während Frau und Kind nicht da sind. Ein Typ, der sich also nicht einmal mehr die Mühe macht, ein Motel zu buchen, wie das mal in stilvolleren Zeiten bei schmierigen kleinen Affären üblich war. Der sich dachte: ›Mal sehen, wie lange ich brauche, um die neue kleine Maus im Büro zu knacken.‹ Und Sarah glaubt wirklich, er würde seine Familie verlassen, für sie. Und sie glaubt ihm, dass er noch nie zuvor seine Frau betrogen hat. Wie lernresistent können Frauen sein? Sorry, aber das ist einfach nur noch doof. Ich habe in meinem Leben genug Frauen kennengelernt, die hatten Verehrer, gute Jungs, die aufrichtig an ihnen interessiert waren. Aber die wollten nicht, weil sie es vorzogen, irgendeinem Scheißkerl hinterherzulaufen und sich von ihm demütigen zu lassen, als sich mal auf jemanden einzulassen. Manchmal glaube ich, die wollen lieber leiden als leben. Am schlimmsten sind die Frauen, die denken, sie könnten ein Arschloch ändern. Ich nenne es das Sandra-Bullock-Syndrom. Die nimmt sich einen tätowierten Motorradrocker, der vorher reihenweise Pornodarstellerinnen und Tattoo-Luder belegt hat, erlebt den Sex ihres Lebens und glaubt im Hormontaumel, sie könne als Einzige das Biest plötzlich zähmen und aus ihm einen treuen Familienvater machen. Wir wissen, dass die ganze Geschichte nicht gut endete: Gerade, als die fleißige Sandra auf dem Höhepunkt ihrer Karriere war, wurde sie öffentlich gedemütigt. Sie hat hoffentlich ihre Lektion gelernt. Ein Mann, der sich eine Geliebte nimmt, hat bewiesen, dass er skrupellos genug zum Fremdgehen ist. Er hat es vorher auch schon getan und wird es wieder tun. Ein Arschloch bleibt ein Arschloch.

Sarah, 35, Redakteurin, Potsdam: Ich sehe Jamilo gerade vor mir, wie er dieses »Ich hab es dir ja gleich gesagt«-Gesicht macht. Ja, ja, ist ja gut, du hattest recht, und Mitleid habe ich nicht verdient. Denn eine Überraschung habe ich leider nicht zu berichten. Es ging noch eine Weile so weiter mit mir und B., dann sagte er mir: »Wir dürfen uns nicht mehr treffen. Ich liebe dich, aber ich kann meine Familie nicht im Stich lassen.« Er war dann bei der Arbeit immer betont förmlich zu mir. »Na, reden wir jetzt nur noch über fachliche Belange?«, sagte ich zu ihm, als ich ihn im Kopierraum abfing. »Was soll ich denn machen?«, flüsterte er. »Wir haben keine andere Möglichkeit. Es zerreißt mir das Herz, aber ich muss jetzt stark sein.« Na, und so ein Geschwafel eben. Dann haben wir uns doch noch mal getroffen, dann war er wieder abweisend, dann sagte er wieder, er müsse nur an mich denken, dann ging er mir wieder aus dem Weg. Gefühls-Pingpong eben. Ich glaube, Jamilo hatte recht. Ich bin uninteressant geworden, nachdem er mich nun hatte. Ihn jeden Tag bei der Arbeit zu sehen macht die Sache für mich nicht leichter. Und ich sage mir einmal mehr: Nie wieder einen Mann in einer festen Beziehung. Nie wieder – und das bedeutet diesmal nicht: bis zum nächsten Mal. Du hast mein Wort, Jamilo!

Warum Liebesleid süchtig machen kann

Wahrheit Nr. 56: Liebe wirkt wie Kokain! Auch die unglückliche Liebe.

Hirnforscher des Albert Einstein College of Medicine in New York quälten 15 unglückliche Probanden, die kurz zuvor verlassen worden waren. Sie mussten sich Fotos ihrer Verflossenen ansehen, während ihre Hirntätigkeit überprüft wurde. Erstaunlicherweise wurde durch das Betrachten der Bilder das Belohnungszentrum im Hirn stimuliert und das Glückshormon Dopamin ausgeschüttet. Die Neurologin Lucy Brown: »Romantische Liebe ist anscheinend unter glücklichen als auch unter unglücklichen Umständen eine natürliche Sucht!«

Mir fällt ein von seinem Freund verlassener Bekannter ein, der sich beharrlich weigert, weniger zu leiden. »Es ist schlimmer geworden, viel schlimmer«, beteuert er, wenn ich vorsichtig frage, ob die Zeit inzwischen wohl ein paar Wunden geheilt hat. Als habe er zwar seinen Freund verloren, aber wolle sich wenigstens sein Leid nicht nehmen lassen. Wir alle kennen die Schmerzlust, die uns bei Liebeskummer befällt. Traurige Songs, die sonst im Radio an uns vorbeidudelten, wirken dann so auf uns, als wären sie speziell für uns geschrieben worden. Liebesleid ist eine intensive Erfahrung. Sie macht unseren Alltag bedeutungsschwer.

Ein Grund, warum viele sich in jemanden verlieben, obwohl von vornherein feststeht, dass diese Liebe unglücklich verlaufen wird?

Wahrheit Nr. 57: Man kann sich ins Leiden verlieben, denn es ist ein intensives Gefühl.

Lieben aber bedeutet, einen Menschen um sich zu haben, und der kann manchmal ganz schön nerven. Er klappt den Klodeckel nicht runter und gackert vor schrecklichen TV-Sendungen und hat befremdliche Essgewohnheiten. Er hat Ansprüche und Erwartungen, die sich nicht immer mit unseren decken.

»Vor dem Ankommen wird gewarnt«, lautet eine Polemik des Kommunikationsforschers Paul Watzlawick. Er stellt fest, dass das Glück selten im Ziel liegt. Also suchen sich viele Menschen statt erreichbarer kleiner Ziele, denen sie schrittweise näher kommen, ein Ziel, das so unerreichbar ist, dass man sich gar nicht erst die Mühe machen muss, es überhaupt anzugehen: »Das noch unerreichte Ziel ist – so scheint es der Schöpfer unserer Welt zu wollen – begehrenswerter, romantischer, verklärter, als es das erreichte je sein kann«, schreibt Watzlawick.

Wie Sie sich für Ihr Glück entscheiden

Ich möchte im Fall von Sarah nicht von Schuld reden, auch wenn ein Mensch, die Frau ihres Geliebten, hintergangen wurde. Schuldgefühle sind unnütz. Ein reif handelnder Mensch braucht keine solche Inquisitionsmaßnahme, die ihn vor bestimmten Handlungen bewahrt. Schuldgefühle sind zwanghaftes Denken, das nur zu neuem Leid führt. Unbewusste Schuldgefühle können der Grund dafür sein, warum manche sich in einer Art Selbstbestrafung nur dann erlauben zu lieben, wenn sie dabei auch leiden.

Klüger, als Schuldgefühle zu haben, ist es, den Weg einer sinnvollen Lebensführung einzuschlagen und sich so zu wertschätzen, dass man sagt: »Ja, ich habe eine erfüllte Liebe verdient. Ich habe es verdient, dass ich gut behandelt werde.« Es ist letztlich eine Frage der Selbstachtung. Sarah spricht von ihrer Liebe, als sei sie ihr passiert, als sei sie die passive Protagonistin in einer Tragödie. Doch:

👑 **Wahrheit Nr. 58:** Lieben passieren nicht, wir entscheiden uns für sie.

Wir können uns auf etwas einlassen oder auch nicht. Wenn wir uns dafür entscheiden, eine Affäre zu beginnen, die von Anfang an aussichtslos ist, müssen wir auch die Verantwortung dafür übernehmen und dürfen sie nicht Schicksalsmächten zuschreiben. Und wir müssen die Konsequenzen tragen. Statt an Schuldgefühlen zu leiden, können wir besser unsere Entscheidungen hinterfragen.

Warum begehre ich einen Menschen in einer festen Beziehung oder einen, der meine Gefühle nicht erwidert? Welche unerfüllten Sehnsüchte stecken dahinter, welche Ängste vor einer wirklichen Partnerschaft? Handelt es sich um eine Vermeidungsstrategie? Ist es möglich, diese Sehnsüchte auch auf eine andere Weise zu erfüllen? Wir kommen nicht weiter, wenn wir uns sagen: »Ich darf diesen Mann nicht begehren« oder »Ich muss aufhören, ihn zu treffen«. Unser Gehirn kennt keine Verneinung, ein »Ich darf nicht« ist gleichbedeutend mit »Ich will unbedingt!« Wirkungsvoller ist es, wenn wir uns sagen: »Es ist besser, mich nach jemandem umzusehen, mit dem ich eine Zukunft habe. Ich verdiene es, glücklich zu sein.«

»›Woran denkst du?‹
Sie will reden, reden, reden«

Chris: Ich habe folgende Anekdote gehört: Ein Typ macht mit seiner Freundin rum, entblättert sie. Er ist schon ganz heiß, doch plötzlich sagt sie: »Ach Hase, mir ist jetzt nicht nach Sex, ich möchte, dass du mich einfach mal nur umarmst und wir uns dann mal so richtig unterhalten.« Am nächsten Tag sind sie im Einkaufscenter, sie sieht tolle Kleider, dazu passende Schuhe. »Wie findest du das?«, jauchzt sie, und er sagt: »Steht dir super, solltest du nehmen!« Sie findet immer noch etwas anderes, er hält den Daumen hoch, und an der Kasse stapeln sich ihre zurückgelegten Sachen. »So, jetzt gehen wir aber mal«, flötet sie schließlich erschöpft, aber glücklich. »Hase, du hast die Kreditkarte?« Daraufhin sagt er: »Ach Häsin, mir ist jetzt nicht nach Bezahlen. Ich möchte, dass du mich einfach nur umarmst und wir uns dann mal so richtig unterhalten.«

Lustig, gell? In den unpassendsten Momenten wollen die Girls nämlich, dass man über seine Gefühle redet. »Sag doch auch mal was!«, heißt es dann, oder: »Liebst du mich noch?« oder »Was empfindest du gerade?« oder »Woran denkst du?« Wehe, man ist ehrlich und gibt Antworten wie »Kennst du nicht!«, »Daran, wie schön du früher warst«, »Ans Auswandern« oder »Wie geil es auch als Single war«. Oder man würde auf die Frage »Sag mal, Schatz, findest du, dass ich zugenommen habe?« antworten »Na ja, was mir aufgefallen ist, du bekommst diese Bingo Wings, du weißt schon, wie alte Frauen, die Bingo spielen und bei einem Treffer mit ihrer Spielkarte in der Luft wedeln, und dann wackelt die Unterseite vom Oberarm wie ein Hühnerflügel«. Was dann los wäre – die Hölle wäre gegen dieses Inferno eine Wellness-Landschaft! Denn Ehrlichkeit ist nicht das, was die Mädels wollen, sondern Bestätigung. Auch Klara möchte reden, reden, reden. Natürlich am liebsten dann, wenn ich Sport gucke, eine Runde Egoshooter spiele oder mir »Six Feet Under« angucke. Ich sage dann: »Geliebtes Dingsbums, ich gucke gleich ›Six Feet Under‹, gibt es noch irgendetwas, was du mir vorher mitteilen möchtest?« Gibt es nicht. Es fällt ihr dann alles ein, wenn ich gerade mitten in der Folge stecke! Einmal schlug sie, als ich schon ziemlich müde war, einen Themenkreis auf. Ich sagte: »Müssen wir wirklich wieder über unsere Gefühle reden?« Und sie sagte allen Ernstes: »Ach komm, das wird bestimmt lustig!«

Klara: Gott gab den Menschen das Wort, damit wir nicht wie stumpfes Vieh nebeneinander herleben! Am besten, ich geb Chris mal eine Liste möglicher Antworten auf die Frage, woran er denkt, etwa: »An den Augenblick, als ich dich das erste Mal sah« oder »Daran, dass ich immer noch verliebt in dich bin wie am ersten Tag« oder »Daran, wie aufgeschmissen ich ohne dich wäre!« oder »Deine Augen schimmern wie ein Paar vom Himmel gefallener Sterne«. Das ist doch nicht so schwer! Im Ernst, zusammen zu sein bedeutet doch auch, dass man sich austauscht, dass man sich erzählt, was einen bewegt. Nicht nur schweigend Mahlzeiten einzunehmen, was im Fernsehen zu gucken und später dann vielleicht ein Beischlaf. Das ist mir zu wenig. Wenn wir auf einer Party sind, kann er plappern und von sich erzählen, kein Problem. Aber zu Hause: das große Schweigen.

»Alles heißt, hat seinen Namen, will bestimmt sein. Wörter nageln jeden Gegenstand, plappern jeglichen Blödsinn nach, züngeln, werden gemischt zu Salat, sind, weil geheiligt und gezählt, die sieben Worte am Kreuz.«

Ein grimmiger Günter Grass in »Grimms Wörter«, der offensichtlich Vorbehalte gegen zu viele Wörter hat, es sei denn, es sind seine eigenen.

Warum für SIE Schweigen niemals Gold ist

Hinter Fragen wie »Liebst du mich noch?« oder »Findest du mich zu dick?« steckt der Zweifel. Zweifel zermürbt jedoch das Fundament einer Beziehung. Fragen des Zweifelns sind für Argumente nicht zugänglich. Zweifelnde Fragen lassen nur eine einzige Antwort zu, nämlich die beschwichtigende: »Klar liebe ich dich noch.« Klara schlug scherzhaft vor, eine Liste mit Antworten vorzufertigen. Doch genau das schätzen Männer gar nicht. Sie hassen es, keine Wahl zu haben. Sie wissen aber auch, dass ein offenes »Nun, die Liebe verändert sich selbstverständlich, aber ich glaube schon, dass sie noch da ist« ein Drama zur Folge hätte. Aber auch durch die erwünschte Antwort – »Ich liebe dich jeden Tag mehr« – sind Zweifel längst nicht aus dem Weg geräumt. »Das sagst du doch nur so«, heißt es dann oft. Stehen Zweifel im Raum, ist Entspannung nicht möglich.

Was aber können wir tun mit unserem Zweifel? Sind wir von einem Zweifel bestimmt, hilft es, sich an Situationen zu erinnern, in denen wir großes Vertrauen spürten. Wie waren die Bedingungen in dieser Situation? Was brauchen wir, um zu vertrauen? Wie war unser Körpergefühl? Welche Farbintensität hat unsere Erinnerung? Was spüren, was riechen wir? Und weiter: Was ist jetzt anders? Was führt zum Zweifel? Was sind seine Ursprünge?
So können Sie Ihren Zweifel besser kennenlernen. Sie können ihn registrieren, müssen sich aber nicht mehr mit ihm identifizieren. Sie können ihn dann leichter beiseitelegen und den Gedankenstrom stoppen, den der Zweifel verursacht.

Chris: Für mich ist es schlimm, wenn sie jeden Zweifel über unsere Liebe direkt mitteilt. Wenn sie mal nicht so gut drauf ist, sagt sie Sachen wie: ›Ich weiß nicht, ob wir das alles schaffen‹ oder ›Manchmal wünsche ich mir, noch mal ins Ausland zu gehen‹ oder ›Ich bin mir nicht sicher, ob du gefestigt genug bist für eine richtige Beziehung‹. Später ist sie wieder besserer Stimmung und sagt, wie glücklich sie mit mir ist. Aber ich kann da gar nicht so springen, ich bin dann noch zu verstört von dem, was sie morgens gesagt hat. Ich kann das nicht so schnell wegwischen. Mir wäre es lieber, sie würde Zweifel, wie sie jeder zwischendurch hat, erst mal mit sich selbst ausmachen und mir nicht jede Assoziation ungefiltert mitteilen.

Klara jedoch sagt, dass genau Chris' Art, mit seinen Zweifeln umzugehen, sie verunsichert: »Er sitzt dann da und grübelt, und ich weiß nicht, was los ist, und komme gar nicht an ihn heran.« Sie fühlt sich dadurch isoliert und versucht, durch Kommunikation die Verbindung wiederherzustellen – und feuert ungeliebte Fragen, wie »Was ist los mit dir?« oder »Woran denkst du?«, ab. Damit erreicht sie jedoch das Gegenteil; Chris zieht sich dann noch mehr zurück. Das wiederum führt dazu, dass sie ihre Bemühungen noch verstärkt und mehr oder weniger offensiv mit Maßnahmen droht, falls er nicht bereit ist, sein Schneckenhaus zu verlassen. Wenn daraus ein handfester Streit entsteht, schätzt Klara die Wirkung ihrer Worte als weit weniger verletzend ein, als sie für Chris tatsächlich ist, weil sie selbst sich nämlich paradoxerweise besonders durch Schweigen verletzt fühlt.

Beziehungsaspekt versus Aufmerksamkeit

Frauen gelten seit jeher als das geschwätzigere Geschlecht. Mit Knebel- oder Prangerstrafen wurden in brutaleren Zeiten Frauen gepeinigt, denen man Redseligkeit nachsagte.

Untersuchungen haben ergeben, dass Frauen tatsächlich 23 000 Wörter am Tag sprechen, Männer nur 10 000. Eine andere Untersuchung fand jedoch heraus, dass einzelne Gesprächsbeiträge von Männern im Berufsleben, etwa bei Konferenzen, 10 bis 17 Sekunden dauerten, die von Frauen nur 3 bis 10 Sekunden. Im öffentlichen Raum sind Männer also gesprächiger.

♛ **Wahrheit Nr. 59**: Männer legen bei ihren Botschaften den Schwerpunkt auf den Sachaspekt. Sie fühlen sich unwohl, wenn es um den Beziehungsaspekt geht, wenn sie also darüber reden sollen, wie sie zu einer anderen Person stehen. Auch fällt es ihnen schwerer, darüber zu reden, was in ihrem Inneren vorgeht (Ausdrucksaspekt).

Frauen sind beim **Ausdrucks- und Beziehungsaspekt** viel eher in ihrem Metier, für sie dienen diese Aspekte der Kommunikation dazu, Gemeinschaft herzustellen. Es fällt ihnen daher viel leichter, über Erfahrungen, Ängste und Probleme zu reden und ihre Gefühle auszudrücken. Durch eine solche Sprache stellen sie Gemeinsamkeit fest, was durch Redewendungen wie »Das kenn ich auch« oder »Ich weiß, was du meinst« eingeleitet werden kann.

Männern geht es dagegen eher um **Aufmerksamkeit**. Sie fühlen sich daher auch wohler, wenn sie in größeren Gruppen sprechen oder vor Leuten, die sie nicht gut kennen. Sie glauben, dass es bei einem Gespräch vor allem auf Fakten ankommt. Gespräche über abstrakte Angelegenheiten wie Probleme oder Ängste sind ihnen nicht geheuer: Es erinnert sie daran, dass sie sich oft hilflos fühlen, und Männer mögen nicht gern an hilflose Momente erinnert werden. Sie fürchten, zum Unterlegenen zu werden, wenn sie Schwäche zeigen, und haben Angst, dass alles, was sie sagen, gegen sie verwendet werden kann.

Das deckt sich mit Klaras Beobachtung, dass Chris auf der Party noch redselig war, in den eigenen vier Wänden aber verstummte. Für Frauen ist der häusliche Bereich der Ort, an dem ihr Gesprächsbedürfnis am größten ist, denn hier sind die Menschen, denen sie am nächsten sind. Für Männer dagegen ist das Zuhause der Ort, an dem sie sich endlich mal nicht beweisen und um Aufmerksamkeit kämpfen müssen, an dem sie also endlich mal nicht reden müssen. Die Soziolinguistin Deborah Tannen kommt zu dem Schluss: »Die häusliche Schweigsamkeit des Mannes ist eine Enttäuschung für die Frau.« Sie berichtet, Frauen würden sich immer wieder wie folgt beklagen: »Allen möglichen Leuten erzählt er alles Mögliche, nur mir erzählt er gar nichts.« Männer reagieren dann wiederum verunsichert: Sie merken, ihre Frau enttäuscht zu haben, wissen aber nicht, wodurch.

Für Männer bedeutet ein Gespräch Austausch von Informationen, für die Frau Verbundenheit. Dass Klara gerade dann Gesprächsbedarf anmeldet, wenn er Zeitung lesen oder eine Serie anschauen möchte, ist kein Zufall. Sie will die Verbundenheit aufrechterhalten. Je mehr er sich zurückzieht, umso größer ist ihr Bedürfnis, wieder mit ihm in Kontakt zu treten. Er fühlt sich seiner Handlungsfreiheit beraubt und weicht zunehmend dem Druck aus, reden zu müssen: Er sucht sich immer mehr Rückzugsgebiete, knurrt: »Wen man zu Hause nicht mal mehr in Ruhe die Zeitung lesen kann ...« und liest im Café weiter. Sie sieht in seinem Rückzug umso mehr einen Ausdruck mangelnder Intimität und will diesen Mangel tilgen, indem sie erst recht das Gespräch sucht, sobald er zurückkehrt.

Um den Konflikt zu lösen, müssen beide Seiten Zugeständnisse machen. ER kann die positive Absicht hinter dem Gesprächsbedarf erkennen: Sie will dadurch Nähe schaffen, ist bemüht um ihn. So muss er es nicht immer als Einschränkung seiner Handlungsfreiheit ansehen, wenn SIE ihm ein paar Fragen stellt.

Umgekehrt:

Wahrheit Nr. 60: SIE muss nicht immer eine Zurückweisung oder eine Gefährdung ihrer Beziehung vermuten, wenn ihr Prinz seine Ruhe haben will. Und SIE darf sein Schweigen über sein Innenleben nicht als Vertrauensentzug deuten.

Wenn IHR Informationen vorenthalten werden, darf sie nicht gleich glauben, dass ihr die für sie lebenswichtige Nähe entzogen wird.

ER wiederum muss erkennen, dass auch negative Gefühle oder Zweifel ausgesprochen werden können, ohne dass es eine nachhaltige Zerrüttung zur Folge hat. Ebenso kann ER lernen, dass es ihn nicht in eine unterlegene Position bringt, wenn er über eine Schwäche spricht.

SIE wiederum kann erkennen, dass Worte ein stärkeres Gewicht besitzen als Gedanken und dass es besser ist, nicht jeden Impuls auszusprechen.

Und es ist sehr wohl möglich, mit einem Mann über Gefühle zu sprechen. Es ist jedoch besser, ihn nicht damit zu überrumpeln, sondern ihn darauf vorzubereiten. Dann hat er Zeit, aus diffusen Gefühlen Worte und damit Tatsachen werden zu lassen. Denn Männer leiden auch – sie weinen eben nur heimlich. Viele Frauen wollen zwar selbst Spannungen abbauen, indem sie über Gefühle reden – übersehen aber, dass der Partner gar nicht aufnahmebereit ist. Eine Vorbereitungszeit, ein Innehalten, hilft beiden, zunächst mit sich ins Reine zu kommen und innere Konflikte zu lösen.

Spricht der Mann dann, darf er nicht das Gefühl haben, in eine Lose-lose-Situation geraten zu sein, so wie Sascha es wahrnimmt: *»Wenn ich nichts sage, wirft sie mir vor, ich sei unfähig oder unwillig, über meine Gefühle zu reden. Wenn ich etwas sage, dreht sie mir einen Strick daraus. Eine Diskussion mit einer Frau kannst du nicht gewinnen, da halte ich lieber gleich die Fresse.«* Deswegen ist es wichtig, die Äußerungen des Partners zunächst versuchen zu verstehen und zu akzeptieren, auch wenn es nicht das ist, was wir hören wollten.

Wie Sie Zweifel mit sich selbst ausmachen

Gelassen mit Zweifeln umgehen, ohne gleich Gesprächsbedarf anzumelden – das können wir wieder einmal von den Buddhisten lernen. Der wichtigste Schritt ist, den ständigen Wandel zu akzeptieren. Wir sehen ihn überall, in der Natur, auf dem Friedhof, im Wechsel der Jahreszeiten. Wir sind Teil eines ständigen Flusses, in dem nichts so bleibt, wie es ist. Auch unsere Attraktivität nicht, auch die Liebe nicht. Wir können diesen Wandel nicht kontrollieren. Wir können ihn jedoch akzeptieren. Wenn wir uns der Unbeständigkeit aller Erscheinungen bewusst sind, werden wir gelassener. Fragen des Zweifels stellen sich dann gar nicht mehr.

Eine Hilfe ist es, bewusst über die Vergänglichkeit zu meditieren. Die Menschen, die wir lieben, werden nicht ewig in unserem Leben bleiben. Wir können versuchen, unsere innere Ruhe von dieser Liebe unabhängig zu machen. So können wir auch lieben, ohne unsere Liebe an den Wunsch zu koppeln, geliebt zu werden. Ohne die nervige, zweifelnde Frage zu stellen – »Liebst du mich noch?« –, die schon dazu geführt hat, dass so mancher Prinz sich mit seinem

Gaul aus dem Staub machte und nie wieder etwas von sich hören ließ. Nach buddhistischen Maßstäben handelt es sich bei der Liebe, die keine Gegenleistung verlangt, um eine reifere, umfassendere Art der Liebe.

👑 **Wahrheit Nr. 61:** Wenn Sie es schaffen, Ihre Zweifel nicht allzu ernst zu nehmen, wird Ihre Liebe zu Ihrem Prinzen umso sicherer.

»Ich soll sein: Sex-Hengst, Super-Daddy, Kuschelbär und Therapeut«

Mick: Bei einem Mädelsabend mal aus dem Nebenzimmer ein bisschen zu lauschen ist speziell aufschlussreich. Veras nervigste Freundin Doro sagte zu Vanessa: »Süße, dein Mann, der ist ja ein Traum. Hab ihn letztens mit eurem Kleinen im Park gesehen, als ich da zwischen zwei Terminen mein Sushi to go aß. Euer Kleiner war überzeugt, dass sein Pa ein Indianerpferd ist, und wie geduldig dein Florian wiehernd auf allen vieren durch den Park galoppierte, der Kleine auf seinem Rücken ...« Vanessa: »Ja, er hat mir erzählt, dass er dich getroffen hat. Du hättest dich geweigert, ein Pferd des feindlichen Apachenstammes zu spielen ...« Doro: »Schätzchen, ich trug Chanel! So etwas beobachte ich lieber aus sicherer Entfernung. Aber aus der war das wahnsinnig niedlich anzusehen. Diese modernen Väter! Mein Vater hat mich erst bemerkt, als ich mit zehn Jahren zum ersten Mal laut Musik auflegte, und zwar ›Do You Really Want To Hurt

Me‹ von Boy George. Er kam in mein Zimmer und brüllte: ›Leiser! Und – wer bist du überhaupt?‹«

»Ja«, sagte Vanessa, »Florian ist ein schrecklich lieber, ganz engagierter Papa. Die Vaterzeit macht ihm viel Spaß.« »Toll, dass so viele Väter die Elternzeit in Anspruch nehmen«, sagte Vera, die weiß, dass ich immer zur Arbeit flüchte, um dem Kinderchaos zu Hause zu entkommen und eine komplizierte OP im Krankenhaus für mich Erholung bedeutet nach einem Familiensonntag zu Hause. »Ja, tolle Sache, stoßen wir an auf Ursula von der Leyen!«, sagte Vanessa. »Florian ist tatsächlich einer dieser Latte-macchiato-Daddys! Wow! Ich Glückliche!« »Blinkte da gerade die Sarkasmus-Lampe?«, fragte Doro. »Sarkasmus? Sarkastisch kann ich gar nicht ...« »Was gefällt dir an der ganzen Sache nicht?«, bohrte Doro nach. »Es gefällt mir sogar sehr. Es ist nur ...« Vanessa atmete schwer. »Was?« »Nun, es ist schon eine Umstellung.« »Inwiefern?« »Na ja, als ich Florian kennenlernte, fuhr er Motorrad. Jetzt fährt er Kinderwagen.« »Und das findest du nicht sexy«, brachte Doro es auf den Punkt. Vanessa stammelte rum, seufzte dann: »Wenn ich von der Arbeit komme und Florian hat Brei auf dem T-Shirt und erzählt mir mit leuchtenden Augen, dass der Sohnemann sich jetzt immer meldet, wenn er groß muss, und wie toll es beim Vater-Kind-Yoga war, dann ist nicht mein erster Gedanke ... ihm die Klamotten vom Leib zu reißen und mit ihm zu schlafen ...« »Ach, Süße ...«, seufzte Doro verständnisvoll – sie redet seit »Sex and The City« alle Frauen grundsätzlich mit Süße an und würde vermutlich auch bei der Queen keine Ausnahme machen. Ich hörte, wie sie Prosecco nachschüttete. Und mir schien es, als schwang auch ein bisschen Erleichterung in Dorotheas Stimme mit, denn einen Super-Daddy und Super-Hengst zugleich an der Seite zu haben, das wäre doch ein bisschen mehr Glück, als man auch bei seinen süßesten Freundinnen ertragen kann.

Ich fragte mich währenddessen, wie durchgeknallt die Girls sind. Jahrzehntelang haben sie auf uns eingewirkt, bis wir endlich im Haushalt helfen, über Gefühle reden, unsere schmerzhaften Kindheitserlebnisse töpfern, die Körperhaare trimmen, auf Mode Wert legen, uns an »Desperate Housewives« und sogar »Gossip Girl« gewöhnen, dem Baby die Windeln wechseln. Und jetzt haben sie die Geister, die sie riefen, und sind damit auch wieder nicht zufrieden. Wir sollen eben alles auf einmal sein: Ich merke es ja selbst. Ich soll Karriere als Arzt machen und schön Geld ranschaffen, ich soll mit den Kids ein Baumhaus bauen und Kinderkotze wegwischen, ich soll mit Vera nächtelang ihr schwieriges Verhältnis zu ihren Schwestern aufarbeiten, ich soll mit ihr feiern gehen und ihre Freundin Doro lustig finden und mir von ihrer bizarren Schwester Irina die besten Passagen aus dem Tschechow-Drama »Drei Schwestern« vorlesen lassen – mitten in der Nacht. Ich soll kochen und die Küche danach auch selbst aufräumen, und dann soll ich sie bitte so wie damals packen und spontan auf dem Küchentisch nehmen. Ich kann nicht alles auf einmal sein, Daddy, Kumpel, Therapeut, Ehemann, Geliebter ... Ich bin erschöpft! Ich brauche eine Pause! Ich weiß nicht mehr, wer ich bin! Napoleon? Halten sich Verrückte heutzutage überhaupt noch für Napoleon?

Markus: Es stimmt, was Mick gesagt hat, Frauen haben einfach übergroße Erwartungen an Männer. Und es sind Erwartungen, die sich widersprechen. Und ganz schnell werten sie einen ab. Schon ein zögerlicher Blick oder einmal Stottern, und sie denken, man wäre nicht Alphatier genug. Gita war vor mir mit einem Typen zusammen, der war, wenn ihr mich fragt, ein echter Assi. Aber bestimmt konnte er auch mal gut die Fäuste schwingen. Ich kann das nicht, und als es letztens zu einer Rempelei in der Altstadt kam, bin ich der Sache aus dem Weg gegangen. Ich glaube, Gita hätte es ganz gerne gesehen, wenn ich dem Typen eine gezimmert hätte. Aber nun hat sie mit mir ein Akademiker-Weichei. Dafür verstehe ich ihre Gefühle und gehe mit ihr ins Theater und auf Kunstausstellungen. Genauso erwarten Frauen von ihrem Mann, dass er topgepflegt ist. Aber wenn er länger im Bad braucht als sie selbst, finden sie das auch wieder nicht sexy. Aber wo pflegt sich der gepflegte Mann? Im Bad. Er wacht ja nicht gepflegt auf. Bei Gita ist es ganz extrem, sie ist Modedesignerin und hängt immer mit Schwulis ab. Schwulis darf man natürlich nicht sagen, da wird sie sauer. Und verglichen mit ihren Schwulis, laufe ich für sie eben rum wie der letzte Hänger. Überhaupt ihre schwulen Freunde, manchmal gehen die mir echt auf die Nerven. Und da hat Gita mir letztens vorgeworfen, ich sei schwulenfeindlich. Bin ich nicht, sagte ich, ich hatte nämlich selbst schon mal was mit einem Mann. Das war dann aber auch nichts, da war ich ihr ein wenig zu tolerant. Man kann es ihr nicht recht machen.

Vera: Da seht ihr mal, welche Rollen wir Frauen seit jeher alle gleichzeitig spielen müssen! Seit jeher sollen wir eine Heilige sein, und wenn wir dann tatsächlich mit Heiligenschein herumlaufen, wollt ihr nicht mit uns schlafen. Zum Sex müssen wir uns nämlich dann bitte schön wieder in ein verdorbenes Flittchen verwandeln. Dann wieder sollen wir eure Mami sein und die Mami für eure Lendenfrüchte. Mit Mami wollt ihr aber auch wieder nicht so gerne schlafen. Und natürlich sollen wir auch ein dufter Kumpel sein, mit dem man auch mal ein Bier zischt und der richtig reinhaut beim Essen. Ist ja auch okay, denn nicht auf die Rolle der Sexgöttin festgelegt zu sein erlaubt mir auch, mal im ollen

Pyjama durch die Wohnung zu schlurfen. So viel Kumpel, dass ich mir YouPorn-Videos mit ihm anschaue oder ihm für einen besonders herzhaften Rülpser Anerkennung schenke, möchte ich dann aber doch nicht sein. Und beim Ausgehen sollen wir uns dann zu einer glamourösen Grazie aufmotzen, für die euch alle bewundern. Ja, es ist nicht leicht. Ich bin auch erschöpft. Aber warum solltet ihr es leichter haben?

Ein Prinz völlig von der Rolle – wie der neue Mann verwirrt

Im zweiten Kinofilm von »Sex And The City« hat Carrie ihren Mister Big eigentlich da, wo sie ihn immer haben wollte: Er ist ihr treuer Ehemann, lässt ihr riesige Schuhschränke bauen und sieht mit ihr im Bett Schwarzweißfilme – ein Traum wurde wahr! Und Carrie? Statt sich ständig zu kneifen, ob das denn alles wirklich echt ist, nachdem sie so lange unglücklich durch Manhattan stöckelte – sie ist unzufrieden, dass ihr Mister Big den alten Biss verloren hat. Sie langweilt sich! Vor dem Ankommen wird gewarnt:

Wahrheit Nr. 62: Frauen sind manchmal von der Version ihres Prinzen, an der sie gearbeitet haben, gar nicht mehr begeistert.

Manche Frauen wollen einerseits einen wilden Draufgänger zum Partner, andererseits einen treusorgenden Familienvater – und gehen bei der Partnersuche leer aus, weil es niemanden geben kann, der diese Kriterien gleichzeitig erfüllt. Oder sie tragen diesen Doppelwunsch an ihren jetzigen Partner heran: Er soll sich genauso um

Kinder und Haushalt kümmern wie sie und liebevoll und treusorgend sein, bei der Arbeit aber Biss zeigen und Karriere machen. Zärtlich soll er sein und natürlich noch ein heißblütiger Lover. Der darf seine leidenschaftliche Libido aber nur bei ihr ausleben und keinen Blick für andere Frauen haben. Er soll sie bedienen, aber nicht ihr Diener sein, er soll dominant sein, aber sie nicht unterdrücken. Manche Frauen wollen Softie und Macho zugleich, je nach Situation, als ob sich das per Fernbedienung umstellen ließe.

Gerade nach außen stark wirkende Frauen überraschen oft mit Aussagen, dass sie sich die althergebrachte und lang bekämpfte Rollenverteilung zwischen den Männern zurückwünschen. Beispiel Sharon Stone. Sie steht für eine kraftvolle weibliche Sexualität. Man könnte sie als »Powerfrau« bezeichnen, wenn das Wort nicht so abgedroschen wäre: Ohne berühmte Eltern oder Männer an ihrer Seite schaffte sie es ganz nach oben. Ihre beiden Adoptivkinder zog die Hollywood-Diva meist alleine groß. Doch sie, die nie das typische Weibchen war, vermisst nun, wo sie alles hat außer einen Ehemann, althergebrachte Rollenverteilungen: »Heute verhalten sich Männer wie Frauen, da ist es schwierig, eine Beziehung zu führen, weil ich eher Männer der alten Schule mag.« Damit verallgemeinert sie nicht nur und bleibt vage – was ist ein Mann der alten Schule, was macht einen Mann oder eine Frau überhaupt aus? –, sondern gibt auch die Verantwortung für ihr Alleinsein ab: Die verweichlichten Männer sind schuld. Auch meine gute Freundin Ina, die auf Männer kühl, unabhängig und eher dominant wirkt, verblüffte mich der Aussage: »Ich will einen Mann, der mir sagt, wo es langgeht.« Sie hat zwar den diffusen Wunsch nach einem starken Mann, will beschützt werden – aber so wie ich sie kenne, will sie am Ende eben doch ihren eigenen Kopf durchsetzen.

Wahrheit Nr. 63: Die vielen widersprüchlichen Rollen, die ihm angedacht werden, verwirren den Prinzen.

Warum flexible Rollen der Liebe guttun

Ich glaube fest, dass eine gesunde, reife und moderne Partnerschaft nur auf der Basis von **Symmetrie** bestehen kann. Dabei raufen sich zwei erwachsene Menschen mit ihren unterschiedlichen Bedürfnissen und Rollen zusammen – im Gegensatz zur komplementären Beziehung, in der beispielsweise einer den Ton angibt und der andere sich fügt. »Ich will dich doch glücklich machen«, sagt der eine Partner in der komplementären Beziehung und meint damit: Alleine schaffst du es nicht! Der vermeintlich Starke entlarvt sich aber selbst als schwach, da er einen schwachen Gegenpart braucht, um sich stark fühlen zu können. Solche Gefüge brechen auseinander, sobald der Schwächere sich weiterentwickelt.

Symmetrie dagegen ist ein fortlaufender und spannender Prozess. Die Gleichheit muss ständig neu verhandelt werden. Innerhalb der gesunden symmetrischen Beziehung ist aber durchaus Raum für komplementäre Verhaltensmuster: Mal kann der eine etwas besser, mal der andere. Mal sucht der eine Schutz und Trost, mal der andere. Genauso wie es eben manchmal Konflikte gibt und manchmal Harmonie herrscht. Die Rollen sind flexibel, jeder ist auch zur Gegenrolle fähig. Im Fall von Florian und Vanessa heißt das: Florian, gerade in Elternzeit, wird sich wohl nicht auf die Rolle des Hausmanns festnageln lassen. Dass er sich gerade um Kind und Haushalt kümmert, heißt nicht, dass er eine unterlegene Position annimmt. Dass er einen Kinderwagen schiebt, heißt nicht, dass er nicht bald auch wieder mit dem Motorrad durch die Gegen knattern wird. Vanessas leisen Sarkasmus unter Freundinnen halte ich für Ausdruck von Konfusion, die angesichts der erweiterten Rollen von Mann und Frau aufkommt. Das Alte funktioniert nicht mehr, und das Neue ist noch ein wenig verwirrend.

Wahrheit Nr. 64: Die Geschlechterrollen sind komplexer geworden – das macht unser Leben vielfältiger.

»Sie macht mir immerzu Vorwürfe und nörgelt an mir herum«

Mick: Warum ich mich bei den ganzen Mädels, mit denen ich mich getroffen habe, irgendwann nicht mehr gemeldet habe? Weil immer der Zeitpunkt kam, an denen sie nur noch an mir herumkritisierten. War ich einkaufen, brachte ich den falschen Wein mit. Machte ich ein Geschenk, war das nicht richtig. Habe ich gekocht, hab ich ihre Essgewohnheiten ignoriert (kein Fleisch, keine Laktose, keine Kohlenhydrate, keine Kalorien, irgendwas ist ja immer). Waren wir aus, habe ich für ihren Geschmack zu viel getrunken. Dann der Ärger, wenn ich eine Verabredung oder einen Geburtstag vergessen hatte und nicht zur ausgemachten Zeit anrief. Irgendetwas habe ich immer falsch gemacht.

Können sich Frauen eigentlich vorstellen, wie schwer es ist, ihre Nummer zu wählen, wenn man weiß, was einen erwartet? Nämlich frostiges Hüsteln, belegte, weinerliche Stimmen, zickige Spitzen. Wenn sie einen sowieso nur schelten wie einen Schuljungen, warum sollte es einem dann sonderlich viel Spaß machen, sie anzurufen? Und dann kam Vera in mein Leben. Wir hatten gerade unsere erste Wohnung. Eines Samstags wollte ich nur schnell was einkaufen. Dann rief mein Bruder Frank an, und wir sind spontan auf den Golfplatz. Dann kamen noch Chris und Kalle, wir ließen uns schon am Nachmittag alkoholische Getränke ausschenken, und irgendwann war es 21 Uhr. Wir hatten die Zeit total vergessen. Ich hatte Vera nicht einmal angerufen. Ich hatte eine Fahne und ein schlechtes Gewissen. Ich legte mir in meinem bräsigen Kopf 1000 Entschuldigungen zurecht und sah mich einen Kniefall machen. Ich kam mit Angstschweiß durch die Tür und sagte »Sorry« und bot an, sie am nächsten Tag zu einem fetten Frühstück auszuführen. Vera lächelte und sagte: »Super Idee. Schön, dass du da bist« und gab mir einen Kuss. Ich traute dem Braten nicht und erwartete hinterrücks Waffengewalt. Doch sie machte mir das Essen warm und fragte, wie mein Tag gewesen sei. Letztendlich hatten wir zusammen noch einen schönen Abend. Vera kann ein Miststück sein und mir fürchterlich auf die Nüsse gehen. Aber sie hat es mir immer leicht gemacht, sie anzurufen. Sie war immer großzügig, tolerant und konnte verzeihen. Das hat sich bis heute nicht geändert.«

Wahrheit Nr. 65: Wenn Sie es Ihrem Prinzen leichtmachen, Sie anzurufen, wird er Sie auch anrufen. Es tut gut, manchmal nicht sauer zu sein, obwohl man Grund dazu hätte.

»Sie ist komplett unlogisch«

Chris: Es hätte ein schöner Sonntag werden können. Ich wachte auf, streckte und reckte mich zufrieden im Bett, stellte fest, dass Klara schon aufgestanden war. Ich schlurfte in die Küche und sah, dass sie ein freudloses Vollkorn-Naturschrotmüsli schaufelte. Ich hatte eher gehofft, sie hätte Brötchen geholt und für uns beide den Tisch schön gedeckt. Kein gutes Zeichen. Ich überschlug den vorigen Abend, Kino, ein Drink mit Freunden, keine besonderen Vorkommnisse, alles recht harmonisch. Als sich ihre schlechte Laune nicht mehr ignorieren ließ, weil sie bleiern wie Smog in der Sonntagmorgenluft lag, sagte ich: »Nun spuck schon aus, was ist los?« »Nichts«, antwortete sie erwartungsgemäß. Also tat ich ihr den Gefallen und hakte nach, bis es aus ihr herausplatzte: »Der Traum letzte Nacht.« Sie war also sauer wegen eines Traums? Aber was hatte ich damit zu tun? Dann legte sie los: »Du standst kurz vor einem Tennisspiel, und ich wollte deine Tennistasche packen.« »Du hast noch nie meine Tennistasche gepackt«, stellte ich nüchtern fest. »Mann, das war ein Traum!«, sagte sie ärgerlich und fuhr fort: »Ich konnte deine Lieblingstennisschuhe nicht finden und hatte ein fruchtbar schlechtes Gewissen deswegen. Ich fühlte mich ... so schuldig. Also beschloss ich, in die Stadt zu fahren und neue zu kaufen. Doch plötzlich landete ich in Weinbergen. Ich wusste, du warst dort irgendwo, also suchte ich dich. Ich hörte dich, aber ich konnte dich nicht finden, überall nur verdammte Weinreben. Und dann fand ich dich doch ... Mit ihr ... dieser ... dieser Kellnerin aus dem Rheingold, die Blonde mit dem Busen, na du weißt schon.« Ich wusste sofort, welche Kellnerin Klara meinte, ein scharfes Ding, immer offen für einen kleinen Flirt. »Was haben wir gemacht, die Kellnerin und ich?«, fragte ich mit einem Grinsen. »Haben wir die Reben geerntet?« »Ihr habt es getrieben wie die Tiere«, zischte sie. »Ach so«, sagte ich betont gelangweilt, aber mein Grinsen konnte ich nicht unterdrücken. »Und dafür habe ich ein Tennisturnier sausen lassen? Keine Frage, nichts als ein Traum.« Ich erzählte ihr nicht, dass ich etwas ganz Ähnliches letztens auch geträumt hatte, nur spielte das Ganze in der Kneipen-Abstellkammer statt in irgendwelchen Weinbergen. »Ich finde das überhaupt nicht lustig«, sagte sie. »Klara, das ist doch nicht dein Ernst«, sagte ich. »Du bist sauer auf mich wegen eines TRAUMS. Wie unlogisch ist das?« »Wer sagt denn, dass ich sauer bin?«, sagte sie schnippisch und schüttete mehr Vollkorn-Naturschrotmüsli in die Schüssel. Der Tag war gelaufen.

Klara: Ach, er geht mir an solchen Tagen einfach auf die Nerven. Statt mich in Ruhe zu lassen, immer dieses Gebohre, was denn los sei. Ich kann ja nicht immer rumspringen und tanzen und glücklich sein wie Pippi Langstrumpf auf Ecstasy. Ich hatte an dem Tag einen verwirrenden Traum und brauchte eben mal Zeit für mich. Wenn ich nicht erzähle, was mich beschäftigt, hält er mich für irre. Und wenn ich es dann erzähle, hält er mich erst recht für irre und macht sich nur lustig über mich.

Sind Frauen das unlogische Geschlecht?

Auf meinen Recherchen traf ich immer wieder auf Männer, die sich über komplett unlogische Reaktionen ihrer Partnerinnen beschwerten. Wutanfälle wegen Kleinigkeiten, Heulattacken, nur weil man ein bestimmtes Schlüsselwort aussprach. »Die Hühner sind doch komplett irre«, sagt Mick dann immer, wenn ihm die Reiz-Reaktionsabfolge bei einer Frau nicht logisch erscheint. Auch bei nichtigen Diskussionen empfinden Männer die Argumentationen als unlogisch.

So las Mick aus der Zeitung vor, dass 76 Prozent der jungen Türkinnen in Deutschland Probleme mit ihrer Familie bekommen würden, wenn sie einen deutschen Freund hätten. Vera widerlegte die These: Sie hätte zwei Freundinnen, moderne türkischstämmige Frauen, die eine hätte einen deutschen Freund, die andere sei mit einem Belgier verheiratet, und in beiden Fällen hätten die Familien nichts dagegen. Mick konnte es nicht fassen, dass sie zwei Beispiele aus ihrem Freundeskreis heranzog, um eine großflächige Studie zu widerlegen.

Auch beklagen Männer sich oft, Frauen würden nicht bei einer Argumentationskette bleiben. Ich bin da keine Ausnahme. Als ich eine dienstliche Reise mit einer Kollegin antreten musste, war der Flug gefährdet, weil der isländische Vulkan gerade Asche spuckte. Meine Kollegin traf alle Vorkehrungen, die Reise zu einem anderen Zeitpunkt nachzuholen, und legte schon wieder Termine in die Zeit, in der wir eigentlich verreist sein sollten. Ich sagte, sie solle doch damit warten, bis der Flug offiziell abgesagt würde. Als es dann so aussah, dass der Flug wie geplant stattfinden würde, hatte sie sich bereits darauf eingestellt, nicht zu fliegen. Ich sah jedoch keinen Grund, einen lange geplanten Flug abzusagen, nur weil er FAST ausgefallen wäre. Doch meine Kollegin sagte: »Ich will gar nicht mehr fliegen, das Ganze ist mir jetzt zu stressig und steht unter einem schlechten Stern. Ich habe da jetzt einfach kein gutes Gefühl mehr.« Es war mir unbegreiflich, wie man die Mühen, den Auslandstermin zu verschieben, auf sich nehmen konnte, ohne dass er tatsächlich abgesagt würde. Ich verstand es nicht, wie man aufgrund eines Gefühls eine Reise stornieren will, wenn sogar die übervorsichtigen Luftfahrtbehörden keine Einwände hatten. Zu stressig? Den einzigen Stress hatte meine Kollegin sich meiner Meinung nach selbst gemacht, indem sie mit der Reise abgeschlossen hatte, ohne sich vorab zu informieren und Ansagen abzuwarten.

Die gleiche Unlogik offenbart sich für Männer, wenn Frauen eine Argumentationskette plötzlich durchbrechen und nichtige Gründe anführen. So hatte Klara einmal nicht wie vereinbart am Nachmittag die Theaterkarten für sich und Chris abgeholt, so dass der Abend ausfiel. Ihre Argumentation: »*Ich habe sie nicht abgeholt, weil ich nicht in die Stadt wollte. Ich wollte nach dem Familienstreit auf keinen Fall meiner Tante begegnen, und die treff ich immer in der Innenstadt, sie wohnt schließlich in der Nähe des Theaters.*«
Frank wiederum berichtet, dass Ina oft wichtige Entscheidungen vertagte und Diskussionen verschob, weil sie sich »*jetzt dringend die Haare färben muss*«.

Meine Logik, deine Logik

Die Logik der Frauen ist bei solchen Auseinandersetzungen nicht ausgeschaltet, sie ist nur eine andere. Frauen schalten viel eher private Erfahrungen und Gefühle in ihre Argumentation ein. So sind für Vera ihre türkischstämmigen Freundinnen eine bessere Quelle als eine unpersönliche Statistik aus der Zeitung. Für meine Kollegin war ihr schlechtes Gefühl ausschlaggebender dafür, einen Flug nicht anzutreten, als die Genehmigungen der Luftaufsicht. Und sogar für Klara hatte es eine innere Logik, auf Chris sauer zu sein, weil er im Traum fremdgegangen war: Sie hätte diesen Traum ja nicht geträumt, wenn es nicht irgendetwas im wirklichen Leben geben würde, was sie verunsicherte – vielleicht hatte Chris in der Bar für ihren Geschmack zu offensichtlich mit der sexy Kellnerin geflirtet? Hinter ihrer muffeligen Morgenlaune steckte vielleicht ein versteckter Appell an Chris: Er möge ihr das Gefühl geben, dass alles in Ordnung ist und er nichts mit dem Halunken in ihrem Traum zu tun hat. Statt dieser versteckten Aufforderung nachzukommen und der Verunsicherung entgegenzuwirken, machte er sich über Klara lustig. In Inas Logik haben Angelegenheiten, die so unmittelbar ihre Person und ihr Aussehen betreffen wie eine Haarfärbung, selbstverständlich Vorrang vor abstrakten Entscheidungen.

So überwinden Sie den Logikgraben

Wenn wir erst erkannt haben, dass es Unterschiede gibt in der Art und Weise, wie wir denken, handeln und argumentieren, hören wir auf, verallgemeinernde Schlüsse über die andere Person zu ziehen: »Du bist ja irre« oder »Du bist völlig unlogisch«. Wir lassen es dann bleiben, Schuld zuzuweisen oder Schuld auf uns zu laden, und entwickeln mehr Verständnis für den anderen. Wir können uns dann aufeinander zubewegen.

So können wir beispielsweise lernen, den auslösenden Reiz (ein Traum übers Fremdgehen, ein Telefonat mit der Ex) getrennt von unserem Gefühlsleben wahrzunehmen, ihn von einer neutralen Position aus zu betrachten. Uns gelingt es oft, besonnener zu reagieren, wenn wir die Wahrnehmung von unseren Gedanken und Gefühlen trennen. Das, was wir a) wahrnehmen, und b) die Art und Weise, wie wir darüber denken, und c) die Gefühle, die von unseren Gedanken ausgelöst werden, sind drei verschiedene Paar Schuhe.

Wahrheit Nr. 66: Ihr Prinz ist nicht verantwortlich dafür, wie Sie über eine Sache denken (Ihre Erinnerungen, Vorerfahrungen, Assoziationen), und es schafft Schwierigkeiten, ihm diese Last aufzubürden.

Speziell Männer müssen oft erst noch lernen, dass es nicht nur die eine Logik gibt, sondern auch eine innere Logik. Zwei Menschen, die unterschiedliche Erfahrungen gemacht haben, reagieren auch unterschiedlich auf ein Ereignis. Die Logik der Männer ist nicht die einzig richtige, sondern nur eine andere.

Wahrheit Nr. 67: Wenn wir Unterschiede im Denk- und Argumentationsstil erst einmal erkennen, sind wir eher bereit, sie auch zu akzeptieren und ihre positive Absicht dahinter zu würdigen.

Wir reagieren dann nicht mehr ungehalten auf die Unterschiede. Die Soziolinguistin Deborah Tannen fasst es so zusammen: »Nichts tut mehr weh, als gesagt zu bekommen, unsere Absichten seien schlecht, wenn wir wissen, dass sie gut sind, oder gesagt zu bekommen, wir würden etwas falsch machen, wenn wir wissen, dass wir es einfach auf unsere Art und Weise tun.«

»›Immer bist du müde!‹ Immer verallgemeinert sie!«

Frank: »Immer mäkelst du an mir rum!«, jammerte Ina. Nein, ich mäkle nicht immer, ich hatte mich in einem konkreten Fall beschwert: Sie hatte auf einer Dinnerparty mit meinen Kollegen, auf der Rumpsteak serviert wurde, detailliert die Arbeitsprozesse in einem Schlachthof geschildert. Ich fand Inas Verhalten in diesem konkreten Fall unangemessen.

Aber ich wage die Verallgemeinerung, dass Frauen dazu neigen, zu verallgemeinern: »Nie hörst du mir zu«, »Immer willst du alles entscheiden«, »Du guckst dauernd andere Frauen an«, »Du machst immer, was du willst«, »Immer bist du müde«, »Ich bin eben immer unpünktlich«.
Welcher Mann wird nicht täglich mit solchen Sätzen torpediert?

Wir haben es in den von Frank geschilderten Fällen mit dem **sprachlichen Muster der Verallgemeinerung** zu tun: Ein Einzelbeispiel dient dazu, eine allgemeingültige These aufzustellen. Es entstehen Glaubenssätze, die unsere Wahrnehmung beeinflussen und unseren Handlungsspielraum einschränken.

Der Unsinn von Glaubenssätzen

Wenn Sie feststellen, dass Sie einen solchen Glaubenssatz aufgestellt haben, können Sie sich selbst oder Ihrem Partner folgende Fragen stellen. Stellen Sie sie freundlich statt provozierend. Achten Sie darauf, dass Ihr Partner sich dabei wohl fühlt:

Werden Sie genauer: Beispiel: »Frauen machen immer Stress.« Wie machen sie das? Gibt es ein **Gegenbeispiel,** eine Frau in meiner Umgebung, mit der das Zusammensein äußerst entspannt ist?
Wechseln Sie die Perspektive: Beispiel: »Männer sind alles Schweine« oder »Die Männer heutzutage sind ja alle beziehungsunfähig«.
Liegt die alleinige Schuld bei den Männern, wenn eine Beziehung nicht funktioniert? Sind auch manche Frauen Schweine?
Definieren Sie: Beispiel: »Frauen sind heutzutage unweiblich.« Was ist weiblich?

Übertreiben Sie: Na klar, Frauen heutzutage raufen, saufen und rülpsen, und sie arbeiten gerade daran, auch im Stehen zu pinkeln.

Bezweifeln Sie: Beispiel 1: »Sie zieht immer eine Flappe.« Beispiel 2: »Er benimmt sich immer daneben.«

Zu 1.: Wirklich immer? Erwischt man sie wirklich nie bei einem Lächeln?

Zu 2.: Okay, ich habe bei Facebook gesehen, wie er auf dem Junggesellenabschied eine Kondommütze auf dem Kopf hatte und mit zwei Stripperinnen auf dem Flipper getanzt hat, aber war das nicht eher ein Aussetzer?

Schauen Sie in sich selbst hinein: Zu 2.: Bin ich neidisch, weil ich mir auf Partys immer ein bisschen steif vorkomme?

Seien Sie selbstkritisch: Beispiel: »Du verprasst unser ganzes Geld.«

Okay, sie hatte einen Rausch im Schuhladen, und wir können uns jetzt nur von Lidl ernähren (aber keine Kundin bei Lidl ist so glamourös gekleidet wie sie!). Doch war nicht ich es, der durch einen Las-Vegas-Trip unseren Dispo verspielt hat?

Das fatale »Gedankenlesen« …

Verwandt mit der Verallgemeinerung ist das »Gedankenlesen«: Wir glauben zu wissen, was im anderen los ist, ohne Beweise dafür zu haben. Beispielsweise werden Ereignisse in einen Zusammenhang gesetzt, von denen wir nicht wissen, ob sie tatsächlich einander bedingen. Wir nehmen etwas wahr, interpretieren es und sprechen darüber in einer Weise, die unsere Interpretation repräsentiert, aber nicht die tatsächliche Wahrnehmung.

Wir projizieren dabei unsere eigenen Denkweisen, Ängste und Unsicherheiten in den anderen. So verzerren wir Ereignisse.

Chris: Klara erzählt mir von dem Mann einer Freundin, der sich abends noch durch Fortbildungskurse quält. Ich glaube, sie hält mich für einen Versager.

Klara: Chris' letzte Geschenke waren ein Kissen mit seinem Gesicht drauf. Vorlage war ein Foto, auf dem er für das WM-Endspiel geschminkt war. Zum Valentinstag bekam ich ein Glas mit bunten Nudeln in Penisform. Er will mich demütigen.

Weitere Beispiele:

1. »Du willst mich damit nur eifersüchtig machen!«
2. »Ich weiß doch, dass du sauer bist.«
3. »Im Grunde verachtest du mich.«
4. »Du kannst meine Mutter nicht leiden, nur weil sie dir gesagt hat, ein Germanistikstudium sei nichts weiter als eine Parkmöglichkeit für Töchter der oberen Mittelschicht, bis sie einen Mann gefunden haben.«
5. »Du hast doch nur keine Lust auf Sex, weil du mich unter Druck setzen willst.«
6. »Dein neues Hobby, dieses Akkordeon, hast du dir nur zugelegt, um mich zu ärgern.«

Fragen Sie, ob es Belege für die Thesen gibt:

Zu Chris' Beispiel: Wie kommst du darauf, dass ich dich für einen Versager halte? (Mögliche Antwort: Du meintest letztens, es wäre eine Schnapsidee, einen Tattoo-Shop in Portugal zu eröffnen, ich solle mal lieber sehen, dass ich endlich befördert werde.)

Zu Klaras Beispiel: Wieso sollte ich dich demütigen wollen?

Zu 1. bis 3.: Woran willst du feststellen, dass ich sauer bin/dich eifersüchtig machen will/dich verachte?

Fragen Sie nach, womit die Aussagen in Verbindung gebracht wird:

Zu Klaras Beispiel: Wieso glaubst du, dass ich dich durch meine Geschenke demütigen will?

Zu 1.: Was tue ich, was auf dich so wirkt, als sei ich sauer? (Mögliche Antwort: Du hast gerade die Wohnungseinrichtung mit einem Beil zerhackt, aber vielleicht war es ja nur ein spontanes Bedürfnis, dich körperlich zu betätigen.)

Zu 4.: An welchem Verhalten willst du festgestellt haben, dass ich deine Mutter nicht mag? (Mögliche Antwort: Ach, mir kam nur so der Gedanke, weil ich gesehen habe, wie du in der Küche Glassplitter in ihr Dessert gerührt hast.)

»Sie versucht mich zu dressieren, statt zu sagen, was sie will«

Mick: Nanu, was war denn jetzt los? Vera präsentierte sich schon am frühen Morgen anschmiegsam, hatte Frühstück gemacht und schlug vor, abends Chicken Wings zuzubereiten. Ich liebe ihre Chicken Wings. Sie gab vor, sich für mein Golfturnier am vorigen Tag zu interessieren, und fragte, ob ich Lust hätte, in einem bestimmten Sportgeschäft in der Innenstadt vorbeizufahren. Sie hätte gehört, dort gebe es ganz tolle heruntergesetzte Golfsachen. Oha, so viel Aufmerksamkeit? Na komm, spuck schon aus, wo ist der Haken?, dachte ich. »Ach ja, und können wir danach ganz kurz bei Irina vorbeifahren?« Irina, ihre übellaunige Schwester, die gerade inmitten eines Umzugs steckt, der sich schon über Wochen hinzog. Da gab es ja kaum noch etwas zu tun, beteuerte Vera. Kaum etwas. Außer dass – wie sich später

herausstellte – Irina doch noch ein paar Bücherkisten gepackt hatte, die ich in unseren Range Rover laden und zu
ihrer neuen Wohnung fahren und dann vier Stockwerke ohne
Aufzug hochschleppen musste. Zwar waren auch meine
durchgeknallte Schwiegermutter und Veras beste Freundin
Doro anwesend. Sie hatten sich sogar extra Latzhosen und
Flanellhemden angezogen, als würden sie richtig schuften,
aber dann schwelgten sie nur in alten Erinnerungen, die alte
Bücher, Briefe oder Fotos, die sie in den Kisten fanden, bei
ihnen auslösten. Irina entdeckte ihr »Nathan der Weise«-
Buch wieder und begann, mit viel Nachdruck ihre Lieblings-
stellen vorzulesen. »Wunderbar, ganz wunderbar, juchhuu-
uu!«, klatschte ihre Mutter begeistert Beifall, und Doro hatte
die tolle Idee, inmitten des Gerümpels ein Picknick zu veran-
stalten. Sie breitete eine Decke aus und ließ den Prosecco
ploppen, während ich noch damit beschäftigt war, Lampen
aufzuhängen. Ich wollte auch gar nicht groß picknicken, ich
wollte einfach nur die Arbeit hinter mich bringen. Na, solange Doro nicht wieder tanzt, ist ja alles noch in Ordnung,
dachte ich. Wie auf Kommando spielten sie da im Radio
Ich+Ich, und Doro sprang auf und tanzte und sang selbstver-
gessen mit: »Du bist vom selben Steeeeern, ich kann deinen
Herzschlag höööööören!« Ich war in der Hölle! Ich habe ja
nichts dagegen, zu helfen, sogar Irina, von der Dank nicht zu
erwarten ist. Aber ich fühlte mich in die Situation hineinma-
növriert. Frauen wollen immer ihren Willen bekommen, und
dazu setzen sie alle Taktiken ein. Was soll die Nummer mit
den Chicken Wings und den Golfsachen? Wenn sie von mir
etwas will, kann sie es ja sagen, aber bitte keine Dressur! Ich
bin doch kein Zirkuspferd.

Doro: Hallöchen, ich bin's! Warum soll immer nur Vera auf
Micks Nörgeleien hier antworten, jetzt bin ich mal dran. Ich

möchte einfach mal sagen, warum es so schwer ist, Männern direkt zu sagen, was wir wollen! Sie verstehen es ja gar nicht! Man muss es ihnen auf Umwegen verständlich machen, was man will, und da mit ganz viel Gefühl vorgehen und mit dem Prinzip Belohnung/Bestrafung arbeiten. Ja, aber es funktioniert doch nur so! Wenn man Männern im Bett sagt, was man will, sind sie verunsichert und zweifeln an ihren Fähigkeiten. Nee, da muss man sie sanft hinstupsen. Wohin genau? Hihi, soll ich das vertiefen? Lieber nicht? Okay! Zu den Sachaufträgen: Da kommen Männer immer mit zig Gegenargumenten. Mick wäre bestimmt was eingefallen, um sich vor Irinas Umzug zu drücken, plötzlich ein Anruf aus dem Krankenhaus beispielsweise, der ist doch mit allen Wassern gewaschen, der Halunke. Mick ist ein Herzchen, aber auch ausgekocht, wie alle Männer. Und wenn man Männern sagt, was man in der Beziehung will, halten sie einen gleich für dominant. Also, es helfen nur kleine Tricks, um Männer dahin zu bekommen, wo man sie haben will. Außerdem: Wir Frauen wissen manchmal noch selbst gar nicht genau, was wir wollen, und es ist ja dann auch nicht in Stein gemeißelt. Und oft wollen wir noch viel mehr, als sich in Worte fassen lässt! Hab ich recht? Wie fandest du meinen Beitrag, darf ich jetzt öfter mal was sagen?

Wünsche deutlich äußern: der beste Weg zum Ziel

Im Vergleich zu Männern haben Frauen in ihrer Erziehung viel weniger gelernt, Wünsche direkt zu formulieren. Ihre Sprache ist auf Ausgleich und Harmonie ausgerichtet, die des Mannes auf Status. Also fürchten sie, der Mann könnte sich unterlegen fühlen, wenn sie Wünsche direkt aussprechen. So haben sie gelernt, sie zu verklausulieren und sie Männern mit kleinen Tricks schmackhaft zu machen. Deswegen beginnen Frauen ihre Sätze auch oft mit Floskeln wie »Lass uns doch ...«, »Man könnte doch ...«, »Sollten wir nicht ...«, »Wäre es nicht schön ...«, »Wie findest du, wenn wir ...«: So wollen sie Gemeinsamkeit betonen und vermeiden, dass der Kommunikationspartner das Gefühl bekommt, seine Unabhängigkeit sei gefährdet. Man kann beobachten, dass schon kleine Mädchen beim Spielen Rollen auf diese Weise aushandeln, statt sie wie Jungen hierarchisch zu vergeben.

Auch Angst vor Selbstoffenbarung verhindert oft **offene Appelle:** Wer sich etwas wünscht, gibt immer auch etwas von sich preis. Männer dagegen haben oft keine Lust, auf direkt geäußerte Wünsche zu reagieren. Sie fürchten, dadurch ihre Position und ihre Privilegien zu gefährden. Insofern haben Frauen gelernt, Aktivitäten so aussehen zu lassen, als beruhten sie auf SEINEN Entscheidungen. Die Gefahr:

Wahrheit Nr. 68: Wenn Männer merken, dass sie manipuliert wurden, können sie heimlich zurückschlagen oder die Absicht der Frau sabotieren.

Damit sich Mut zum **offenen Appell** entwickeln kann, müssen einige Prämissen erfüllt sein.

1. Ich muss selbst wissen, was ich genau will.
2. Ein Appell darf nicht noch »Nebenwünsche« haben oder über das hinausgehen, was ich konkret sage.
3. Jeder darf sein Anliegen vortragen. Der andere ist bereit zuzuhören.

4. Ich äußere meinen Wunsch, um den anderen zu informieren, nicht, um meinen Wunsch durchzusetzen.

5. Als Sender eines Appells akzeptiere ich, wenn der Partner dem Wunsch nicht nachkommen möchte. Ich beziehe das Nein einzig auf meinen Appell und betrachte es nicht als Ablehnung meiner Person, wechsle also nicht von der Sach- auf die Beziehungsebene.

6. Als Empfänger eines Appells finde ich es in Ordnung, dass mir Wünsche offen und ehrlich zugetragen werden, auch wenn ich sie nicht erfüllen will.

7. Wenn ich als Empfänger ja zum Wunsch sage, übernehme ich auch die Verantwortung für meine Entscheidung. Ich sage hinterher nicht: »Du mit deinen blöden Ideen, Camping in Irland, es schifft seit einer Woche! Ich hasse dich dafür!«

Wahrheit Nr. 69: Das beste Mittel gegen ein Klima der Manipulationen in der Partnerschaft: Regelmäßig dem Partner Gutes tun, ohne eine Gegenleistung zu erwarten.

Mythos Nr. 8:

Partner sollten immer offen und ehrlich zueinander sein

Chris: Ich hasse es, wenn sie fragen, ob man sie liebt. Sagt man ja, kommt man aus der Nummer nicht raus, sagt man nein, ist der Ofen aus.

Frank: Irgendwann kommt sie immer: Die Frage, wie viele Gespielinnen man vor ihnen hatte. Sie heucheln, mit jeder Antwort klarzukommen. Aber nennst du dann wahrheitsgemäß eine hohe Zahl, bist du am Sack. Sie reiten dann drauf herum, dass man es ja mit jeder machen würde, und wenn man eine Frau auf der Straße grüßt, fragen sie spitz: War das eine von den 89? Sie kommen mit der Wahrheit nämlich überhaupt nicht klar. Nie wieder sage ich die Wahrheit, aber ich sehe auch nicht ein zu lügen. Ich sage dann gar nichts.

In Arthur Schnitzlers »Traumnovelle« gesteht Albertine ihrem Ehemann Fridolin, dass sie in einem lange zurückliegenden Urlaub einem anziehenden Fremden begegnete, den sie bis heute nicht vergessen konnte. Ihr Geständnis verstört Fridolin, zieht verwirrende nächtliche Erlebnisse und weitere Geständnisse auf beiden Seiten nach sich. Am Ende der Nacht wirkt die Krise jedoch wie eine Katharsis: Die Eheleute haben einander in die Seele geblickt und gehen mit neuem Vertrauen aus der Gefährdung hervor. Die Erzählung veranschaulicht die Chance, aber auch die Gefahr, die mit Geständnissen einhergeht.

Man muss nicht alles wissen ...

Jede Partnerschaft bewegt sich zwischen den Polen Intimität und Unabhängigkeit. Die Extreme an beiden Enden: Ich-Auflösung und Geheimniskrämerei. Bei Frauen hat die Intimität Vorrang, beim Mann die Unabhängigkeit. Für Frauen ist das Teilen von Geheimnissen nicht nur Zeichen von Nähe, sondern es schafft auch Nähe. Schweigen dagegen deuten sie als Vertrauensentzug.

Frauen sehen es als Erfolg, wenn ihr Partner ihnen Geheimnisse anvertraut. Sie sind viel eher bereit, auch Offenbarungen zu akzeptieren, die sich in der Tabuzone bewegen. In einem Internet-Forum berichtete Ines, 29, wie ihr Partner ihr beichtete, dass er Zahnspangen erotisch findet. »Ich finde es von meinem Mann sehr intim, dass er mir offen diesen Fetisch gestanden hat«, schreibt sie und sucht nun im Netz nach einer passenden Spange, um ihren Partner damit zu überraschen. Diese Bereitschaft, Geheimnisse jeder Art als Vertrauensbeweis zu honorieren, kann in Einzelfällen abstruse Ausprägungen annehmen, etwa in den Fällen von Frauen, die von den schlimmsten Verbrechen ihres Partners wussten, nichts dagegen unternahmen und sich so zu Komplizinnen machten.

Männern fallen Selbstoffenbarungen viel schwerer. Zu viel preiszugeben bedeutet für sie, Unabhängigkeit zu verlieren und verletzlicher zu werden. Sie fürchten, dass alles, was sie sagen, gegen sie verwendet werden kann.

> **Frank:** Mich nervt es, dass Frauen immer alles wissen wollen. Immer löchern sie einen. Und wenn sie denken, man hält etwas zurück, betrachten sie das als Affront.

Männer reagieren gerade bei sexuellen Offenbarungen ihrer Partnerin schnell überfordert, sind eifersüchtig und fürchten, die Bedürfnisse ihrer Partnerin nicht mehr befriedigen zu können.

> **Holger:** Als Franzi mir sagte, dass sie mit ihrem Ex nach dem Motto ›Swing When You Are Winning‹ lebte und auch jetzt der Idee des Partnertauschs aufgeschlossen gegenübersteht, schoss mir durch den Kopf: Ihr reicht normaler Paarsex nicht mehr! So ein verdorbenes Stück! Es war ganz schön harter Stoff für mich.

So ist die Wirkung von Enthüllungen aus dem Innenleben nicht immer vorhersehbar. Auch gebeichtete Seitensprünge haben oft eine schlimmere Nachwirkung, als es die Sache wert war: Nicht zuletzt handelt der »Sünder« bei seiner Beichte aus egoistischen Motiven, weil er sein Gewissen entlasten will – letztlich auf Kosten des Partners. Außerdem kann völlige Ehrlichkeit ein Vorwand sein, andere zu beleidigen. »Ich bin eben nur ehrlich«, heißt es dann, wenn die eigentliche Absicht war, zu verletzen.

Der Psychologe Arnold Lazarus von der Rutgers-Universität in New Jersey untersuchte, was den Erfolg von Beziehungen ausmacht, wie die Zeitung »Die Welt« berichtete. Er kam zu dem Schluss: »In glücklichen Partnerschaften herrscht meistens nicht das absolute Vertrauen, sondern es bleibt immer eine Spur von Unsicherheit.« Zwar gehört zu einer Partnerschaft auch Kameradschaft, jedoch, so Lazarus: »Ehe und Freundschaft haben sicher vieles gemeinsam, aber sie sind keineswegs ein und dasselbe.« Zu viel voneinander zu wissen könne ein Erotik-Killer sein.

Letztendlich handelt es sich bei der Balance zwischen Vertrauen und Unabhängigkeit, zwischen Offenbarung und Geheimnis um einen Tanz, bei dem jedes Paar durch das Versuch-und-Irrtum-Prinzip seinen eigenen Rhythmus finden muss.

Wahrheit Nr. 70: Völlige Offenheit kann unabsehbare Wirkungen haben.

Kapitel 9

GEFÜHLE

»Sie benutzt ihre Laune
als Druckmittel«

Mick: Vera ist emotional sehr flexibel, sprich: Sie terrorisiert mich mit ihrer Laune. Motto: Ich zicke, also bin ich! Die ganze Atmosphäre in der Familie steht und fällt mit ihrer Stimmung. Am Anfang der Beziehung regieren Frauen mit ihrer Sexualität über uns Männer, später dann mit ihrer Laune. Sie benutzen sie, um uns Männer butterweich zu bekommen. Wir sind dann bereit, alles zu tun, was die Frau will, nur um unsere Ruhe zu haben. Ich hatte mich nach zehn Tagen Durcharbeiten so auf unser Campingwochenende gefreut. Eine viel größere Gefahr als das fetteste Regentief wäre es, wenn Vera da schlechte Laune kriegen würde. Das wusste sie, und damit hatte sie mich. Gerade an ersten Urlaubstagen ist Vera oft sehr unzufrieden. Dann zieht sie am malerischen Gardasee eine Flappe; als wären wir am Anfang eines Auslandsjahres in Nordkorea. Also war ich in den Tagen vor unserem Wochenendausflug bereit, alles zu tun, was sie wollte. Ich fuhr mit ihr ins Designer-Outlet, was ich wirklich hasse, Zu Ikea, was für mich der Tod ist, und ich war einverstanden, dass ihre Schwester Irina zu Besuch kam. Und wenn sie kommt, dann um zu bleiben. Ich lobte Irinas aserbaidschanisches Hummusgericht, das sie für uns zubereitet hatte. Und dann sah ich brav mit den beiden einen deutschen Underground-Film im Dritten, einen dieser Filme, wo alle Charaktere ein richtig beschissenes Leben haben und nichts tun, um das zu ändern, und nie auf die Frage antworten, die ihnen gestellt wurde. Wir waren von dem Film alle so deprimiert, dass wir danach ein Promi-Magazin gucken mussten. Dabei war es dann meine Aufgabe, Vera bei allem recht zu geben. Nein, Angelina Jolie ist gar nicht sooo sexy, wie alle tun, ja, Jennifer Aniston ist die großartigste Schauspielerin aller Zeiten, ja, Justin Timberlake ist wahnsinnig gut gekleidet, ja, Megan Fox sieht ein bisschen billig aus. Was tut man nicht alles! Doch meine Bemühungen hatten sich gelohnt: Beim Camping am nächsten Tag war Veras Laune tatsächlich gut. Das war die Rettung, denn wegen Dauerregens konnten wir das Zelt kaum verlassen. Nicht auszudenken …

Vera: Ich gebe zu, manchmal ist die Lage angespannt. Dann behandelt Mick mich, als wäre ich eine Verrückte, die man in Watte packen muss. Aber ich wünsche mir dann nur mal ein bisschen Verständnis und Unterstützung. Dass er einfach mal fragt, was los ist und ob er mir helfen kann. Das Schlimmste, was Männer sagen können: »Hast du deine Tage?« Das ist dieses Totschlag-Argument. Dadurch werde ich als ganze Person entwertet, als wäre ich nicht in der Lage, sachliche Argumente vorzubringen, weil ich ja sowieso nur ein unberechenbares Hormonfeuerwerk bin.

Wie Sie Ihrer Laune Herr werden

Mick betrachtet Veras Laune als Machtmittel, mit dem er manipuliert werden soll. Für Vera ist die Laune ein verdeckter Appell: Sie will mitteilen, dass irgendetwas nicht läuft, wie es sollte, und dass sie Verständnis, Hilfe und wohl vor allem das Gefühl von Nähe und Verbundenheit braucht. Er wiederum handelt unfair, wenn er ihre Argumente entwertet, etwa indem er sie auf ihre Periode schiebt, statt darauf einzugehen. Besser: überzeugen statt entwerten.

Wahrheit Nr. 71: Für eine verbesserte Kommunikation sollten wir Appelle offen formulieren, statt sie in Stimmungen zu verpacken. Stimmungsschwankungen sind dadurch nicht aus der Welt, jedoch können wir sie loskoppeln von Partnerschaftskonflikten und mit uns selbst ausmachen.

Wie aber kann ich mit meiner schlechten Laune umgehen? Schlechte Laune ist nichts weiter als eine veränderte Sichtweise auf Lebensumstände. Die Lebensumstände selbst haben sich gar nicht verändert. Wir haben unsere innere Landkarte verschoben, das Land ist das gleiche geblieben. Kein Grund, dass wir uns zur Marionette unserer Laune machen! Hier ein paar Hinweise, wie wir unserer Laune Herr werden können:

1. **Nehmen Sie Ihr Gefühl wahr, aber gehen Sie zu ihm auf Distanz.** Sie sind nicht Ihr Gefühl. Sie befinden sich zwar in einem ressourcenärmeren Zustand, aber besitzen immer noch alles, um Ihr Leben zu meistern – ohne dass Sie es für sich und andere zur Hölle machen müssen. Sie können Ihr Gefühl beobachten und so etwas über die Signale herausfinden, die einer Stimmungsverschlechterung vorausgehen. Sie finden auf diese Weise etwas über die Bedingungen heraus, die Sie benötigen, um sich ausgeglichen zu fühlen.

2. **Nehmen Sie eine gerade Körperhaltung an.** Stehen Sie aufrecht mit zurückgezogenen Schultern und erhobenem Kopf. Lächeln Sie. Bewegen Sie sich dynamisch. Körper und Seele sind in Wechselwirkungen miteinander verbunden: Wenn Sie sich so verhalten, als wären Sie gut gelaunt, passt sich Ihr Seelenzustand Ihrer Erscheinung an.

3. **Suchen Sie sich Ihre persönlichen Gute-Laune-Anker,** kleine Rituale, die Sie mit guter Stimmung verbinden: Damit können

Sie eine gelassenere Stimmung abrufen, sei es durch ein Musikstück, ein Gedicht, ein Bad, eine bestimmte Mahlzeit.

4. Schon Goethe wusste: Das beste Mittel gegen schwermütige Stimmung ist es, sich auf sein »Tagewerk« zu konzentrieren. **Beschäftigen Sie sich!**

5. **Die heilsamste Entspannung finden wir in der Natur.** In Momenten der Stille finden wir zu unserer Ausgeglichenheit zurück. Meditieren Sie, nehmen Sie achtsam und mit allen Sinnen Ihre Umwelt wahr.

6. **Bewegen Sie sich!** Der menschliche Körper ist auf Bewegung ausgerichtet und schüttet dann Glückshormone aus.

7. **Analysieren Sie Ihre Stimmung nicht übermäßig:** Kämpfen Sie nicht dagegen an, sondern üben Sie sich in Gelassenheit. Stimmungsschwankungen sind zwangsläufig. Das können wir akzeptieren.

8. **Machen Sie sich keine Schuldgefühle wegen einer gedrückten Stimmung.** Sie rutschen sonst in eine Teufelsspirale und sind betrübt wegen Ihrer betrübten Stimmung.

9. **Werden Sie sich der Endlichkeit Ihrer Stimmung gewahr.** Negative Gefühle kommen und verschwinden wieder ins Nichts. Und wir können sie positiv beeinflussen. Wir sind ihnen nicht ausgeliefert. Eine Laune ist immer auch eine Entscheidung darüber, wie wir unsere Lebensumstände betrachten wollen.

10. **Sollte sich eine Stimmung hartnäckig halten oder Sie stark beeinträchtigen, treten Sie mit ihr in Dialog.** Setzen Sie die schlechte Stimmung imaginär auf einen Stuhl gegenüber von Ihnen: Was will sie Ihnen sagen? Welche Bedingungen zum Glücklichsein sind gerade nicht erfüllt? Gibt es einen ungelösten inneren Konflikt? Machen Sie sich zu viel Druck, vielleicht sogar Druck, gute Laune zu haben?

»Sie ist verliebt in das Leiden«

Frank: Bei Ina war nur Chaos im Leben. Natürlich waren es nicht die Umstände oder die anderen, die Schuld daran hatten, sie schuf sich dieses Chaos selbst. Manchmal glaube ich, dass es ihr eigentlich darum ging, wieder mal nach Herzenslust leiden zu können. Sie kündigte großspurig an, eine neue Stelle anzutreten, weil sie sich in ihrer alten kreativ unterfordert fühlte. In ihrem neuen Job würde man sie garantiert besser zu würdigen wissen. Nur leider hatte sie den neuen Job noch nicht sicher, als sie den alten kündigte – und es klappte dann doch nicht. Ein anderes Mal mietete sie eine neue Wohnung, aber sie kam aus dem alten Vertrag noch nicht raus, denn ihr alter Vermieter akzeptierte ihren Nachmieter nicht. Sie saß dann monatelang auf zwei Monatsmieten. Im Krankenhaus, wo sie wegen einer Knieverletzung regelmäßig behandelt werden musste, fühlte sie sich schlecht versorgt, aber angeblich war es aus bürokratischen Gründen gänzlich unmöglich, die Behandlungen in einem anderen Krankenhaus fortzusetzen. Sie kam dann mit hanebüchenen Argumenten und Rechtslagen, die sich alle so gar nicht nachprüfen ließen. Sie geriet immer wieder in finanzielle Schieflagen oder hatte fiesen Ärger am Flughafen, weil sie vergessen hatte, einen Haschischrest, der auf einer Party bei ihr gelandet war, aus dem Portemonnaie zu entfernen. Sie war immer furchtbar leidend, machte sich immerzu Sorgen, wie es mit ihrem Leben weitergeht, wie es mit uns weitergeht. Im Grunde war das ja alles gar nicht zu schaffen. Und sie war natürlich nie schuld an ihrer Situation, und Lösungen gab es selbstverständlich auch nicht – sie befand sich immer an einer Kreuzung mit vier Sackgassen. Sie konzentrierte sich eben mehr aufs Problem als auf die Lösung.

Frauen sorgen sich ständig um etwas und wollen für alles gewappnet sein. Immer Sorgen um die Zukunft. Um ihre, um unsere gemeinsame. Wir Männer sind da viel mehr in der Gegenwart. Wenn es läuft, dann läuft es, da braucht man gar nicht stundenlang darüber zu reden.

Vera: Wir Frauen wollen manchmal einfach ein bisschen Mitgefühl! Aber Männer reagieren ja immer nur kühl und pragmatisch auf Probleme. Vielleicht hat Ina ein paar Fehlentscheidungen getroffen, aber kann man denn immer alles ahnen und sich gegen alles absichern? Manchmal scheint sich alles gegen einen verschworen zu haben, und dann brauchen wir einfach mal jemanden, der uns das Köpfchen streichelt. Mir ist letztens ein Schrank bei einer spontanen Umräumaktion auf die Füße gefallen.

Ich: »Aua.« Was ich erwarte, ist: »Hast du dir weh getan? Ist es schlimm?« Was passiert: Nichts! Ich sage: »Auaaaa.« Nichts. Er sitzt da, guckt fern, bohrt weiter in der Nase. Ich schreie: »Auaaaaaaaaaaaaaaaaaaaaaaaaa!« Er guckt kurz genervt zu mir, fragt: »Soll ich dich ins Krankenhaus fahren?« Ich sage: »Na ja, nicht ganz, aber weh getan hat's schon.« Er: »Aha.« Guckt weiter fern. Ich sage: »Arschloch!« Er sagt: »Wie bitte?« Ich sage: »Na, das war ja grade eine supergeile Reaktion von dir.« Er sagt: »Soll ich den Schrank verprügeln und rausschmeißen? Soll ich die Polizei rufen, wir haben da einen Killerschrank bei uns zu Hause, er hat es auf meine Frau abgesehen? Was willst du eigentlich von mir?« Ich sage: »Nichts, gar nichts.« Was folgt: drei Stunden Schmollen.

Wie Sie aufhören, sich Sorgen zu machen

Einmal mehr sehen wir hier den Unterschied zwischen der Beziehungssprache der Frau und der Berichtssprache des Mannes. Eine Frau sehnt sich nach Zuwendung, gerade wenn etwas schiefläuft, ein Mann sucht nach Lösungen, wirft der Frau vor, verliebter in das Problem zu sein als in die Lösung.

Wie können wir mit Leid und Sorgen umgehen? Zunächst müssen wir den inneren Frieden finden und Kontrolle gewinnen über unsere Gedankenlawine. Negative Gedanken sind zunächst nichts als Gedanken. Sie bilden nicht die Wirklichkeit ab. Ein Gedanke über eine schwierige Situation ist nicht die Situation selbst. Wir können uns entscheiden, welchen Gedanken wir Raum geben wollen und welche wir einfach ziehen lassen. Die meisten Gedanken sind es nicht wert, dass man sich zu sehr mit ihnen beschäftigt. Zu viele Gedanken heben sich nämlich am Ende gegenseitig auf und machen uns handlungsunfähig – uns bleibt dann nichts mehr, als uns selbst leidzutun.

Sechs Schritte, um das Leiden zu beenden

Schritt 1: Ich beende den Gedankenstrom. Meine Gedanken sind es, die Leid erschaffen. Ich kann mich ablenken. Ich kann mich achtsam dem zuwenden, was mich umgibt. Ich wende mich ab von der gedanklichen Welt und hin zur materiellen Welt: Ich beobachte, was ich tue und was sich um uns herum abspielt, ohne es zu interpretieren. Ich kann meditieren oder ein Mantra sprechen. Leid braucht Aufmerksamkeit. Wir können das Leid beenden, indem wir ihm die Aufmerksamkeit entziehen.

Schritt 2: Damit hören auch die Sorgen auf. Leid entsteht oft dadurch, dass ich mich nicht für eine Reaktion entscheiden kann:

Ich möchte beispielsweise flüchten und bleiben zugleich. Ursache für das Leid ist also ein innerer Konflikt. Statt mich über meine Situation und die Zukunft zu sorgen, schärfe ich lieber meine Sinne und sammle Informationen. Ich spiele die Konsequenzen von Entscheidungen in der Zukunft durch. Dazu stelle ich mir konkret zukünftige Situationen vor, auf die meine jetzige Entscheidung Auswirkungen hätte. Ich prüfe, wie ich mich in meiner Vorstellung dabei fühle und welche Nutzen und welche Kosten die Entscheidung hätte. Hier können Frauen von einer »männlichen«, lösungsorientierten Herangehensweise profitieren. Wir sollten aber auch Intuition und Herz in unsere Entscheidungsfindung einbeziehen. Hier können Männer von einer »weiblichen«, gefühlsorientierten Herangehensweise profitieren.

Schritt 3: Ich übernehme die Verantwortung für das, was mit mir passiert. Sicherlich gibt es Schicksalsschläge, die mich unverschuldet treffen: ein Krebsgeschwür etwa oder eine Geiselnahme in einer Bank, in der ich gerade mein Geld abheben wollte. Ansonsten bin ich für mein Leid selbst verantwortlich. Selbst bei Schicksalsschlägen bin ich noch dafür verantwortlich, wie ich damit umgehe. Das ist eine zunächst ungemütliche, dann aber auch sehr produktive Erkenntnis. Es tut weh, einzusehen, dass ich mich selbst in den Schlamassel hineingesteuert habe, aber es zeigt auch, dass ich auf keine höheren Mächte warten muss, um da herauszukommen. Ich habe es selbst in der Hand. Immer.

Schritt 4: Ich filtere aus meinem Strom aus Gedanken und Gefühlen mein tatsächliches Problem heraus und benenne es so konkret wie möglich. Ich verdränge oder leugne nichts.

Schritt 5: Ich suche, was ich diesem Problem entgegensetzen kann, um die Balance in meinem Leben wiederherzustellen. Ich ergreife geeignete Maßnahmen.

Schritt 6: Ich erkenne, dass ich viel mehr bin als mein Problem. Ich mache mein Glück nicht davon abhängig, ob und wie ich dieses Problem überwinde. Ich identifiziere mich nicht mit dem Problem, sondern erkenne, dass die Welt mir nichts schuldet und nun mal nicht alles so verläuft, wie ich will.

»Sie macht mich wahnsinnig mit ihrer Eifersucht«

Mick: Vera ist sogar eifersüchtig, wenn ich mir im Fernsehen ein Musikvideo mit Rihanna angucke, denn die finde ich zugegeben scharf. Vera kriegt dann richtig schlechte Laune und dreht im Auto inzwischen sogar den Sender weg, wenn ein Rihanna-Song im Radio läuft. Selbst darf sie aber allen Hollywood-Stars hinterherschmachten, so wie diesem Matthew McDingsbums, der den ganzen Tag nichts anderes zu tun hat, als zu surfen und halb nackt durch Malibu zu laufen. Das Recht nimmt sie sich natürlich raus!

Tobias: Warum ein toller Typ wie ich Single ist? Es ist jeden Tag aufs Neue ein Kampf, aber tatsächlich ist es mir bisher gelungen, mich nicht einfangen zu lassen. Denn wenn ich etwas nicht ausstehen kann, ist es diese zwanghafte Eifersucht vieler Frauen. Mir hat einmal eine Frau die Hölle heißgemacht, weil ihr die Art nicht passte, wie ich mit einer anderen Frau geredet habe. Sie hätte »Begehren« in meinen Augen gesehen, und sie wisse aus Erfahrung, das sei der Anfang vom Ende. Männer, die so andere Frauen anguckten, gingen früher oder später fremd. Es war so lächerlich, aber sie meinte es wirklich ernst. Sie sollte recht behalten, es war der Anfang vom Ende, denn ich habe sie danach nie wieder angerufen. Denn auch ich weiß aus Erfahrung: Frauen, die dir schon am Anfang solche Szenen machen, werden zu Furien mit Kontrollwahn. Nein, danke. Ich bin so oft von eifersüchtigen Frauen verhört worden, ihre Verhörmethoden müssen sie in Guantánamo gelernt haben. Wenn ich mich richtig erinnere, wurde sogar Waterboarding angewendet, um Geständnisse zu erpressen. Meist hatten sie keinen Grund für ihre Eifersucht, manchmal hatten sie noch nicht einmal das Recht, eifersüchtig zu sein, weil wir gar keine Beziehung geführt haben. Immer aber blieb ihr Telefon nach solchen Aktionen kalt, denn ich lasse mich nicht ausspionieren. Warum sind Frauen so? Bitte sagen Sie mir das einmal, Herr Frauenversteher!

Sind Frauen eifersüchtiger?

Wenn Frauen tatsächlich eifersüchtiger sind, hat es vielleicht evolutionsbiologische Gründe. Für eine Frau war es früher existenzbedrohend, wenn ein Mann sie für eine andere Frau verließ. Womöglich entstand aus dieser Angst eine besondere Aufmerksamkeit. Die Tatsache, dass weltweit Frauen verschleiert, verfolgt, geschlagen, gesteinigt, eingesperrt werden, beweist jedoch, dass auch Männer nicht generell gelassen mit der Möglichkeit weiblicher Untreue umgehen. Beide Geschlechter sind eifersüchtig. Beide haben oft keinen Grund dazu. Aber manchmal ist die Eifersucht eben doch begründet, wie auch die Geschichte von Chris zeigt.

»Sie ist eine Schlampe
und geht fremd«

Chris: Es war dieses Gefühl, dass etwas nicht stimmt. Immer, wenn Eva bei ihrer Freundin Jenny in Hamburg war, hatte sie so wenig zu erzählen. »Och, wir haben gekocht, uns unterhalten, sind durch die Stadt gebummelt.« Sie kam nie mit einer Geschichte nach Hause. Wenn es in Hamburg so langweilig war, warum fuhr sie dann so oft dorthin? Also rief ich eines Tages bei Jenny an, als Eva dort angeblich zu Besuch war: »Hi Jenny, hier ist Chris. Du, ich kann Eva nicht erreichen, sie muss ihr Handy ausgeschaltet haben, ich müsste sie sprechen, ist sie bei dir?« Mein Herz pochte. Ich hatte keine Ahnung, was ich sagen würde, wenn Jenny sie jetzt an ihr Telefon holen würde. »Äh, ja klar«, sagte Jenny, »warte, ich schau mal nach ...« Geraschel, und dann: »Ach nee, du, sie ist ja grad mal runter, zum Bäcker. Ich richte ihr aus, dass du angerufen hast. Ist alles in Ordnung bei dir?« Fünf Minuten später rief Eva an, sagte mir, ihr Handy sei doch die ganze Zeit angeschaltet, warum ich bei Jenny anrufe. Und sie flötete mir ins Ohr, sie würden jetzt in eine Strandbar an die Elbe gehen, auch wenn das Wetter so lala sei, »Hab dich lieb, Schatz, ich vermiss dich!«. Ich glaubte ihr keines ihrer Worte.

Vor ihrem nächsten angeblichen Besuch bei Jenny in Hamburg kontrollierte ich den Zählerstand ihres Wagens. Als Eva sonntagabends zurück nach Hause kam, schnappte ich mir nachts ihre Autoschlüssel und sah im Wagen nach. Sie war ca. 400 Kilometer gefahren, das entsprach ziemlich genau der Strecke von Köln nach Hamburg und zurück. Nicht mehr, nicht weniger. Und wenn sie nun ein Techtel in Hamburg hatte? Bei Jenny wohnte und fröhlich fremdschnackselte? Ich beschloss, mir Gewissheit zu verschaffen.

Ich kaufte mir ein Handy mit Ortungsfunktion und versteckte es vor ihrem nächsten Hamburg-Wochenende in ihrem Kofferraum. Am nächsten Tagen ortete ich am Computer ihren Wagen: Er stand nicht in Hamburg. Er stand irgendwo hinter Nürnberg. Ich setzte mich in mein Auto und fuhr los. Ich machte ihren Wagen auf einer Raststätte ausfindig. Traf sie sich etwa zu anonymem Raststätten-Sex? Aber von Eva keine Spur. Ich campte in meinem Wagen. Die ganze Samstagnacht tauchte sie nicht auf. Am Sonntagmittag dann fuhr ein Audi mit Münchener Kennzeichen vor, ich erkannte Evas blondes Haar im Wagen. Ich sah, wie sie einen Typen küsste, sie stieg aus, der Typ zog sie noch einmal in den Wagen, um sie ein letztes Mal abzusabbern. Dann brauste er davon. Eva wollte in ihren Wagen, da stieg ich aus. »Wo man sich so überall begegnet!«, sagte ich. »Ja«, sagte sie. »Ich könnte nicht überraschter sein.« Das Schlimme ist: Sie stritt nach wie vor ab, eine Affäre zu haben! Sie konnte mir zwar nicht erklären, wieso wir beide an einem verschissenen Sonntag auf einem Rastplatz hinter Nürnberg standen und wer der Typ im Audi war, aber sie wand sich, obwohl sie längst in der Falle saß. Das war so erbärmlich, dass sie diesen letzten Schneid nicht hatte. Erst als ich mich nach ein paar Tagen von ihr trennte, gab sie alles zu. Sie hatte seit Monaten eine Affäre in München. Sie hatte ihre Freundin Jenny in Hamburg in alles eingeweiht und war immer genau so weit mit ihrem Wagen gefahren, dass der Kilometerstand genau der Strecke nach Hamburg entsprach. Dort, an dieser Raststätte hinter Nürnberg, hatte sie sich dann von ihrem Beleger abholen lassen. Es war diese Durchtriebenheit, mit der sie ihre Affäre bis ins Detail durchgeplant hatte, die mich besonders kränkte.

Eva, 31, Architektin, Essen: Wenn ich heute daran zurückdenke, wollte ich wohl endlich erwischt werden. Zwar plante ich meinen Betrug einerseits durch, andererseits war mir klar, dass er trotzdem auffliegt, früher oder später. Chris sollte auffallen, dass irgendwas nicht stimmt mit uns. Das hatte ich wohl unbewusst gehofft. Ich wollte, dass er sich wieder mehr Mühe gibt. Dass er mich wieder wahrnimmt. Dass es ihm nicht nur ums Arbeiten geht, und ich laufe so nebenher. Dass er um mich kämpft. Mir einen Liebhaber zu nehmen war natürlich der ganz falsche Weg, denn wenn ich ein Problem hatte, hätte ich es mitteilen müssen, statt zu lügen. Jedenfalls kam Chris durch detektivischen Spürsinn dahinter, dass etwas nicht stimmt. Dass es zwischen uns nicht mehr stimmte, bemerkte er hingegen gar nicht. Ich hatte gehofft, wir würden kämpfen, wir könnten noch einmal neu anfangen und in Zukunft mehr auf uns achten. Doch für ihn gab es da keine Alternative: Ich war enttarnt, ich wurde rausgeschmissen. Und ich kann es ihm nicht verdenken.

Eifersucht, ein hilfloses Gefühl

»Wir waren drei in dieser Ehe, also war es vielleicht ein bisschen voll«, sagte Prinzessin Diana und meinte Camilla Parker Bowles, die Geliebte ihres Mannes Prinz Charles. Diana zahlte es ihrem untreuen Mann nicht nur mit diesem legendären Interview heim, sondern auch, indem sie ihrerseits Affären begann. Das Opfer war Täterin zugleich.

Es gibt keine Studie, die belegt, dass Männer öfter fremdgehen als umgekehrt. Wahrscheinlich aber gehen beide aus unterschiedlichen Motivationen fremd: Bei Männern ist häufiger spontane

Triebabfuhr der Grund, oder sie wollen sich beweisen, oder aber sie wollen sich frei fühlen. Es geht Männern also auch hier um Status und Unabhängigkeit.

Frauen dagegen betrügen meist, weil sie ihrem Partner unbewusst etwas mitteilen (Kümmere dich mehr um mich!) oder weil sie ihm etwas heimzahlen wollen. Frauen wollen auch oft die Eifersucht des Mannes herausfordern, weil sie sie mit Liebe und Temperament verwechseln.

Eifersucht ist ein hilfloses Gefühl und bedeutet Angst, und nicht Liebe. Dennoch müssen wir Eifersucht nicht verdrängen oder tabuisieren. Jedes Gefühl hat seine Berechtigung.

Wenn wir eifersüchtig sind, sollten wir zunächst in uns hineinhorchen und klären, wie unsere Gefühle zustande kommen: Inwiefern projiziere ich und werfe dem Partner vor, was ich selbst gerne tun würde? Fürchte ich, dass der andere sich eher Freiheiten herausnimmt als ich? Bin ich also eher neidisch als eifersüchtig? Wovor habe ich eigentlich Angst? Vor dem Verlust, vor der Demütigung? Entsteht meine Eifersucht in meinem Herzen oder in meinem Ego?

Bei Eifersucht sollten wir eine scharfe Trennung vornehmen zwischen der Wirklichkeit und unseren Interpretationen, die erst das Gefühl Eifersucht auslösen. Das Gefühl ist nur ein Gefühl und nicht die Wirklichkeit. Denn:

👑 **Wahrheit Nr. 72:** Durch Eifersucht treiben Sie den Prinzen in die Arme anderer.

Gibt es tatsächlich Indizien, dass der Partner untreu ist, muss ich meinen Verdacht ruhig und sachlich vorbringen und begründen, bevor er die Luft verpestet. Das ist besser, als Detektiv zu spielen, auch wenn das Risiko besteht, angelogen zu werden. Ich sollte jedoch niemals den anderen drangsalieren oder ihm ein Geständnis abpressen.

Was tun, wenn es tatsächlich eine Dritte/einen Dritten gibt?

Zunächst sollte ich mir über meine Gefühle klar werden und Eifersucht zulassen. Statt Vorwürfe zu machen, sollte ich von meinen Gefühlen sprechen und den Dritten möglichst aus dem Spiel lassen. Auf ein Tauziehen mit der Rivalin oder dem Rivalen sollte ich mich gar nicht erst einlassen. Mit einem aggressiven, drangsalierenden oder flehenden Verhalten treibe ich meinen Partner nur stärker zur Nebenbuhlerin oder zum Nebenbuhler. Statt die Schuld zuzuweisen, sollten wir lieber prüfen, was beide zu der Situation beigetragen haben.

Schließlich muss die Untreue eines Partners nicht gleich das Ende bedeuten. Man kann es auch als ein Ereignis werten, das beiden Partnern die Chance für einen Neuanfang bietet. Indem man die Ursachen für den Seitensprung sucht, kommen vielleicht Konflikte ans Tageslicht, die bisher verdrängt wurden. Der Seitensprung kann ein gemeinsamer neuer Aufbruch sein.

Wahrheit Nr. 73: Eine disziplinierte und souveräne Reaktion macht uns attraktiver für den Partner.

Wenn sie nur nicht so höllisch schwerfallen würde …

290

Partner schulden sich eine Garantie auf Treue

Zehn Wahrheiten über Treue und Eifersucht:

Wahrheit Nr. 74: Wenn Ihr Prinz Sie gewonnen hat, weil er ein exzellenter Flirter oder Verführer war, wird er dieses Verhalten nicht plötzlich einstellen, nur weil er mit Ihnen zusammen ist.

Wahrheit Nr. 75: Ein promisk lebender Mann ändert nur schwer sein Verhalten. Ein Mann, der auf verruchte Sexbomben steht, wird seinen Geschmack nicht plötzlich für immer ändern.

Eine bittere Erfahrung, die sogar Traumfrauen wie Sandra Bullock oder Elin Nordegren, Ex-Frau von Tiger Woods, machen mussten.

Wahrheit Nr. 76: Ein Mann, der sich schon einmal von einer Frau aus einer bestehenden Beziehung fischen ließ, hat die besten charakterlichen Voraussetzungen, sich wieder wegfischen zu lassen.

♛ **Wahrheit Nr. 77:** Ein treuer Mann ist nicht zwangsläufig tugendhaft. Es kann sich auch einfach um einen Mangel an Vitalität und Gelegenheit handeln.

Warum Tiger Woods seine schöne schwedische Frau mit einem Haufen zwielichtiger Luder betrog? Ganz einfach: Weil er es konnte. Andere können das nicht so leicht, zum Beispiel weil sie keine millionenschweren Golfer sind.

♛ **Wahrheit Nr. 78:** Kein Mensch auf der Welt ist sexuell nur auf einen Menschen fixiert. Wir selbst und unser Partner sind da keine Ausnahme. Was wir ausleben und was nicht, ist eine Entscheidungssache.

♛ **Wahrheit Nr. 79:** Treue lässt sich nicht einfordern, erzwingen oder absichern. Mit dem Ehegelöbnis wurde ein Ritual erfunden, um genau das zu versuchen. Kein anderes Versprechen wurde derart oft zu allen Zeiten und in allen Kulturen gebrochen.

♛ **Wahrheit Nr. 80:** Treue ist ein wünschenswertes, aber ungewisses Ergebnis einer befriedigenden Partnerschaft. Sie kann besser im Rückblick festgestellt als für die Zukunft geplant werden.

👑 **Wahrheit Nr. 81:** Wer seinen Partner immer der Untreue verdächtigt, treibt ihn dazu, untreu zu werden. Die Gefahr, dass eine selbsterfüllende Prophezeiung in Gang tritt, ist groß: Wenn mir sowieso schon ein Verhältnis nachgesagt wird, fällt mir der Seitensprung leichter.

Eifersuchtsdramen, ohne überhaupt eine Affäre zu haben, die sind – ein besserer Vergleich fällt mir nicht ein – wie Tripper ohne Sex.

👑 **Wahrheit Nr. 82:** Viel hilft nicht viel: Wenn SIE ein Indiz hat, ER könnte untreu sein, hilft kein Drohen, Bitten, Fluchen, Schmeicheln. Sie wird ihm dadurch nur noch lästiger und spielt der Rivalin zu. Umgekehrt gilt das Gleiche.

👑 **Wahrheit Nr. 83:** Untreue muss nicht immer sexuell sein. Ich kann auch untreu sein, indem ich meinem Partner keinen Vorrang mehr einräume, mich gedanklich von ihm entferne.

Tessa, 37, Managerin, Köln: Früher dachte ich über Leute wie uns: Mein Gott, wenn die sich selbst nicht genügen, warum trennen sie sich dann nicht? Mein Mann Andreas und ich führen seit sechs Jahren, also von Anfang an, eine offene Beziehung. Wir haben uns im Berliner Kit-Kat-Club kennengelernt, die Fronten waren somit gleich geklärt. Nur noch Beziehungssex? Nee, das kam für uns nicht mehr in Frage. Natürlich kann Sex auch in einer langen Beziehung erfüllend sein. Aber dann gibt es noch diesen anderen Sex, den abenteuerlichen Sex, den schmutzigen Sex. Wer Sexphantasien hat, stellt sich da meist keine wilde Nummer im Ehebett vor. Kein Erotikfilm handelt von total geilem Sex zwischen Gemahl und Gemahlin. Der Wunsch nach etwas Neuem, den wird es immer geben. Man kann ihn verdrängen oder man kann bewusst sagen: Es ist mir nicht so wichtig. Wir aber haben uns dafür entschieden, ihn miteinander auszuleben. Ich war immer schon sexuell aufgeschlossen, aber eine offene Beziehung hatte ich noch nie. Ich war auch immer ein eifersüchtiger Mensch. Als ich mit Andreas das erste Mal Sex mit einem anderen Pärchen hatte, war es, als inszenierte ich meine schlimmste Angstphantasie. Aber dieses Mal hatte ich die Zügel in der Hand. Ich hatte die Situation unter Kontrolle. Denn solche Pärchenabende oder Sexclubs sind keine Orte der Zügellosigkeit. Es gibt feste Regeln und Rituale. Ich wurde nicht betrogen, sondern ich war Teil des Erlebnisses. Es war wie eine Impfung. Und indem ich sah, wie Andreas es mit einer anderen Frau machte, verlor die Angelegenheit den Schrecken. Es war für mich ein aufregender Perspektivwechsel. Natürlich dachte ich auch: Jetzt hattest du einen Partnertauschabend mit Erdnussflips, Schnittchen und Easy Listening: Du wirst ja immer mehr wie deine Mutter! Aber nicht alles, was von meiner Hippie-Mama kommt, muss ja verkehrt sein. Wir profitieren jedenfalls von diesen gemeinsamen Erlebnissen. Ich bin seit sechs Jahren mit Andreas zusammen, es ist für uns beide die längste Beziehung. Ich will es niemandem empfehlen, jeder muss für sich rausfinden, was gut für ihn ist – aber für uns funktioniert's. Vielleicht ist das der Grund, warum so viele Beziehungen zerbrechen, die Leute trennen sich, wenn sie wieder Lust auf andere haben. Früher hat man das in diskreten Affären erledigt, keiner sprach drüber, und man blieb zusammen. Heute ist Untreue ja gleich ein Trennungsgrund. Man presst Fremd-geh-Geständnisse aus dem andern heraus oder schnüffelt ihm hinterher, und wenn man dann bestätigt bekommt, wo-nach man gesucht hat, ist die Beziehung meistens nicht mehr zu retten. Wir haben dagegen ein harmonisches Sys-tem gefunden, damit umzugehen, dass wir immer noch Lust auf andere haben. Nur einmal hatten wir ein Problem mit unserer Lebensweise: Natürlich waren unter den Hochzeits-gästen auch Leute aus der Szene, aber als zwei, drei begon-nen haben, sich danebenzubenehmen, habe ich sie rausge-schmissen. Das war doch meine verdammte Hochzeit!

»Sie will ewige Romantik«

Mick: Es sind diese ganzen Romantikkomödien aus Ameri-ka, die den Girls Flausen in den Kopf setzen und uns Män-nern Romantikstress machen. Die Männer dort müssen für ihr Geld ja nie arbeiten, sondern haben den ganzen Tag Zeit, ihren Angebeteten auf Flughäfen hinterherzurennen. Ich jedenfalls hatte Samstag einen zehnstündigen Dienst im Krankenhaus, dann habe ich gegrillt im Garten und unseren Leo in einen Kinderklappstuhl gesetzt. Der entpuppte sich als Killerklappstuhl, weil er plötzlich zusammenklappte und zuschnappte wie ein hungriges Krokodil und Leo den Finger zerquetschte. Weil Leo durch die Verletzung viel Aufmerk-samkeit auf sich zog, fühlte sich Lola vernachlässigt. Also entdeckte sie genau an dem Abend, dass sie später eine berühmte Schlagzeugerin werden will, und trommelte auf allem laut rum und komponierte den »Leo hat den Finger ab«-Song. Währenddessen verbrannte das Fleisch auf dem Grill, und unser Gärtchen roch wie ein Waldbrand in der Serengeti. Unsere Nachbarin begann demonstrativ und missbilligend zu husten. Alles, was sie tut, ist missbilligend, by the way, und wenn sie nur ihre Fußmatte abklopft. Und als die Kinder endlich im Bett waren, steckte Vera eine Kerze in ein verschmortes Grillwürstchen, was ich wirklich süß fand, legte Vivaldi auf und wollte schmusen. Ich wollte aber einfach nur die Wrestling-Sendung sehen und dann schlafen. »Sehr romantisch«, seufzte sie vorwurfsvoll und machte sich frustriert über kalte Fleischreste her. Nicht hilfreich war es, was Phillip am nächsten Tag erzählte, als wir mit ihm und Kerstin zum Brunch verabredet waren. Kerstin und Phillip, das perfekte Supertrouper-Paar. Kerstin schwärmte, wie Phillip sie mit einem Picknick auf dem Hausdach überrascht hatte, mit Ciabatta, Feinkäse und Moët & Chandon, und extra ein Lied auf der Gitarre für sie vortrug, das er zuvor heimlich geübt hatte: »Suicide Blonde«. Schönen Dank, Kerstin, nach solchen Storys ist die Sonntagsstimmung bei Vera im zwölften Untergeschoss. Dabei glaube ich nicht einmal, dass ich ein unromantischer Typ bin. Aber ich kann es einfach nicht auf Knopfdruck!

Vera: Ich sehe nicht ein, dass Romantik nur etwas ist, was wir früher mal hatten. Es ging schon mit unserer Verlobung los. Wir haben mit Bier darauf angestoßen. Wenn ich mein Herz öffne, schläft er ein, schnarcht und sabbert. Wenn ich ihn auf einen phantastischen Sonnenuntergang aufmerksam mache, fragt er, was in der Glotze kommt. Wenn ich Vivaldi auflege, lässt er einen Furz und sagt, ich solle das Geblubber ausmachen, er bekäme davon Depressionen. Wenn ich ihm sage, wie süß die Vögel auf unserer Terrasse balzen, klagt er, die Biester würden ihm alles vollscheißen. Wenn ich vor einem Bollywood-Film weine – ich messe die Qualität von Filmen in den Litern Wasser, die ich heule –, lacht er mich aus. Beim Sex muss ich ihn manchmal daran erinnern, dass ich keine Pornodarstellerin bin und dass es nicht zwingend zum Beischlaf gehört, mir auf den Po zu hauen und mich mit was Frauenfeindlichem zu beschimpfen. Ich wette, als er noch mit Kerstin zusammen war, da konnte er auch anders, das hätte die ja sonst gar nicht zwei Jahre mitgemacht. So, jetzt sehe ich mir »Stolz und Vorurteil« auf DVD an. Auch ein verheiratetes Mädchen wird ja wohl noch Träume haben dürfen.

Mythos Nr. 10:

Romantik kann immer und überall entstehen

Sei spontan! Sei dominant! Habe bitte jetzt Spaß! Sei verliebt! Dein Glied muss jetzt steif werden! Es gibt Situationen, die werden durch eine Aufforderung nur noch schlimmer. Bestimmte Handlungen einzufordern ist paradox. Die Aufforderung »Sei romantisch!« fällt in diese Kategorie.

Wahrheit Nr. 84: Romantik lässt sich nicht einklagen oder verschreiben.

Und mit einer geplanten Romantik wäre SIE ja auch gar nicht zufrieden. Sie will ja nicht, dass ihr Prinz ihr immer freitags Blumen mitbringt, sondern sie will, dass es ihm von selbst einfällt und er ihr aus freien Stücken Blumen schenkt. Eine Aufforderung zur Romantik ist eine Aufforderung, die ich nicht erfülle, sobald ich sie erfülle. Romantik wird auf diese Weise zu einer abstrakten Bedrohung. Machen wir uns nichts vor, Romantik ist hauptsächlich ein Lockmittel für den Anfang. Später sind es eher gemeinsame Ziele, die zusammenschweißen, als romantische Erlebnisse. Doch Romantik bleibt besonders für SIE wichtig, weil sie Nähe vermittelt und die Beziehung positiv bestätigt. Eine positive Bestätigung bleibt für Frauen zum Beispiel beim Sex wichtig, während Männer auch ganz gut mit ihrer Partnerin schlafen können, wenn sie eigentlich von ihr genervt sind.

Selbst aktiv werden

Die Romantik kann überleben, solange wir akzeptieren, dass sie sich verändert und wir nicht der Vergangenheit hinterherlaufen. Jeder hat eine eigene Vorstellung von Romantik. Wir können versuchen, die Vorstellung des anderen kennenzulernen, statt zu erwarten, dass unsere eigenen Ideen von Romantik eingelöst werden. Dazu sind Frauen ebenso in der Lage wie Männer. Auch Frauen können die Initiative ergreifen und eine romantische Idee in die Tat umsetzen. Die Aufgabe, romantisch zu sein, muss nicht nur der Mann allein tragen. Beide Geschlechter können Romantik vorleben, mit ganz konkreten Handlungen. Wir können Romantik dadurch greifbar machen. Das ist besser, als eine diffuse Vorstellung einzufordern. Schauen wir in unser Herz, ob sich da etwas Liebevolles versteckt hält, und machen wir den ersten Schritt. Je produktiver wir lieben, umso mehr wir uns einbringen und versuchen, ein liebevoller Partner zu sein, ohne eine direkte Gegenleistung zu erwarten, desto mehr bekommen wir zurück. Vielleicht nicht unmittelbar, aber an anderer Stelle, vielleicht, wenn wir gar nicht damit rechnen.

Und schließlich können wir zwar nicht unsere romantischen Gefühle, aber unsere Liebe ausdehnen auf Menschen, die nicht unser Partner sind und die wir als Letztes mit Romantik assoziieren. Vielleicht auf unsere chronisch verschnupfte Kollegin im Großraumbüro, die immer den Rotz hochzieht, oder die missbilligende Nachbarin, vielleicht auf den Verwandten, über den wir uns kürzlich geärgert haben. Jeder Schritt, der uns in Richtung universelle Liebe bringt, ist gleichzeitig schon der Lohn dafür.

Mythos Nr. 11:

Eine Beziehung sollte aufregend bleiben

In einem Interview mit der »Hörzu« wurde Schauspieler Mario Adorf nach dem Geheimnis seiner langjährigen Liebe zu Ehefrau Monique befragt. »Konstanz!«, antwortete der 80-Jährige. »Aus junger sexueller Liebe wurde ein Vertrauensverhältnis, dann das tägliche Leben miteinander. Für mich ist Liebe Entwicklung. Die Wechsel und Verwandlungen, denen unsere Liebe im Lauf des Lebens gegenüberstand, wurden überwunden und akzeptiert. Dauerhaftigkeit und Vertrauen lösten die Leidenschaft ab.«

Neue Beziehungsqualitäten entdecken

Es fällt uns jedoch schwer, zu akzeptieren, dass auch Beziehungen sich wandeln – sie werden nicht aufregender, aber sie gewinnen andere Qualitäten wie Vertrauen und Verlässlichkeit hinzu. Wir sind jedoch gewohnt, unterhalten zu werden. Wir leben in einer Zeit, in der ein Museum, ein Zoo oder eine Nachrichtensendung zu Erlebniswelten werden müssen, um gegen Konkurrenz zu bestehen. Denselben Anspruch stellen wir an eine Partnerschaft: Sie soll sich als Erlebniswelt präsentieren, und zwar eine, die nie endet, bitte schön.

Die Wirklichkeit sieht anders aus: Mal früher, mal später ist Schluss mit aufregend. Wir wissen es alle: Irgendwann ist der spannende Märchenprinz oder der wilde Vamp ein Mensch, der zum Kühlschrank schlurft und fragt, ob noch Senf da ist, während seine Würstchen heißkochen. Der uns ausführlich von seinem Ärger mit seinem Telekommunikationsunternehmen erzählt. Der manchmal auch lange gar nichts erzählt. Vielleicht haben wir das Gefühl, alles sei gesagt. Dieses Gefühl ist nichts Schlechtes. Es zeugt vielmehr von einem Stadium der Ruhe, das wir erreicht haben. Wir haben dann unseren inneren Unruhegeist besiegt, der immer nur will – Glück, Wunder, Sex, Besitz, Macht, Anerkennung, Selbstverwirklichung, Entertainment, die ganz großen Gefühle. Dinge, denen wir hinterherlaufen wie der Esel der Möhre. Ein Unruhegeist, der uns daran hindert, auf die Wirklichkeit zu achten und auf das, was es Gutes in unserer Nähe gibt. Unser überaktiver Geist richtet sich ständig auf etwas. Doch erst ein ungerichteter Geist schafft innere Entspannung.

Zwar können wir versuchen, unsere Partnerschaft ständig auf Trab zu halten, uns neu zu entdecken, zusammen lernen, Motorflugzeuge zu steuern, durch Amazonasflüsse paddeln und uns in sündigen Umgebungen neu aufreißen, als wären wir Fremde, um dann in Latexunterwäsche Stellungen auszuprobieren, ohne die wir bisher eigentlich ganz gut auskamen.

Wahrheit Nr. 85: Doch lieber sollten wir öfter einmal den Mut finden, einfach nichts zu tun und uns gepflegt zu langweilen, auch zu zweit.

Denn das ist der beste Schutz vor neurotischer Überspanntheit. Sehen wir also ruhig mal mit unserem Partner eine Dokumentation über Erdferkel oder Renaissance-Fresken, essen dabei eine Teewurststulle, tätscheln ihn dabei und freuen uns einfach, dass er da ist und nichts weiter tut, als zu stoffwechseln.

Mythos Nr. 12:

Ich werde mich immer gut fühlen, wenn es nur der richtige Partner ist

Falsch!

Wahrheit Nr. 86: Mit jedem noch so traumhaften Prinzen auf der Welt wird es Momente geben, in denen Sie sich schrecklich fühlen. Komplette Zufriedenheit existiert nicht.

Partnerschaft bedeutet, ständig Gleichheiten auszuhandeln, und das ist mühsam und alles andere als eine ständig sprudelnde Glücksquelle. Wir können unsere Partnerschaft verbessern. Sie wird jedoch niemals perfekt sein. Wenn ich das erkenne und akzeptiere, kann ich besser schätzen, was ich habe.

Für mein Glück bin ich selbst verantwortlich

Mein Glück kann ich nur finden, indem ich mir über meine Werte im Klaren bin. Was ist mir wichtig, was nicht? Ich werde feststellen, dass nur einige Werte in meiner Partnerschaft verwirklicht werden können, für andere bin ich ganz allein zuständig. Dafür muss ich produktiv sein, Initiative ergreifen und Verantwortung für mich selbst und mein Glück übernehmen.

Aber ich darf nicht die Partnerschaft mit meinem Glücksanspruch überladen. Besser: Demut und Bescheidenheit üben und akzeptieren, dass sich nicht alles erfüllen lässt. Eine Partnerschaft ist keine Institution zur dauerhaften Bedürfnisbefriedigung. Das Glück gehorcht ohnehin keinen Aufforderungen. Ich kann 100 Ratschläge aus Beziehungsratgebern und Glücksbüchern befolgen und werde trotzdem nicht zwangsläufig glücklich. Das Glück kommt, wann es will. »Wer sucht, findet nicht, aber wer nicht sucht, wird gefunden«, sagt Franz Kafka. Und: »Alles kommt zu dem, der wartet.«

»Sie will die Oberhoheit über meine Gefühle«

Mick: Sie bittet um einen Kuss. Ich gebe ihr einen Kuss. Sie sagt: »So küsst man seine tote, aufgebahrte Oma vor der Beerdigung, aber doch nicht eine Frau, in die man verliebt ist!« Sie fragt mich mit einer guten Portion Anklage in der Stimme, ob ich denn überhaupt noch verliebt in sie sein. Klar bin ich verliebt, nach acht Jahren und zwei Kindern und sechs Umzügen nicht mehr wie ein Teenager, aber ich liebe sie. Doch meine Versicherung, wie sehr ich sie liebe, reicht ihr nicht. »Lieben, lieben«, sagt sie verächtlich. »Wir lieben unsere Kinder und unsere Eltern oder Spaghetti-Eis, aber ich spreche von Verliebtsein«, sagt sie. »Ich spreche von Leidenschaft.« Sich jetzt auf eine Diskussion einzulassen wäre fatal, denn egal, was ich sage, Vera wird immer überzeugt sein, dass ich sie nicht auf die Weise liebe, die sie verdient. Es wird nie genug sein, und sie weiß ja sowieso besser, was ich wirklich fühle – nämlich nie das, was ich fühlen sollte.

Nun finde ich es etwas schwierig, jemandem vorzuschreiben, welcher Art seine Gefühle sein sollen. So reicht es nicht, wenn ich sie zu ihrer Familie begleite. Ich mache das, weil es ihre Familie ist, die ihr viel bedeutet. Aber ich soll es nicht nur machen, ich soll es auch noch GERN machen. Eigentlich will sie, dass ich es sensationell toll finde und mir nichts Besseres vorstellen kann. Doch es ist nicht immer ganz einfach, die Familienbesuche zu genießen: Da ist ihre Schwester Irina, die gerne ihre weltpolitischen Verschwörungstheorien auspackt, bei denen immer Amerika den bösen Part hat. Ihre Schwester Willi wirft ihr dann vor, sie hätte wohl bei ihrer Bildungsreise in den Jemen zu viel Kata gekaut, so durchgeknallt sei sie, und während sie Irina beleidigt, fertigt sie per Konferenzschaltung im Handy zwei Verehrer gleichzeitig ab. Irina attestiert ihrer Schwester dann Oberflächlichkeit, Mannstollheit und eine Hirnunterfunktion, worauf Willi dann entgegnet, sie sei lieber ein bisschen dumm und hätte Spaß als so eine trübselige Tofu-Tussi. Es fällt alles in allem etwas schwer, Besuche bei ihrer Familie so zu genießen, wie Vera sich wünscht, dass ich sie genießen würde. Sie ist tödlich beleidigt, wenn ich anklingen lasse, dass ich froh bin, wenn so ein Besuch auch wieder vorbei ist. Sie unterstellt mir dann, ich würde ihre Familie hassen, was einfach nicht stimmt, ich mag ihre Familie, sie geht mir nur manchmal auf die Nerven. Ich glaube, darum geht's: Sie glaubt zu wissen, was ich fühle, und will mir dann die »richtigen« Gefühle vorschreiben. Aber in meinen Kopf kommt sie nicht rein! Der gehört nur mir allein!

Warum wir den Partner nicht analysieren sollten

Wir können vermuten, was der andere denkt und fühlt, aber wir können es niemals wissen. Wir können uns über Psychologie oder Körpersprache schlaumachen und versuchen, den anderen zu analysieren. Eigentlich bleibt das jedoch Aufgabe eines Therapeuten. Im privaten Bereich fällt diese Art der Kommunikation unter die Kategorie »unfair«. Denn haben wir erst einmal eine Theorie über den anderen, werden wir alles, was der andere sagt und tut, so auslegen, dass es unsere Theorie untermauert. Irgendwann geht es dem Partner dann wie dem geistig völlig gesunden Patienten, der aufgrund eines Irrtums für verrückt gehalten wird. Egal, was er macht, es wird ihm als Beweis für seine Verrücktheit ausgelegt, bis er ausrastet und in die Psychiatrie gesperrt wird.

Besser, wir orientieren uns an den Handlungen des anderen, also an dem, was wirklich messbar ist, statt zu versuchen, die verborgene Blackbox zu knacken. Mick ist seit acht Jahren mit Vera zusammen, hat sie geheiratet, zieht zwei Kinder mit ihr groß, besucht mit ihr ihre offenbar nicht immer pflegeleichte Familie. Das sollte als Liebesbeweis erst mal reichen.

Warum es uns nutzt, Kontrolle durch Vertrauen zu ersetzen

Was steckt hinter dem Wunsch, zu wissen, was der andere denkt und fühlt? Was hinter dem Wunsch, ihm auch noch vorzuschreiben, welche Gedanken und Gefühle er haben darf und welche nicht? Es ist der Wunsch nach Kontrolle. Ein Wunsch, von dem wir uns lösen sollten. Wir können durch Handlungen unser Leben positiv beeinflussen. Wir können unsere Kommunikation verbessern. Wir können die Kontrolle über unseren Geist gewinnen. Wir können jedoch andere nicht kontrollieren. Es ist verblüffend, wie entspannt wir werden, wenn wir uns von dem Wunsch nach Kontrolle lossagen. Es ist so einfach, dass wir uns fragen, wieso wir es nicht längst getan haben.

Ersetzen wir Kontrolle durch Vertrauen. Denn Entscheidungen, die für beide Partner und die Partnerschaft als dritte Größe die günstigste sind, können wir erst fällen, wenn wir dem Partner vertrauen. Ansonsten fällen wir Entscheidungen, die lediglich für uns vorteilhaft sind, und zwar nur für den Fall, dass unser Misstrauen berechtigt ist. Denn jede Entscheidung, die wir im Vertrauen fällen, birgt das Risiko, im Fall eines Vertrauensbruchs hilflos dazustehen. Es lohnt sich jedoch, dieses Risiko einzugehen.

Karriere-Coachs empfehlen Führungskräften, Mitarbeitern zu vertrauen und ihnen Freiräume zu lassen, statt sie zu kontrollieren. Nachweislich steigt so die Arbeitsleistung. Mit dem Vertrauen in der Ehe verhält es sich ähnlich. Die Ehe ist vergleichbar mit dem Fall zweier Staaten, die ein Abrüstungsabkommen schließen. Der eine Staat wird seine Waffen nur dann tatsächlich vernichten, wenn er darauf vertraut, dass der andere es auch tatsächlich tut. Nur wenn beide die Waffen vernichten, wird die Welt tatsächlich friedlicher, und beide Staaten können ihr Geld sinnvoller einsetzen als für Rüstung. Erst Vertrauen schafft also sicheren und nicht nur scheinbaren Frieden und Vorteile für beide Seiten – in der Politik genauso wie in der Partnerschaft.

Mehr Vertrauen, weniger Analyse, weniger verordnete Gefühle: Führen wir eine gute Partnerschaft, indem wir die Arbeit an uns selbst beginnen.

Wahrheit Nr. 87: Erst wenn Sie Kontrolle durch Vertrauen ersetzen, können Sie Freundschaft mit Ihrem Prinzen schließen.

Mythos Nr. 13:

Es kommt darauf an, die große Liebe zu finden, und die sollte für immer sein

Der Wunsch, dass eine Verbindung für immer ist, ist ein Überbleibsel aus religiöseren Zeiten. Das waren zugleich Zeiten, als nicht Liebe, sondern praktische Erwägungen ausschlaggebend für eine Ehe waren. Zugleich aber auch Zeiten, in denen es keinen Ausweg aus der Ehe gab, egal, wie schlimm sie war, und schon gar nicht für die Frau.

Fakt ist: Die wenigsten Verbindungen halten, bis einer der Partner verstirbt. Das ist aber kein Zeichen dafür, dass die Liebe stirbt und unser Planet erkaltet, sondern liegt eher daran, dass wir die Freiheit haben, aus belastenden Arrangements auszusteigen.

Nichts ist für ewig ...

Die Haltbarkeit einer Beziehung lässt sich nicht absichern und nicht einfordern. Mit der Endlichkeit muss gerechnet werden. Was ernüchternd klingt, beinhaltet jedoch eine Chance: Man muss sich nichts mehr vormachen. Die Beziehung kann jederzeit auseinanderbrechen, sie muss aber nicht. Beide Seiten können an ihr arbeiten und sie gemeinsam weiterentwickeln.

Nach einem buddhistischen Ansatz können wir die Beziehung loslassen, noch während sie besteht. So wie ein wertvolles Glas, das noch heil in unserem Schrank steht, dem aber schon innewohnt, dass es eines Tages zerbrochen sein wird. Das macht uns nicht gleichgültiger der Beziehung gegenüber, im Gegenteil: Es lässt uns die Gegenwart mehr wertschätzen.

Wahrheit Nr. 88: Im Bewusstsein der Endlichkeit unserer Verbindung lernen wir zu genießen, was gerade ist.

Die kleinen Widrigkeiten und Alltagsstreitereien erscheinen überflüssig. Wenn wir so oder so nur eine begrenzte Zeit auf der Erde miteinander verbringen, können wir die auch so angenehm wie irgendwie möglich gestalten.

Sarah: Wenn ich jetzt in meinen alten Tagebüchern lese, wie ich meine früheren Beziehungen geführt habe, möchte ich meinem jungen Ich zurufen: Hör auf, dir Sorgen zu machen. Hör auf, Probleme zu kreieren. Hör auf, es persönlich zu nehmen. Hör auf, Streite vom Zaun zu brechen. So schnell ist unsere gemeinsame Zeit um. Genieße die Erfahrung, so wie sie ist! Du wirst schnell genug wieder Single sein. Wir waren doch nur zwei von Millionen von Sternen – die sich immer mehr voneinander entfernen …

Wenn wir sowieso nur eine begrenzte Zeit miteinander verbringen, sollten wir uns die so angenehm wie möglich gestalten. Denn auch eine begrenzte Zeit kann eine glückliche Zeit sein.

Wenn wir uns umsehen, stellen wir fest, dass alles um uns herum vergänglich ist. Auf der Straße liegt Laub, jemand mäht einen Rasen, ein Mädchen wird von ihrer Mutter getröstet, weil sein Hamster gestorben ist, eine alte Frau läuft am Gehwagen in den Supermarkt, früher war sie schön und wurde begehrt, ein Geschäft steht leer, ein Umzugswagen steht vor einem Haus. Vergänglichkeit umgibt uns, und unsere Beziehung ist von ihr nicht ausgenommen. Doch wir werden auch ohne unsere jetzige Verbindung – wenn auch in veränderter Form – weiterexistieren. Denn der Vergänglichkeit wohnt immer auch Erneuerung inne.

Mythos Nr. 14:

Ich darf nie eifersüchtig, ablehnend oder unzufrieden sein

Sie dürfen! Auch tabuisierte Gefühle haben ihre Berechtigung. Darunter auch Eifersucht, Neid, Habgier, Wut, sogar Hass.

👑 **Wahrheit Nr. 89:** Sie dürfen Ihren Traumprinzen ruhig einmal ablehnen oder sich unglücklich mit ihm fühlen, obwohl er sich alle Mühe gibt.

Ich darf mich mit Wehmut an meine Single-Zeit erinnern: Was ich damals für Einsamkeit hielt, fühlt sich im Rückblick wie wohltuendes Alleinsein an. Wir müssen auch diese Facetten unserer Persönlichkeit akzeptieren, um sie überwinden zu können. Es hat keinen Zweck, sie abzuspalten, denn dann suchen sie sich ein Ventil, und wir wissen nicht, an welcher Stelle. Dann verlieren wir die Kontrolle über sie. Es bringt auch nichts, negative Gefühle wichtiger zu nehmen, als sie sind, ihretwegen in Panik zu verfallen. Diese Gefühle sind weniger bedrohlich, als wir zunächst denken. Sie sind Teil des Ganzen.

Bitte keine Schuldgefühle

Es gibt kein Licht ohne Schatten. Wir können diese Gefühle akzeptieren, ohne sie aufzubauschen und uns übermäßig mit ihnen zu identifizieren. Wir brauchen ihretwegen keine Schuldgefühle zu haben. Niemand hat etwas davon, wenn wir uns schuldig fühlen. Schuldgefühle oder gar Selbsthass schränken nur unsere Wahlmöglichkeiten ein. Seien wir nicht so streng mit uns und schließen lieber Freundschaft mit uns selbst. Wir können nicht erwarten, dass andere mit uns Freundschaft schließen, wenn wir es selbst nicht tun. Wir müssen unsere negativen Gefühle auch nicht übermäßig analysieren. Wir können beobachten, wie das Gefühl kommt und auch wieder vergeht. Wenn es stark ist und Raum einnimmt, können wir das Gefühl fragen, was es uns mitzuteilen hat. Oft entdecken wir eine positive Botschaft in dem so hässlich daherkommenden Impuls. Schauen wir, welche Lektion das Gefühl für uns bereithält. Lehnen wir eine Person ab, weil sie uns an etwas erinnert, was wir an uns selbst nicht mögen? Sind wir eifersüchtig, weil wir uns unzulänglich fühlen und Angst vor dem Alleinsein haben? Sind wir neidisch, weil wir uns nicht anerkannt fühlen oder unsere Ziele nicht genügend verfolgen?

Wir sind unvollkommen. Akzeptieren wir das. Denn vor dem Hintergrund unserer negativen Gefühle und der daraus resultierenden Handlungen fallen auch unsere positiven Seiten wieder auf. Wir sind ungehalten, aber auch liebevoll. Wir sind ungerecht, aber oft auch gerecht. Wir sind ängstlich, aber immer wieder auch mutig. Und wir werden bis an unser Lebensende immer wieder Rückschläge erleben. Akzeptieren wir auch das. Welche Informationen erhalten wir durch den Rückschlag? Was können wir daraus lernen? Was hindert uns noch daran, die Version von uns zu sein, die wir gerne wären? Welche Bedingungen sind noch nicht erfüllt? Welche Ressourcen fehlen mir? Welche neuen Möglichkeiten ergeben sich durch den Rückschlag? Wir können jederzeit noch einmal von vorne anfangen!

Kapitel 10

PERSÖNLICHKEIT

»Sie weiß es immer besser«

> »Man kann in der Provence die Kunstdenkmäler
> systematisch untersuchen, auf Stilreinheit, Baualter und
> Grundriss, man kann den Olivenhandel statistisch und
> tabellarisch darstellen, dass es nur so saust vor Zahlen –
> man kann aber auch in diesem wunderschönen Lande
> spazieren gehen.«
> *Kurt Tucholsky*

Guido: Anne hat einen Doktortitel, sie ist wahnsinnig gebildet. Rechthaben ist sozusagen ihr Job. Sie weiß viel, und das lässt sie ihre Umwelt auch wissen. Manche mögen das als belehrend empfinden, ich betrachte es als informativ. Wenn ich sage: »Guck mal da, die gotische Kirche«, dann sagt sie: »Du, Guido, die Kirche ist allenfalls 130 Jahre alt und damit neogotisch, eigentlich dem Historismus zuzuordnen. Man könnte auch Spätromantik dazu sagen, denn in der Romantik besann man sich aufs Mittelalter, und die Gotik ist ja eine Strömung des Mittelalters.« Ein klitzekleines bisschen hasse ich sie für diese in den Satz eingeflochtenen Jas, denn die meinen: »Wie ja wohl jeder Volltrottel weiß – und jetzt sag bloß nicht, du wusstest das nicht. Das ist ja endpeinlich!« Nun gut, »Gotik, Mittelalter«, sage ich dann matt, »Kirchen konnten sie bauen, die Goten.« Sie versucht dann sanft zu lächeln, aber ein bisschen schnippisch sieht es schon aus: »Nein, eigentlich nicht«, sagt sie. »Als die Gotik entstand, war das Volk der Goten nämlich schon mindestens vier Jahrhunderte ausgestorben.« Wie gesagt, Anne weiß viel. Sie hat immer recht. Fast immer. Denn manchmal liegt sie auch daneben. Zum Beispiel war sie felsenfest davon überzeugt,

Puerto Rico sei ein unabhängiger Staat. Ich konnte sie nicht davon überzeugen, dass Puerto Rico zu den USA gehört. Oder sie wollte nicht glauben, dass Komodowaran-Weibchen Kinder kriegen können, auch wenn es weit und breit kein Männchen gibt, sie sich also selbst befruchten und einen Klon produzieren. »Das ist ausgeschlossen bei entwickelteren Wirbeltieren. Vielleicht gibt es das bei einigen primitiven Fischen, aber niemals bei Reptilien«, sagte sie. Das Schlimme: Selbst wenn ich es ihr im Internet zeige, glaubt sie mir nicht. »Du ahnst ja nicht, wie viele Lügen bei Wikipedia stehen«, sagt sie dann. Und fängt an, mir präzise Beispiele für Unfug zu nennen, den Wikipedia schon verbreitet hat. Was aber nichts daran ändert, dass ein Komodowaran sich ohne Sex vermehren kann.

Anne: Guido liegt einfach nicht im Recht, wenn er sagt, ich hätte immer recht. Oliver, wenn du das für dein Buch aufschreibst, wäre es mir recht, wenn das erste Recht großgeschrieben wird und das zweite klein und das jetzt gerade auch klein. Ich weiß, du bist Linguist, und es gibt einen Schlusslektor, aber es wäre blöd, wenn da ein Fehler passiert und das auf mich zurückfällt. Was ich sagen wollte: Guido ist mindestens genauso rechthaberisch: Er will mir nie glauben, dass ich den Weg kenne. Er sagt immer, ich würde spinnen. Wenn wir uns verfahren, liegt es daran, dass das Verkehrsministerium in Heimtücke alles Straßen umgeleitet und Schilder entfernt hat, aber nicht daran, dass er nicht auf mich hören wollte. Wenn ich ihn aber zwinge, meinen Weg zu fahren statt seinen, und wir kommen direkt ans Ziel, sagt er, dass er aber letztens ganz anders gefahren ist, es müsse sich um eine Parallelstraße handeln. Immer diese Parallelstraßen. Manchmal glaube ich, er lebt in einem Paralleluniversum.

Was tun mit Leuten, die immer recht haben?

Laut einer Umfrage sind 16 Prozent der Menschen in einer Partnerschaft genervt von der Rechthaberei ihres Partners. Damit ist Rechthaberei direkt nach Sturheit (24,1 Prozent) der zweithäufigste Kritikpunkt – vor Eifersucht mit 10,8 Prozent.

Wie damit umgehen? Zunächst: Überführt zu werden, unrecht zu haben, schmerzt unser Ego. Dale Carnegie rät in seinem Klassiker »Wie man Freunde gewinnt« davon ab, überhaupt jemanden davon zu überzeugen, dass er im Unrecht ist, »denn Sie stellen ja seine Intelligenz und seine Urteilsfähigkeit in Frage, greifen seinen Stolz und sein Selbstbewusstsein an«. Denn jedes Mal, wenn ich recht habe und den anderen das wissen lasse, vermittle ich eine asymmetrische Beziehungsbotschaft: Ich bin schlauer als du.

Was aber in Situationen, in denen es wichtig ist, dass man sein Wissen anwendet, etwa weil der Partner drauf und dran ist, eine falsche Autobahnabfahrt zu wählen? Hilfreich ist es, sich nicht absolut auszudrücken: »Vielleicht irre ich mich, und du hast recht, aber ich meine, wir müssten hier runterfahren.« Gleichzeitig können wir Bereitschaft signalisieren, dazuzulernen: »Bitte sag mir, wenn ich falsch liege.« Guido scheint auf dem richtigen Weg, wenn er das, was andere als Belehrung rahmen würden, als Information wertet.

Ungünstig ist es, auf neue Informationen mit einem Satz zu antworten, der mit »Ich weiß ...« beginnt: Mit solchen Sätzen nehmen wir unserem Gegenüber das schöne Gefühl, etwas gesagt zu haben, was neu und nützlich ist. Viele benutzen die »Ich weiß«-Phrase, wenn sie eigentlich »Ich verstehe dich« sagen wollen. Doch die Wirkung ist eine andere.

Wahrheit Nr. 90: Wenn wir alles besser wissen wollen als der Partner, ob beim Kochen, beim Organisieren oder beim Autofahren, verhalten wir uns respektlos gegenüber seinen Ideen und Vorstellungen.

Stört uns die besserwisserische Art, ist es hilfreich, nicht zu verallgemeinern, etwa in der Form von: »Immer musst du klugscheißen!« Besser, wir machen unser Gefühl begreiflich: »Ich fühle mich gekränkt, wenn du meine Vorschläge und meine Art, Dinge anzupacken, übergehst.« Und wir zeigen Größe, wenn wir akzeptieren, dass der andere eben manchmal mehr weiß.

Es gibt natürlich Ausnahmen: Und zwar wenn jemand Sachen behauptet, die man sich einfach nicht anhören kann. Ich weiß alles über Madonna, und letztens behauptete ein Radiomoderator allen Ernstes, »Holiday« sei Madonnas erste Single gewesen. Ich rief beim Sender an und beschwerte mich. Die erste Single war »Everybody« und danach kam noch »Burning Up«, dann erst »Holiday«. Das weiß man doch.

»Humor muss sie erst im Duden nachschlagen«

Tobias: Nenn mir doch mal eine Frau mit Humor. »Lachen ist männlich, weinen ist weiblich«, hat schon Immanuel Kant gesagt. Ich habe mir mit einer Bekannten »Road Trip« auf DVD angesehen, Ein Scheißfilm, keine Frage, aber doch ziemlich lustig. Als die Krankenschwester in der Samenbank den armen Knaben mit einer rektalen Prostatamassage anzapfen wollte, das war einfach komisch. Sie fand es widerlich und wollte den Film ausschalten. Für Frauen ist immer alles geschmacklos, sexistisch, diskriminierend, schadenfroh, zynisch, sarkastisch, absurd. Aber guter Humor muss doch geschmacklos, sexistisch, diskriminierend, schadenfroh, sarkastisch, absurd sein. Darum geht es doch, man kann doch nicht alles immer zu ernst zu nehmen, Humor schon gar nicht!

Doro: Männer bezeichnen sich zwar immer als witzig, aber ich glaube, sie verwenden das Wort falsch. Man muss nur mal im Internet nachlesen, was sie sich gegenseitig für Anmachsprüche empfehlen. Die verfehlen leider mein Humorzentrum total. Dafür treffen sie mitten ins Schmerzzentrum. Das Schlimme ist: Die Jungs probieren den Mist, den sie da lesen, auch noch aus. Ich stand in einer Bar, als mir ein Typ in den Nacken bläst. Ich drehe mich erschrocken um, und er: »Ganz schön windig hier, was?« Da hab ich ihn mit meinem Drink bespritzt und gesagt: »Ganz schön feucht hier, was?« Männer, die witzig sein wollen, da muss ich an Mario Barth denken. Hahaha, Männer und Frauen sind unterschiedlich, was für eine abendfüllende Erkenntnis, und Frauen können nicht einparken, ich lach mich tot. »Ich hab eine tolle Frau, laufen, atmen, hat sie alles drauf!« Tusch! Und wer den lustig findet, dem sollte das Wahlrecht entzogen werden, der hat sein Recht verwirkt, über die Geschicke unserer Gesellschaft mitzuentscheiden. Der Humor der meisten Männer hat sich seit den Zeiten in der Jugendherberge nicht weiterentwickelt. Tatsache ist: Frauen sind witzig. Wir können uns keine Witze merken, aber wir können welche erfinden, die gerade zur Situation passen. Deswegen sind wir witziger, wenn keine Männer im Raum sind und ihr Comedy-Programm abspulen. Ihr Jungs solltet mal bei einem Mädelsabend lauschen. Wir sind nicht

witzig, um besser zu sein als die andere oder um andere run-
terzuputzen. Wir sind witzig miteinander. Das geht! Aber
Männer legen gar nicht viel Wert auf Humor bei Frauen. Es
reicht ihnen, wenn die Frau oft lacht. Über seine Witze.

Können Frauen witzig sein?

»Frauen sind schön und intelligent, geheimnisvoll und berechnend,
romantisch und lebensklug – nur lustig sind sie nicht«, behauptet
Autor Reinhard Mohr in einer Polemik für »Spiegel Online«. Er
kommt zu dem Schluss, dass »jeder Witz einen Bart braucht«.
Sind Männer wirklich das witzigere Geschlecht? Wahrscheinlich
ist es so, dass Männer einfach mehr Übung haben, witzig zu sein,
und weniger Hemmungen, sich auf die Bühne zu stellen und zu
sagen: Hier bin ich, hört mir zu! Sie setzen sich eher dem Risiko
aus, sich zum Deppen zu machen, und gehen erst gar nicht davon
aus, dass am Ende niemand lacht. Das erfordert neben Risikobe-
reitschaft auch jede Menge Geltungsbedürfnis und Selbstbewusstsein. Männer sind Stand-up-Comedy schlicht gewohnt. Denn wer
witzig ist, steht im Mittelpunkt und hat die Macht. Er stellt eine
asymmetrische Situation her. Auf der einen Seite der Unterhalter,
auf der anderen das Publikum. Witze erzählen ist eine Statushand-
lung. Jeder, der in einem Großraumbüro sitzt, kann das vermutlich
bestätigen: Über die Witze von ranghohen Männchen wird besonders laut gelacht.

Humor entspricht somit der **statusorientierten Kommunikations-
weise** der Männer – zumal Humor eben auch bedeutet, sich lustig
zu machen und sich damit über andere zu stellen. »Lieber riskiere
ich eine Freundschaft, als eine gute Pointe sausen zu lassen«, sagte
Woody Allen einmal.

Frauen mit ihrem Bindungsbedürfnis scheuen dieses Risiko viel eher. Nähe ist ihnen wichtiger als Status, Lacher, Applaus. »Frauen aber wollen lieber versöhnen statt spalten. Sie wollen geliebt werden statt gefürchtet, gemocht statt gehasst, bewundert statt verachtet«, sagt Autor Mohr. Wenn es Frauen gleichgültig ist, gehasst zu werden, dann jedoch sind sie in der Tat witzig. »Es ist mir egal, wenn ihr mich für eine Rassistin haltet«, sagte einmal die US-Comedy-Lady Sarah Silverman. »Ich will nur, dass ihr denkt, ich bin dünn.«

Doro sagt, dass Frauen lieber Witze miteinander machen, wenn sie unter sich sind, als vor einem Publikum. So kommen Männer zu dem Eindruck, dass Frauen überhaupt keine Witze machen. »Frauen erzählten die meisten Witze anderen Frauen, sie machten nur wenige in Gegenwart von Männern und kaum welche in gemischten Gruppen«, berichtet die Soziolinguistin Deborah Tannen von einer Forschung an einem US-College. »Anders als die Männer schreckten sie davor zurück, Witze vor Männern zu reißen, die sie nicht besonders gut kannten.« Eine Internet-Studie der BBC von 2007 in 53 Ländern ergab: Für Frauen ist Humor bei der Partnerwahl das wichtigste Kriterium, dann erst folgen Treue und Ehrlichkeit. Männer achten bei der Wahl einer Partnerin erstens auf Intelligenz, zweitens aufs Aussehen; immerhin an dritter Stelle steht Humor.

Doch wollen Männer wirklich witzige Frauen?

Doro: Mir ist aufgefallen, dass manche Männer zwar echte Kracher bringen. Aber wenn ich einen Kracher bringe, lachen sie nicht. Wenn man wirklich humorvoll ist, erkennt man dann nicht auch einen guten Witz und lacht über ihn, auch wenn er nicht von einem selbst kommt?

Mut zu Lady-Krachern

Wahrscheinlich wollen Männer ihre Vormachtstellung nicht aufgeben und sich auf eine symmetrische Kommunikation einlassen. Sie fühlen sich in der Konstellation Unterhalter–Publikum wohler. Ein Blick in die Medien scheint das zu bestätigen: In der Berliner RTL-Radiosendung »Arno und die Morgencrew« reißt Arno die Witze, die Komoderatorinnen dürfen nur Vorlagen liefern oder im Hintergrund gackern. Humorvolle TV-Frauen bekommen erst gar keine eigene Sendung (Barbara Schöneberger, Hella von Sinnen) oder fliegen schneller, als sie sich eingewöhnen können (Anke Engelke mit ihrer Late-Night). Ich habe selbst erfahren, wie gereizt viele Männer beispielsweise auf Barbara Schöneberger reagieren. Mein Vater schaltet weg, sobald sie im Fernsehen auftaucht.

Witzige Frauen scheinen mit ihrem Selbstbewusstsein und ihrer Stärke bedrohlich zu wirken. Ein weiblicher Moderationsroboter wie Michelle Hunziker, die bei »Wetten, dass ...?« dekorativ wegmoderiert, was Thomas Gottschalk ihr übrig lässt, ist ihnen lieber. Wahrscheinlich brauchen beide Geschlechter in Sachen Humor mehr Mut: Frauen müssen sich trauen, die Bühne zu erobern, und Männer müssen sich trauen, einfach einmal hinzuhören und zu auch über einen Lady-Kracher zu lachen.

»Sie klettet – oder aber sie macht auf megaunabhängig«

Holger: Frauen: Gerade wenn man am dringendsten Erholung braucht, ärgern sie einen am meisten. Ich hatte ziemlich viel Stress bei der Arbeit, bin dann zu meinen Eltern nach Gießen gefahren, um mich ein bisschen aufpäppeln zu lassen. Mit alten Kumpeln rumhängen, mit dem Rennrad durch die Gegend brettern. Als ich Franzi nach zwei Wochen an einem Donnerstag anrief, um ihr zu sagen, dass ich noch ein paar Tage dranhänge, war sie megasauer. Sie habe am Wochenende mit mir gerechnet, mit mir könne man überhaupt nicht planen usw. Sie hat dann spontan einen Wochenendtrip nach London gebucht, um dort eine Freundin zu besuchen. Für mich war das eine total überstürzte Handlung. Als wollte sie mir zeigen, wie unabhängig sie ist. Das ist auch das Problem: Sie macht immer auf superunabhängig, alles kein Thema, alles easy. Sie will mir immer beweisen, wie gut sie auch ohne mich kann. Auch als ich in Gießen war: kein Wort am Telefon, dass sie mich vermisst, dass sie sich auf mich freut, dass sie am Wochenende was Besonderes vorhat. Stattdessen: »Hey, klar, erhol dich gut, alles cool, ich bin selbst total busy und war hier und dort ...« Ohne mich ist so gut wie mit mir. Und dann ist sie plötzlich stinksauer. Ich bin es aber nicht gewohnt, jeden Schritt abzustimmen. Wenn ich ein paar Tage länger bleiben will, bleibe ich eben ein paar Tage länger. Ich kenne das nicht, mich da mit jemandem abzustimmen. Ich gebe zu, das fällt mir auch schwer. Aber hätte sie einfach nur gesagt, dass sie mich gerne gesehen hätte, wäre ich doch zurück nach Berlin gefahren. Stattdessen ist sie sauer und bucht diesen Flug.

Franzi: Ach ja, der Holger. Man kann sich nullstens auf ihn verlassen. Wir treffen uns jetzt schon ein Jahr, aber wir sind noch nie zusammen irgendwohin gefahren. Wir wollten mal an die Ostsee oder mal nach Prag, beide Male kam ihm was dazwischen. Er ändert seine Pläne von einem Moment auf den anderen. Du kannst mit ihm nicht planen. Es gibt keine klaren Ansagen. Klar habe ich mich auf ihn gefreut. Klar war ich enttäuscht. Man weiß eben nicht, wo es hinführt. Ich habe das Gefühl, wir leben immer noch von einen Tag auf den anderen. Wir haben noch nie mal darüber gesprochen, wie es weitergeht. Welche Perspektive es für uns gibt.

Gita: Wenn Frauen von Männern etwas lernen können, dann ist es die Art, wie sie sich Freiräume schaffen. Wenn SIE noch im Verliebtheitstaumel ist und am liebsten jede Bewegung synchron mit ihrem Partner ausführen würde, ist ER schon wieder mit seinen Kumpels auf dem Weg in die nächste Bar. Denn genau dieser Freiraum, der Männern guttut, kann doch für Frauen nicht schlecht sein. Mit »lernen« meine ich aber kein kindisches »Ich mache jetzt demonstrativ was mit anderen Leuten, um es dir heimzuzahlen«. Ich meine damit, dass wir nicht die ganzen Menschen und Beschäftigungen vergessen, die uns auch als Single-Lady wichtig waren.

In weiter Ferne, so nah – der Tanz zwischen Distanz und Nähe

»Die Ehe ist die einzig lebenslange Haftstrafe, aus der man vorzeitig wegen schlechter Führung entlassen werden kann.«
Alfred Hitchcock

Holger nimmt zwei widersprüchliche Botschaften wahr und weiß anscheinend nicht, auf welche er reagieren soll: Einerseits vermittelt Franzi ihm, unter mangelnden Absprachen und räumlichen Trennungen zu leiden, andererseits gibt sie ihm das Gefühl, bestens ohne ihn klarzukommen. Letzteres macht ihm die Entscheidung leicht, weiter so zu leben wie immer: sich nicht festlegen, spontan bleiben, sich nicht absprechen.

Aber Franzis Worte offenbaren es: Ihr ging es nicht nur um das eine Wochenende. In ihrem Ärger schwingen noch andere, länger schwelende Konflikte um Nähe und Unabhängigkeit mit: Sie vermisst jede Verbindlichkeit in der Beziehung, scheint aber wie viele Frauen davor zurückzuschrecken, ihre Wünsche zu äußern. Schließlich steht in vielen Frauen-Ratgebern, sich rar zu machen und unabhängig zu bleiben seien das A und O – nichts verschrecke einen Mann mehr als eine Frau, die Besitzansprüche meldet oder zu anhänglich wird. Die Konsequenz: Es entsteht eine Diskrepanz zwischen dem coolen Verhalten und eigentlichen Bedürfnissen. Als das Maß nach dem abgesagten Wochenende voll war und Franzi endlich einmal wahrhaftige Gefühle zeigte, kam das für Holger umso überraschender. Doch schnell schien Franzi wieder auf ihr Muster zurückzugreifen: Unabhängigkeit demonstrieren, statt ihre legitimen Bedürfnisse nach mehr Verbindlichkeit zu vermitteln – sie buchte eine Reise.

Frauen fällt es leichter als Männern, sich zum Wohle eines anderen zu engagieren und zurückzustecken. Manche Frauen »opfern« die Teile ihres Lebens, von denen sie glauben, dass sie mit einem Mann überflüssig geworden sind. Sie schreiben ihm dann die Aufgabe zu, diese Bedürfnisse zu erfüllen.

Männer dagegen erleben alle Angriffe auf ihre Unabhängigkeit als Bedrohung. Gleichzeitig verliert für sie eine Frau, die Teile ihres Lebens für die Beziehung opfert, an Attraktivität: Er hat sich ja in die Frau verliebt, so wie sie war, und weiß oft mit ihrer reduzierten Version wenig anzufangen. Der Mann fragt sich dann, was aus der Frau mit den spannenden Interessen und dem großen Bekanntenkreis geworden ist. Es entsteht eine Asymmetrie zwischen demjenigen Partner, der Nähe sucht, und demjenigen, der seine Autonomie behauptet. Dies ist ein gutes Klima für Teufelsspiralen: ER kapselt sich vor ihren Annäherungen immer mehr ab, SIE verstärkt ihre

Bemühungen, ihn an sich zu binden, er zieht sich daraufhin noch weiter zurück. Oder umgekehrt.

Steckt eine Partnerschaft einmal in so einem komplementären Verhaltensmuster, ist ein Ausweg schwierig: Wenn SIE ihren Partner bittet, doch mal etwas mit eigenen Freunden zu unternehmen und ER tatsächlich diesen Bemühungen nachkommt, handelt er doch wieder nur auf ihren Wunsch und nicht selbständig.

👑 **Wahrheit Nr. 91:** Eigenständige Partner geraten weniger leicht in ein starres Beziehungsmuster.

»Reife Liebe« lässt Freiräume zu

Eigenständige Partner unterstützen und fördern die Freiräume des anderen. Fritz Fischalek spricht in seinem Buch »Bevor die Fetzen fliegen« davon, dass der Gegensatz zwischen Selbstliebe und Nächstenliebe sich aufhebt: Ich gebe mich nicht auf, bleibe ich selbst, nehme den anderen dabei an und gebe ihm etwas von mir. Für den Psychologen Erich Fromm ist das der Nährboden für reife Liebe: »Im Gegensatz zu der symbiotischen Vereinigung ist die reife Liebe Eins-Sein unter den Bedingungen, die eigene Integrität und Unabhängigkeit zu bewahren, und damit auch die eigene Individualität.«

In den Freiräumen gelingt es uns, neue Kraft zu schöpfen. In einem gesunden Leben funktionieren die Einzelteile, es wird nicht nur ein Teil gepflegt und poliert, während die anderen verkümmern. Das ist das ganze Geheimnis von Ausgeglichenheit. Es ist vergleichbar mit einem Land, in dem alle Menschen in würdevollen Verhältnissen leben, im Gegensatz zu einem Land, das sich prunkvolle Repräsentationsgebäude leistet, hinter denen Slums beginnen.

Gleichzeitig muss es uns auch gelingen, unser Bedürfnis nach Nähe zu vermitteln – vielleicht werden wir überrascht sein, dass der Partner sich ebenfalls mehr Nähe wünscht. Es gilt, einen gemeinsamen Rhythmus zu finden zwischen dem ambivalenten Wertepaar Unabhängigkeit und Intimität. Keine leichte Aufgabe, denn jedes Zuviel auf jeder Seite kann zu Beliebigkeit und Bindungslosigkeit auf der einen Seite oder Abhängigkeit und Ich-Auflösung auf der anderen Seite führen. Konsequenzen: Verlustangst/Ärger bei dem einen und Beklemmung/Flucht bei dem anderen Partner.

Der Werte-Check: Wozu Sie einen Partner brauchen – und wozu nicht

Was zählt für Sie? Notieren Sie alle Werte, die Ihnen einfallen, von Abenteuer über Bildung und Geselligkeit bis Wohlstand bis hin zu Zärtlichkeit.

Erstellen Sie Ihre persönlichen **Werte-Top-Ten.** Was ist Ihnen im Leben wirklich wichtig? Prüfen Sie dann, wie sehr Sie einen Partner benötigen, um den jeweiligen Wert zu verwirklichen. 60:40 hinter dem Wert »Kultur erleben« bedeutet, dass Sie den Wert zu 60 Prozent selbst verwirklichen können.

Lassen Sie das Gleiche auch Ihren Partner machen. Sie werden bestenfalls viele Überschneidungen entdecken, aus denen sie gemeinsame neue Aktivitäten entwickeln können. Sie werden aber auch erkennen, dass sich manche Werte gut alleine, im Beruf oder mit Freunden erfüllen lassen. Das Bedürfnis nach Nähe, Einmaligkeit oder Wertschätzung lässt sich beispielsweise auch mit einer Freundin erfüllen.

»Sie verlangt, dass ich ständig anrufe«

Amid, 35, Zeichner, München: Es hat eben alles seinen Haken. Es war Sophies Idee, dass wir getrennt Urlaub machen. Also bin ich mit drei Jungs auf dem Motorrad durch Italien gebrettert. Da haben wir ein bisschen auf Freiheit und Abenteuer gemacht und fühlten uns wie in Marlboro Country. Mit Camping und Lagerfeuer und Männergesprächen, die dann besonders gut sind, wenn man sich auch mal anschweigen kann. Es war immer wieder auch verdammt lustig. Einmal meinte Kalle, er schätze so an seiner Freundin (sie sind lächerliche drei Monate zusammen!), dass sie ihm nichts vorspiele und sich nicht für ihn verstelle. Da mussten wir alle höhnisch lachen, einschließlich Kalle selbst. Träum weiter, Knabe! Ein anderes Mal haben wir zum Beispiel beschlossen, dass wir mehr über Probleme reden müssten. Avital machte den Anfang und meinte, er und seine Freundin hätten sexuelle Probleme. Da haben wir alle angeekelt geguckt und schnell noch 'n Bier geholt. Nein, unter Männern muss man nicht immer in die Tiefe gehen, man versteht sich auch so. Und dann war Jo dran und sagte, dass es ihn nerve, dass er sich jeden Tag bei seiner Frau melden müsse. »Das setzt mich unter Druck«, sagte er. »Es ist, als wäre sie die ganze Zeit dabei. Es ist wie ein täglicher Termin, und dann muss ich immer die richtige Stimmlage finde. Ich darf nicht zu amüsiert klingen, denn da liest sie raus, dass es ohne sie besonders schön ist. Aber zu neutral darf ich auch nicht wirken, denn dann ist sie erst recht misstrauisch.« Ich dachte noch, mein Gott, was für ein Stress, wie gut, dass Sophie in der Hinsicht so locker ist. Ich hatte nur einmal gesimst, dass es mir gutging.

Als wir zu weit in den Süden gefahren waren und wir etwas später als geplant zurück in München sein würden, machte ich mir daher keine großen Gedanken. Also sagte ich ihr am Telefon, dass ich erst am Morgen ihres Geburtstags zurück in München sein würde und nicht zwei Tage vorher, wie geplant. Ich merkte dann aber sehr schnell, dass sie das nicht so prickelnd fand: Sie tickte total aus und knallte den Hörer auf. Der letzte Ferientag war gelaufen. Ich koppelte mich von meinen Jungs ab, die mich nur schweigend angrinsten, und bretterte mit meinem Motorrad an allen Staus vorbei nach Hause, um es doch noch am Vorabend ihres Geburtstags zu schaffen. Die Mühe wurde nicht honoriert: Der Empfang war kühl, und auch für die ganzen nächsten Tage galt: kein Tauwetter in Sicht. Endlich platzte es aus ihr raus: Sie war sauer, weil ich mich im Urlaub so wenig gemeldet hatte. Meine SMS war ihr nicht genug. Ich hatte also dasselbe Problem wie Jo. Ich verstehe das nicht, da macht sie auf unabhängig, schließlich waren die getrennten Urlaube ihre Idee, und dann will sie eine Standleitung. Was soll das bringen? Man kann sich doch alles erzählen, wenn man sich wiedersieht.

Sophie, 36, Redakteurin, München: Dieses Jahr haben mein Freund und ich getrennt Sommerurlaub gemacht: Ich wollte eine Städtetour und kein langweiliges Sonnebrutzeln wie jedes Jahr, Amid brauchte Wärme, Sonne und Meer (wie jedes Jahr!). Also fuhr jeder mal allein in den Urlaub, ohne Groll, ganz emanzipiert. Er mit drei Kumpels Motorradfahren, ich mit meiner Schwester nach Prag und Budapest. Das Dumme war: Ich hatte Sehnsucht und rief hin und wieder an (also kein Telefonterror), er NICHT. Im Gegenteil: Auf seinem zweiwöchigen Kumpel-Zelt-Motorrad-Trip funktionierte wohl auf den Campingplätzen sein Handy nicht. Der berühmte

Satz »Ich hatte kein Netz.« Ein Klassiker ... Ich denke, wenn man jemand erreichen will, dann setzt man sich doch bitte mal aufs Motorrad, fährt ein paar Kilometerchen bis zu einem romantischen Plätzchen irgendwo am Meer und ruft mal seine Liebste an ... So erträumte ich es mir auf alle Fälle ... Und eigentlich dachte ich schon, dass getrennte Urlaube nicht bedeuten, sich tot zu stellen ... Tja, ich lag wohl voll daneben. Ich bekam in den zwei Wochen irgendwann mal die supercoole Mail: »Wir Sonnenritter fahren immer der Sonne hinterher. Uns geht es gut. Dir eine gute Zeit. Ich umarme dich, alles Liebe, Amid«. Das war's. Da war ich schon wieder zu Hause, es war bitterkalt. Ich versuchte gerade verzweifelt, unsere Heizung zu aktivieren. Eine männliche Unterweisung, wo denn bitte der Anschaltknopf liegt, wäre hilfreich gewesen ... Aber nein, »mein« Sonnenritter überlegte wohl gerade, welche Seite seines Luxuskörpers noch ein bisschen Sonnenstrahlen bräuchte. Er kam nicht auf die Idee, mal zu checken, ob zu Hause denn alles okay ist. Selbst ist die Frau ...

Der krönende Abschluss: Durch Zufall erfuhr ich durch seinen Kumpel, der mich morgens um 6 Uhr (!!!) von einer Telefonzelle aus dem Bett klingelte, dass beide wohl zu weit in den Süden gefahren waren und wohl doch erst einen Tag später zurückkommen wollten als geplant ... Das Dumme nur, ich hatte am nächsten Tag Geburtstag ... Was folgte, als ich Amid endlich mal am Handy erwischte, war ein aufgeregtes Telefonat mit einem abrupten Gesprächsende meinerseits, nachdem er meinte, ich hätte doch erst tagsüber Geburtstag und nicht nachts, und am Geburtstagsmorgen wäre er da gewesen (unausgeschlafen). Ergebnis: Amid setzte sich nach diesem emotionalen Telefonat doch tagsüber aufs Motorrad, überstand einige Umleitungen (der

Arme!!!) und war dann am Abend vor meinem Geburtstag da. Der Empfang war etwas unterkühlt, trotzdem haben wir dann um Mitternacht ein Gläschen Prosecco getrunken. Aber nur einen, der schon offen war.

Bei Anruf ... Liebe oder Mord – warum Frauen angerufen werden wollen

Im Film »Schwesterherz« meint es das Drehbuch nicht gut mit seiner Hauptfigur Anne (Heike Makatsch): Die 33-jährige Erfolgsfrau fährt mit ihrer Schwester in Urlaub, auch, um ihrem Freund Unabhängigkeit zu demonstrieren. Am Flughafen sagt sie ihm am Handy, dass es wohl besser wäre, wenn man die Woche nicht telefonieren würde. Als er völlig einverstanden ist, reagiert sie empört – und wartet im Urlaub eigentlich nur auf seinen Anruf. Als der ausbleibt, ruft sie selbst an. Nachdem sie ihr Handy verliert, ist sie völlig verzweifelt, und es kommt zum Eklat ...

Ein getrennter Urlaub ist immer ein etwas komisches Gefühl, gerade, wenn es das erste Mal ist. Daher wünscht man sich, dass der Partner dieses Gefühl auffängt, indem er eben dauernd anruft und einen schrecklich vermisst. Und wenn das nicht so ist, denkt man sich: Aha, so einfach ist das. So schnell kann man mich wegschalten und ausblenden.

Wahrheit Nr. 92: Männer und Frauen haben ein unterschiedliches Telefonverhalten.

Frauen wollen telefonieren, um den »Rapport« aufrechtzuerhalten, also um in Verbindung zu bleiben, um Nähe zu erfahren. Männer telefonieren lieber aus Sachgründen: »Wann wollen wir uns treffen? Wie geht noch mal Geschnetzeltes? Kannst du noch schnell ein Geschenk besorgen für den Geburtstag meiner Mutter? Zieh doch heute Abend deine Französisches-Zimmermädchen-Reiz-wäsche an.« Für Männer ist es sinnlos, zu telefonieren, wenn es nichts zu besprechen, zu planen, zu managen gibt oder kein Sex dabei herausspringt. Insofern sah Amid keinen Sinn, im Urlaub großartig zu telefonieren: Er kann sich ja eh nicht mit seiner Sophie treffen, es ging ihm gut, und er ist davon ausgegangen, dass es ihr auch gutgeht. Man kann nicht nicht kommunizieren. So ist die Bot-schaft, die Amid mit dem Nicht-Anrufen sendete, höchstwahr-scheinlich: Alles paletti.

Wenn Frauen NICHT anrufen, so hat das häufiger einen passiv-aggressiven Hintergrund: Sie schmollen und wollen den anderen in seinem Saft schmoren lassen. Deswegen schließen Frauen oft von sich auf den Mann und vermuten, hinter seinem Nicht-Anrufen stecke ebenfalls eine negative Beziehungsbotschaft. Aber das ist aller Wahrscheinlichkeit nach gar nicht so. Natürlich ist es immer MÖGLICH, etwa wenn es vorher einen Konflikt gegeben hätte. Aber Amids SMS liest sich so unbekümmert, dass dies wahrschein-lich nicht der Fall war.

Zum Problem mit der Heizung: Männer kommen bei diesen toughen Frauen heutzutage gar nicht mehr auf die Idee, dass sie ein praktisches Problem haben. Sophie ist eine Frau, die ihr Leben selbst in die Hand nimmt, die dann aber wiederum erwartet, dass ihr Partner durch Telepathie spürt, dass sie ein Problem mit der Heizung hat. Bezeichnend, dass sie seinen Anruf gerade dann be-sonders vermisste, als sie den Anschaltknopf der Heizung nicht fand: Womöglich war ihr herzenskalt, und sie wünschte sich, dass ihr Prinz sie wärmt.

Amid und Sophie sind vier Jahre zusammen. Er brettert an Staus vorbei, um doch noch in der Geburtstagsnacht bei ihr zu sein. Sie kann ihm also nicht ganz gleichgültig sein.

Vielleicht sollte Sophie überlegen, ob sie zu all dem, was in der Beziehung funktioniert, noch auf tägliche Anrufe bei räumlichen Trennungen bestehen will, um sich gut und in der Beziehung bestätigt zu fühlen – oder ob sie vielleicht darauf verzichten kann. Wenn es ihr wichtig ist, müsste sie ihren Freund bitten, sie von unterwegs ein paarmal anzurufen, um zu sagen, dass alles in Ordnung ist. Natürlich wären das noch nicht die spontanen Ich-vermiss-dich-schrecklich-Anrufe, die Sophie eigentlich will, aber Spontaneität lässt sich nun mal nicht verschreiben. Eine Paradoxie, die sich nicht auflösen lässt.

Vielleicht kann Sophie aber auch akzeptieren, dass Amid nicht anruft. Das wiederum fällt leichter, wenn sie aufhört, Beziehungsbotschaften ins Nicht-Anrufen hineinzudeuten. Denn wahrscheinlich hat es nichts zu bedeuten. Sophie verleiht erst die Bedeutung. Allerdings:

Wahrheit Nr. 93: Am Telefon einfach aufzulegen macht nichts besser.

Vielleicht ruft der Prinz dann nie wieder an. Einfach aufzulegen ist eine bitter gewonnene Minischlacht. Man sollte einen Streit nie ohne einen Ausblick beenden. Die faire Alternative: »Ich merke, wie ich jetzt zu aufgebracht bin, um darüber vernünftig reden zu können. Lass uns später noch einmal telefonieren.«

»Ich soll sie lieben, ehren, umsorgen: Sie hat so viele Wünsche«

Chris: Was wir uns von unserer Beziehung wünschen? Wir Männer sind da einfach gestrickt, glaube ich. Ich lese gerne einen Comic und trinke ein Bier, und wenn sie mich dabei in Ruhe lässt und mir wenigstens manchmal was zu essen macht und mir ohne stundenlanges gutes Zureden hin und wieder einen bläst, dann bin ich schon zufrieden.

Klara: Du und dein Bier! Vielleicht solltest du eines heiraten. Und du wünschst dir von einer Frau ein Essen und einen Blowjob? Warum bist du dann mit mir zusammen?

Chris: Nun, zumindest deine Kochkünste haben sich ein wenig verbessert.

Klara: Du bist soooo witzig. Kochen kannst du doch selbst, und wenn du mal mit mir zum Yoga gehen würdest und dadurch ein bisschen gelenkiger wirst, könntest du dich in anderer Hinsicht auch bald selbst versorgen.

Chris: Was wünschst du dir von einer Beziehung?

Klara: Das Gefühl, aufgehoben zu sein, mich auch mal fallenlassen zu können. Jemanden zu haben, der mich versteht. Der auf mich eingeht. Der mich auch mal auf Händen trägt. An den ich mich anlehnen kann.

Chris: He, hat man nicht immer nur drei Wünsche frei? Welche Fee soll das sein, die das alles erfüllt?

Klara: Ich wünsche mir jemanden, der mich auffängt, der mir nach einem beschissenen Tag einen Ingwertee hinstellt, der sagt, dass mein Chef ein Arschloch ist, wenn ich mich über ihn ärgere …

Chris: Und ich wünsche mir einen Privatjet. Tja, das Leben ist kein …

Klara: Wenn du jetzt diesen Ponyhof-Spruch sagst, flipp ich aus.

Chris: Geht klar.

Klara: Okay, Chris, was wünschst du dir außer Comic und Blowjob? Jetzt ernsthaft?

Chris: Für mich ist es wichtig, dass wir etwas zusammen unternehmen können. Dass wir reisen, was erleben. Unseren Costa-Rica-Trip, das war super. Dass wir seitdem zusammen Parcours trainieren. Ich finde, das hat uns näher zusammengebracht.

Klara: Ja, Parcours ist große Klasse. Das macht echt Spaß.

Chris: Weißt du, was ich nicht verstehe? Wenn euch Frauen mal kein Problem einfällt, das man wälzen kann, warum verzichtet ihr dann nicht einfach mal drauf?

Klara: Och, irgendwas fällt mir eigentlich immer ein.

Wie wir produktiv lieben

Autorin Lara Fritzsche schrieb in der Zeitschrift »Neon« von Juli 2010 über folgende Begebenheit: Bei einer Freundin hatte sie über ihre Beziehung gejammert. Die Freundin äußerte daraufhin die nüchterne Vermutung, sie hätten wohl einfach zu wenig Sex. Fritzsche weigerte sich daraufhin, sich von einer Person eine Diagnose stellen zu lassen, die ihr »Ideal der romantischen Liebe« nicht teilt: »Ich hatte, als ich von meinem Partner sprach, eine Person gemeint, die mir zuhört, die alles von mir weiß, die mich definiert und erschüttert. Ich meinte so eine Art Seelenverwandtschaft. Jemand, der so tut, als wäre ich witzig, wenn ich betrunken blöde Sachen sage, der mich abholt, wenn keine Taxis mehr fahren, der mir die muffigen Kleider auszieht, mich abduscht und ins Bett bringt. Ich sprach von Liebe.«

Erschüttert werden, abgeholt werden, ins Bett gebracht werden: alles passive Konsumwünsche. Der Psychologe Erich Fromm spricht in dieser Hinsicht von einer »**rezeptiven Haltung des Nehmens**«, die aus dem Vertrauen auf den anderen besteht. Das könne bis zu dem unbewussten Versuch gehen, »sich selbst abzuschaffen«. Dem gegenüber stellt er die **produktive Liebe** als Grundlage für ein erfülltes Leben.

»Wenn ihr wollt, dass wir uns für euch ausziehen, konzentriert euch darauf, was ihr geben könnt, nicht, was ihr kriegen könnt!«, empört sich zu dem Thema ein wütender Blogger im Internet. »Vielleicht habt ihr einmal Glück, aber wir Männer riechen den Geschmack von selbstsüchtigen Wünschen über Meilen und sind nicht interessiert!« Wahrscheinlich muss sich jeder von uns, egal ob Mann oder Frau, frei nach Kennedy öfter fragen, was wir für den anderen tun können, und nicht, was er für uns tun kann.

Wir müssen eine Haltung des Gebens statt des Nehmens entwickeln. Schon gar nicht ist eine Beziehung dazu da, Unerledigtes aus der Kindheit aufzuarbeiten. Auch können wir die Rolle, die wir als Kind einnahmen, nicht ewig in der erwachsenen Partnerschaft weiterspielen: Wer etwa als Kind verwöhnt wurde, möchte auch als Erwachsener im Mittelpunkt stehen. Andere wünschen sich vom Partner eine Korrektur von Kindheitsdefiziten. Diese Bedürfnisse sind berechtigt, und wohl jeder verspürt sie von Zeit zu Zeit. Sie jedoch dauerhaft einzufordern ist kindlich, illusionär und neurotisch.

Wir können uns stattdessen bemühen, unreife Bedürfnisse zu erkennen und sie durch eine produktive Haltung zu ersetzen. Wir können lernen, auch den Schmerz der Kindheit loszulassen und zu akzeptieren, dass kindliche Bedürfnisse wie die nach vollkommener Geborgenheit und dauerhafter Sicherheit unerfüllbar sind.

Wahrheit Nr. 94: Ein Prinz ist nicht dazu da, Ihnen ein Märchenland zu Füßen zu legen. Wenn Sie passive Konsumwünsche durch eine produktive Liebe ersetzen, haben Sie jedoch beste Chancen, zusammen Ihr eigenes kleines Reich aufzubauen.

So nehmen Sie eine produktive Haltung an

Schreiben Sie Ihre passiven Wünsche auf und versuchen Sie, sie in eine produktive Haltung umzuwandeln.

Beispiele:

Ich will, dass der andere mich verwöhnt.

Ich habe gelernt, mich selbst zu verwöhnen, und kann es auch genießen, andere zu verwöhnen.

Ich will mich geborgen fühlen.

Ich kann mich gelegentlich anlehnen, kann aber auch einen gewissen Grad an Unsicherheit ertragen.

Ich will mich nicht mehr allein fühlen.

Ich genieße die Zweisamkeit, kann aber auch dem Alleinsein etwas abgewinnen

»Sie macht auf Weibchen und überlässt mir die Führung«

Frank: Im Paris-Urlaub sagte Ina, die ich anfangs für eine enorm fortschrittliche Frau hielt, einen Satz, der mich echt erschreckte: »Ich bin ein Mädchen, ich hab es gerne, dass man mir sagt, was zu tun ist. Ich will dominiert werden.« Ist das das Ergebnis von 100 Jahren Emanzipation? Denn: Ich muss sagen, dass ich emanzipierte Frauen ganz gerne mag. Aus purem Eigennutz. Denn die haben nicht nur die gleichen Rechte, sondern übernehmen auch 50 Prozent der Arbeit. Das heißt, sie fahren auch mal Auto und achten genauso mit darauf, dass die Türen richtig verschlossen sind, wenn man das Haus verlässt. Und wenn dann eine Frau wie Ina, die modern ist, sexy, berufstätig, eine große Klappe hat, wenn so eine Frau dann sagt, sie wolle den Mann mal machen lassen, dann habe ich den Verdacht, dass sie einfach nur faul ist.

Es begann schon bei der Buchung. Ina hatte einen 300-Euro-Flug gefunden, behauptete, es gebe keine billigeren. Nach einer halbstündigen Internet-Recherche fand ich zwei 130-Euro-Flüge. Natürlich lag es auch an mir, ein Hotel zu buchen. Am Flughafen musste ich das Eincheck-Verfahren leiten, Ina sah nicht einmal auf die Anzeige, sie trottete mir einfach nach. Am Pariser Flughafen musste ich abchecken, wie man zum Hotel kommt. Das Hotel in Saint-Germain war zwar ein Traum, aber Ina nörgelte, es läge ja in einer »ziemlich spießigen Gegend«. Alle Vorschläge, was zu unternehmen, kamen von mir. Ina lehnte die meisten ab. Standardsatz: »Ach nee, das ist mir zu tourimäßig. Ich mach doch nicht, was in irgendeinem Reiseführer steht.« Nun gut. Nur leider hatte sie selbst auch keinerlei Insider-Gegenvorschläge. Wenn es nach ihr gegangen wäre, wären wir einfach ein wenig durch die Straßen rund ums Hotel gestolpert. Die Orientierung in der Stadt war gänzlich mir überlassen. Während ich in einer neuen Stadt immer erst einmal auf den Stadtplan gucke – wo ist das Hotel, wo ist der Rest? –, sah Ina nicht einmal hinein: »Ich kann eh keine Karten lesen.« Na, so macht man es sich natürlich schön einfach und ruht sich bequem auf seinem Nichtkönnen aus. Von typischen Frauenproblemen, dass sie bei einem Städte-Trip natürlich nur Schuhe dabeihat, in denen sie überhaupt nicht laufen kann, will ich gar nicht erst reden. Gut, wenn sie das Weibchen sein will, dann muss sie sich aber auch auf ihre weiblichen Eigenschaften besinnen. Aber als wir mal ein Wochenende mit Freunden in einem Ferienhaus in Dänemark waren, hat sie nicht einmal eingekauft, gekocht, den Tisch gedeckt oder sonst irgendwie für Atmosphäre gesorgt. Ich hatte immer den Eindruck: Die ist zu gar nix nutze.

Wie Sie richtig Vorschläge machen

Ein Verhalten wie das von Ina lässt Männer glauben, dass manche Frauen Emanzipation nur als eine Art Rosinenpicken verstehen: Sie wollen die Früchte genießen, aber nicht die Arbeit haben und sich vor der Verantwortung drücken. Dabei ist jede Handlung ein Weg, unsere Umwelt mitzugestalten. Jede Initiative führt zu einem Ergebnis. Es fällt vielleicht anders aus als geplant, aber jede Rückmeldung auf eine Initiative liefert uns neue Informationen und zeigt neue Wege auf unserer inneren Landkarte. Und die Karte mit den meisten Wegen ist die beste.

Handeln bedeutet also Wachsen. Wir brauchen dabei keine Angst vor einer falschen Entscheidung zu haben: Menschen treffen immer die beste Entscheidung, die ihnen möglich ist. Wenn eine Entscheidung sich hinterher als ungünstig herausstellt, dann liegt es nicht daran, dass wir doof sind oder schlecht. Wir besaßen zu dem Zeitpunkt nicht mehr Ressourcen oder Informationen, um eine bessere Entscheidung zu treffen. Oder aber die Rahmenbedingungen ließen keine andere Entscheidung zu. Jede korrigierende negative Rückmeldung ist wertvoll, denn sie hilft uns, zu erkennen: Was will ich und was will ich nicht? Denn allen Handlungen können zwei Motivationen zugrunde liegen: Wir wollen weg von etwas (von unangenehmen Gefühlen wie Schmerz, Leid) oder wir wollen hin zu etwas (zu angenehmen Gefühlen wie Freude, Genuss). Wie aber können wir unseren Austausch mit anderen Menschen aktiver gestalten?

Es ergibt einen großen Unterschied, wenn wir den Fokus mehr auf das setzen, was wir wollen, und weniger auf das, was wir nicht wollen. Dagegensein spaltet, Dafürsein einigt.

Das bedeutet nicht, dass wir jedem Vorschlag unseres Partners zustimmen müssen. Aber immer, wenn wir etwas ablehnen, sollten wir einen Gegenvorschlag machen. Wir neigen dazu, unsere Aussagen zu negativ zu formulieren, und wir haben die Tendenz, bei den Aussagen der anderen stärker auf den negativen Teil zu achten. Wir können Einstellungen und Gefühle sowohl bei uns als auch beim Partner verändern, wenn wir unsere Aussagen nach einem einfachen Schema strukturieren: erst das Negative, dann das Positive. Wir sagen zuerst, was wir nicht wollen (Weg-von-Motivation), und dann, was wir wollen (Hin-zu-Motivation). So verstärken wir unsere Hin-zu-Motivation und machen letztendlich die Erfahrungen, die wir machen wollen.

Beispiele:

1. *»Lass uns heute Morgen mal früher aufstehen. Ich habe keine Lust, so ewig Schlange zu stehen wie gestern vorm Louvre.«* – *»Ich will nicht wieder so lange Schlange stehen wie gestern vorm Louvre. Lass uns doch morgen mal früher aufstehen.«*

2. *»Wir müssen mal schauen, wo wir preiswerter essen können. Ich möchte nicht jeden Abend 30 Euro fürs Abendessen ausgeben.«* – *»Ich möchte nicht jeden Abend 30 Euro fürs Abendessen ausgeben. Wir müssen mal schauen, wo wir preiswerter essen können.«*

Der Unterschied ist klein, aber fein: Die ursprünglichen Sätze führen uns hin zum Ziel und lassen uns dann mit den Schwierigkeiten allein. Die umgewandelten Sätze schildern erst das, was vermieden werden soll, und bieten dann eine Lösung an. Und immer gilt der Grundsatz: Wir begreifen die Welt, indem wir handeln. Indem wir Initiative zeigen, lernen wir.

»Sie unterbricht mich immer«

Mick: Wir waren auf einer Party, und da war diese Frau, die ich aus meinem Sportstudio kannte. Auf der Party hat sie mich einfach nur genervt, obwohl sie freundlich war und auch nicht unsympathisch. Ich hatte ihr von einem blöden Vorfall in unserem Sportstudio erzählt, wo ich meinen Spindschlüssel verloren hatte und die Angestellte an der Rezeption nicht in der Lage war, meine Schranknummer im Computer herauszufinden. Die Folge: Ich musste bei Eiseskälte, denn es war Winter, in kurzen Sportklamotten ohne Geld und Ausweise mit der U-Bahn nach Hause fahren. Gott sei Dank hatten die auftauchenden Kontrolleure ein weiches Herz und sahen davon ab, mein Schwarzfahren weiterzuverfolgen. Jene Bekannte, der ich das erzählte, unterbrach mich die ganze Zeit, indem sie überdeutlich zu verstehen gab, dass sie meiner Schilderung folgte. Oft beendete sie meine Sätze, wenn ich kurz nach der richtigen Formulierung suchte. Dann ließ sie sich darüber aus, wie unangenehm das bestimmt für mich gewesen sein müsse und wie schlecht der Service in diesem Sportstudio sei. Es wäre ja ein Unding, dass einem in so einer unangenehmen Lage nicht geholfen wird. Ich wollte aber gar nicht darüber klagen, was ich erleiden musste und wie inkompetent die Mitarbeiter in dem Sportstudio sind. Ich hielt es lediglich für eine witzige, unterhaltsame Geschichte. So reißen Frauen ganz oft die Gespräche an sich. Wenn Veras Schwestern und ihre Mutter zu Besuch sind, komme ich gar nicht mehr zu Wort. Alle reden immer nur durcheinander, es ist ein einziges Chaos, jede will ihren Senf dazugeben und die andere übertreffen, statt zuzuhören. Jede sagt etwas, sobald es ihr einfällt!

Vera: Ich finde, dass Männer das Rampenlicht immer an sich reißen. Wenn sie einmal erzählen, erzählen sie. Wenn sie den Ball haben, geben sie ihn so schnell nicht mehr her. Wir Frauen sind viel eher in der Lage, uns auszutauschen. So ist das auch mit mir und meiner Familie. Wir reden vielleicht alle durcheinander, aber letztendlich kommt jede zu Wort. Ich finde es ganz normal, dass man den anderen ergänzt oder seine Aussagen vorwegnimmt, wenn man weiß, worauf er hinauswill. Mick findet das ganz fürchterlich. Und wenn er was sagt, dann passt es oft gar nicht zum Thema. Wir sprechen also über so wichtige Dinge wie unsere letzte Familientherapiesitzung und beschließen, dass wir alle wieder mal genau auf dem Bauernhof im Schwarzwald Urlaub machen möchten, auf dem wir als Kinder immer waren, und er fängt vom Abendessen an oder plant den nächsten Tag. Ich denke, dann: Hallo? Hier geht es um den großen emotionalen Familien-Retro-Trip, und du fängst von Ravioli an?

Warum Zuhören so wichtig ist

In seinem Beispiel fühlte Mick sich zunächst von den Hörerrückmeldungen der Bekannten gestört. Was sie als Mittel empfand, um

Verbundenheit und Aufmerksamkeit zu zeigen, betrachtete er als lästige Unterbrechung. Ihre Art, seine Sätze zu Ende führen, empfand er als gängelnd, und er hatte das Gefühl, sie wolle die Geschichte an sich reißen und in eine andere Richtung lenken.

Bedeutend auch die Unterschiede zwischen Micks Art zu kommunizieren und der in der Familie seiner Frau. Veras Familie pflegt einen überlappenden Kommunikationsstil, bei dem es jedem freisteht, dem anderen ins Wort zu fallen. Zwar haben Männer meist keine Probleme damit, den anderen zu unterbrechen. Aber wer sich das Wort erkämpft hat, hat es dann erst einmal. Den überlappenden Gesprächsstil, bei dem Gesprächsbeiträge sich nicht durch Eroberung oder Zuteilung ablösen, sondern gleichzeitig und scheinbar regellos stattfinden, empfinden sie jedoch als verwirrend.

Für Vera, ihre Schwestern und ihre Mutter ist dieser Gesprächsstil dagegen ein Zeichen von Verbundenheit, einer gelungenen Beziehungssprache. Mick fühlt sich in beiden geschilderten Fällen durch die **Beziehungssprache** unterdrückt.

Frauen dagegen fühlen sich oft von der **Berichtsprache** des Mannes unterdrückt, die ihnen zu wenig Raum für eigene Einsprengsel lässt. Männer konkurrieren eher um die Rolle des Wortführers, während Frauen darauf bedacht sind, dass alle gleichermaßen zum Zug kommen können – und sei es dadurch, dass sie es zum allgemeinen Konsens machen, durcheinanderzuplappern. Sie ermutigen aber auch schweigsamere Teilnehmer eher zum Reden. Sie beziehen sich auch häufiger auf ihren Vorredner, signalisieren so Anerkennung und Verbundenheit.

Männer dagegen nehmen sich raus, abrupt ein ganz neues Thema zu beginnen. Frauen stellen eher Fragen, um Verbundenheit herzustellen, Männer stellen Fragen, um Informationen zu bekommen. Frauen vermeiden Provokationen und Kontroversen, für Männer sind sie erst die Würze im Gespräch und ein Mittel, Hierarchien auszuhandeln.

So begleitete der »Spiegel« in seiner Ausgabe vom 8.11.2010 Bildungsministerin Annette Schavan und stellte in seinem Porträt fest, dass ihr fachlich und menschlich nichts vorzuwerfen sei. Also wird sie zu »Deutschlands fadester Politikerin«, und der »Spiegel« (Autor des Artikels ist ein Mann) fragt besorgt: »Wie viel Langeweile verträgt Demokratie?« Denn Schavan scheint sich der aggressiven Statussprache ihrer männlichen Politikkollegen zu verweigern: »Die meiste Aufmerksamkeit bekommt, wer Parteifreunde oder Koalitionspartner angreift. Schavan macht da nicht mit. Bei vielen Gesprächen … hat sie nicht einmal gelästert oder gehetzt. Sie war immer sachlich, loyal, konstruktiv«, beobachtet der »Spiegel« erstaunt.

Meiner Meinung nach gewinnen wir jedoch an Ausstrahlung, wenn wir aufhören, im Mittelpunkt stehen zu wollen. Große Menschen der Geschichte zeichneten sich dadurch aus, eben nicht zu hetzen, andere zu unterbrechen oder ständig übertrumpfen zu wollen.

Zuhören ist die größte Form von Respekt

Wir alle können an uns arbeiten und üben, aktiv zuzuhören und zu versuchen zu verstehen, was der andere gemeint hat: Nicht nur inhaltlich, sondern auch, welche Beziehungsbotschaften, welche Selbstoffenbarung, welche Wünsche in seinen Aussagen stecken. Oft stehen wir, noch während der andere redet, schon in den Startlöchern, haben unseren eigenen Beitrag vorformuliert und warten auf die erstbeste Gelegenheit, ihn abzufeuern. Wir können jedoch lernen, dem anderen bis zum Ende zuzuhören, und ihn sogar noch durch Nachfragen ermutigen, noch mehr zu erzählen. Das gibt ihm ein Gefühl, respektiert zu werden und interessant zu sein. Wir können aufhören zu glauben, dass unsere Geschichte interessanter ist als die des anderen. Das nimmt aus Gesprächen die Unruhe heraus, die entsteht, wenn Menschen sich gegenseitig unterbrechen und um ihr Rederecht kämpfen.

Wie gelingt es uns, Gesprächen die gehetzte Atmosphäre zu nehmen? Wir können vor unserer Antwort einmal tief durchatmen und Geduld und Liebe empfinden. Wir können, wenn wir den Impuls verspüren, dem anderen ins Wort zu fallen, ein Signal abrufen: Es kann eine bestimmte unauffällige Handbewegung sein, mit der wir uns selbst ermahnen innezuhalten. Wir können diese Handbewegung mit einem bestimmten inneren Bild verbinden, das für uns Ruhe signalisiert, etwa einer Meeresbrandung oder einem im Wind rauschenden Baum oder einer segelnden Möwe.

Zuzuhören ist schließlich die größte Form von Respekt, die wir unserem Partner entgegenbringen können. Und er macht unsere eigene Ausstrahlung magischer. Deborah Tannen zitiert in ihrem Buch »Du kannst mich einfach nicht verstehen« die Romanautorin Alice Walker zu dem Thema. Walker sagt, dass die Leute vielleicht glauben, sie würden sich verlieben, weil der andere sexuell attraktiv oder sonst irgendwie reizvoll sei, doch »das, wonach wir in Wahrheit suchen, ist ein Mensch, der uns hören kann«.

Angehört und verstanden zu werden – vielleicht ist das tatsächlich unser größter Wunsch in einer Partnerschaft.

»Ihr Perfektionismus und ihre hohen Ansprüche machen uns beide fertig!«

Guido: Anne will immer alles richtig machen. Fährt sie irgendwohin, kundschaftet sie Tage vorher im Internet die Route aus – und wehe, eine Baustelle macht ihr da einen

Strich durch die Rechnung! Macht sie ein Abendessen, wird daraus schnell das perfekte Promi-Dinner. Alles bei ihr muss perfekt sein. Sie hat enorm hohe Ansprüche an sich selbst. Nicht anders ist es mit ihrer Karriereplanung. Sie war immer Klassenbeste, hat in einem Zeitraum Kunstgeschichte studiert, in dem andere gerade erst einmal herausfinden, wo sich in ihrer Uni die Bibliothek befindet. Dann hat sie promoviert. Ihr Ziel war immer, Museumsdirektorin zu werden. Und obwohl sie immer alles richtig machte, erreichte sie ihr Ziel nicht. Alle guten Stellen in Museen waren besetzt, und niemand dachte daran, sie freizumachen. Sie begann lustlos in Galerien zu arbeiten, sie hasste das, die Partys, die Bussis, die egozentrischen Künstler. Manchmal führte sie für ein paar lausige Kröten Touristengruppen durch die Kunsthalle. Stattdessen schimpfte sie über den korrupten Kunstbetrieb, war verbittert und hatte ein Burnout, ohne überhaupt je richtig gearbeitet zu haben. »Ich begreife das alles nicht«, sagte sie. »Hätte ich Drogen genommen, wäre tätowiert und hätte drei uneheliche Kinder, okay, aber ich verstehe nicht, was ich falsch gemacht habe.«

Nun, ich kenne auch eine alleinerziehende Mutter von vier Kindern, alle von verschiedenen Vätern, zwei sind schwarz, und die ist Multimillionärin. Ihr Name ist Madonna. Vielleicht war Anne schlicht zu fokussiert und hat vergessen, nach links und rechts zu gucken. Sie hatte diesen einen Plan und dachte, das Leben würde sie schon belohnen, wenn sie nur brav und fleißig ist. Aber die Welt schuldet niemandem etwas, auch ihr nicht. Sie muss der Welt etwas anbieten, wenn sie etwas zurückhaben will. Ihre Uni, ihre tadellose Lebensführung, ihr Doktortitel, das war erst einmal nur für sie selbst, wieso sollte sie jemand dafür belohnen? Bestimmt hätte ihr etwas mehr

Flexibilität nicht geschadet. Aber sie wollte auch dann vom Plan nicht abrücken, als er nicht aufging. Dann schloss sie mit ihrer beruflichen Laufbahn ab und wollte Mutter werden. Und natürlich plante sie das mit der gleichen Akribie. Sie maß Temperaturen, studierte vorbereitende Bücher, ernährte sich fruchtbarkeitsfördernd und plante einen Umzug in eine kindgerechte Wohnung, noch bevor überhaupt etwas passiert war. Ich fühlte mich zum Befruchter degradiert. Es gab kein Entrinnen aus diesem Plan. Aber die Natur wollte einfach nicht! Ihre Nerven lagen blank, meine auch, und irgendwann entschieden wir die Trennung. Kaum beschlossen, fielen wir übereinander her. Das ist jetzt sechs Jahre her, unser Großer kommt zur Schule, er muss genau an jenem Tag gezeugt worden sein. Ein Happy End, aber es war verdammt knapp!

Warum Beharrlichkeit nicht immer ans Ziel führt

Es fällt oft schwer, sich von einem einmal gefassten Plan zu lösen, denn wir haben gelernt, dass man mit Beharrlichkeit ans Ziel kommt. Oft zahlt sich Beharrlichkeit tatsächlich aus. Sie lässt sich allerdings nicht immer erfolgreich anwenden, sehr viel öfter noch kommen wir mit Flexibilität weiter.

Gerade Frauen erweisen sich oft als beharrlich. Sie wissen, dass sie sich doppelt anstrengen müssen. Sie wollen perfekt sein, und am Ende haben sie doch das Gefühl, dass sie mit allem, was sie tun, nur verlieren können: Sie wollen sich emanzipieren und bekommen dann gesagt, genau das sei der Grund, warum sie nun keinen Mann mehr kriegen. Sie müssen die neuen Aufgaben bewältigen und die alten Rollen bedienen, und sie dürfen sich bei Äußerlichkeiten keinen Patzer erlauben. Frauen erlauben es sich schwerer, Fehler zu machen. Frauen werden für Fehler doppelt hart bestraft, egal, ob es Fehler auf ursprünglich männlichem Terrain sind (Karriere) oder ursprünglich weiblichem Terrain (Aussehen, Haushaltsführung, Kindererziehung). Männer leben ganz selbstverständlich mit ihren Fehlern und haben auch noch eine große Klappe, wenn sie Millionen versenkt haben. Sie halten Fehler für ihr gutes Recht.

Erinnern wir uns: Bei unseren Handlungen richten wir uns nach einer inneren Landkarte. Die bessere Landkarte ist immer die mit mehreren Wegen. Wir sollten daher immer so handeln, dass sich mehrere Möglichkeiten eröffnen. Je mehr Möglichkeiten wir haben, umso freier sind wir, umso besser können wir Einfluss auf unser Leben nehmen und es nach unseren Vorstellungen gestalten. Wenn etwas nicht funktioniert, probieren wir etwas anderes. Dazu gehört, dass wir uns loslösen von unseren Vorstellungen, wie etwas zu sein hat, ob es sich um unsere Karriere, unsere Freizeit oder um unsere Partnerschaft handelt. Wir können uns dafür entscheiden, unsere inneren Räume größer werden lassen. Wir müssen dazu akzeptieren, dass das Leben nicht nach unseren Vorstellungen läuft und wir es zwar beeinflussen, aber nicht kontrollieren können. Ersetzen wir auch hier wieder den Wunsch nach Kontrolle durch Vertrauen – das Vertrauen darauf, dass das Leben letztendlich zu unseren Gunsten entwickelt.

So gewinnen Sie innere Flexibilität

1. Sehen Sie sich Ihre **Werte-Top-Ten** von S. 324 noch einmal an. Jeder Wert, für den Sie Geld ausgeben würden, um ihn zu verwirklichen, ist für Sie ein wirklich wichtiger Wert.
2. Notieren Sie Ihre **drei wichtigsten Ziele,** die Sie zurzeit verfolgen.

3. Reisen Sie in die Zukunft und **stellen Sie sich für jedes Ziel einzeln vor,** Sie hätten es erreicht. Spüren Sie das Glücksgefühl, das sich einstellt, wenn Sie die Ziele erreicht haben. Aus welchen Gründen macht Sie das glücklich? Welche Werte sind durch dieses Ziel verwirklicht? Notieren Sie diese Werte.

4. Es gibt also einerseits die Werte, die Sie verwirklichen, indem Sie Ihre Ziele erreichen, und andererseits die Werte Ihrer Top-Ten, die Sie im ersten Schritt ermittelt haben. **Vergleichen Sie beide Listen, Ihre wichtigsten Werte und Ihre wichtigsten Ziele:** Wären Ihre wichtigsten Werte verwirklicht, wenn Sie Ihre gegenwärtigen Ziele erreichen? Wenn nicht, möchten Sie sich vielleicht weitere Ziele setzen. Vielleicht möchten Sie sich von einem Ziel verabschieden, mit dem Sie nur wenige oder gar keine Ihrer wichtigsten Werte verwirklicht sehen.

5. **Überprüfen Sie Ihre verbleibenden und Ihre neuen Ziele:** Sind es die optimalen Ziele, um Ihre wichtigsten Werte zu verwirklichen? Können Sie sie mit anderen Zielen vielleicht viel besser erreichen? Sind andere Ziele vielleicht besser geeignet? Oft wollen wir etwas aus den falschen Gründen. Dann wiederum ist die Gefahr groß, mit unseren Zielen zu scheitern. Denn wenn wir uns einen Partner wünschen, um Anerkennung zu bekommen, sollten wir uns überlegen, ob wir Anerkennung nicht besser auf anderem Wege bekommen können.

6. **Führen Sie einen inneren Dialog mit Ihrem glücklicheren Zukunfts-Ich.** Es wird Ihnen wertvolle Hinweise geben, welche Ziele Sie zu einem erfüllten Menschen machen.

Flexibilität ist in allen Lebensbereichen nützlich, besonders aber in der Partnerschaft: Denn für sie gelten im Besonderen die Erkenntnisse, die für das Leben allgemein gelten:

👑 **Wahrheit Nr. 95:** Wir können unsere Partnerschaft beeinflussen, aber nicht kontrollieren. Wir müssen diese Tatsache akzeptieren.

👑 **Wahrheit Nr. 96:** Ebenso müssen wir akzeptieren, dass die Partnerschaft sich verändert. Unsere Partnerschaft ist erfolgreicher, wenn wir uns von unserem Plan, wie sie zu funktionieren hat, lösen. Stattdessen können wir unsere Haltung an die Veränderungen anpassen.

👑 **Wahrheit Nr. 97:** Es ist diejenige Partnerschaft erfolgreicher, die nach einer inneren Landkarte mit mehreren Wegen ausgerichtet ist. Lassen wir in der Partnerschaft viele Möglichkeiten offen und handeln wir so, dass sich weitere ergeben.

Kapitel 11

KÖRPER & SEX

»›Schatz, findest du mich nicht zu dick?‹ Ihre Diät nervt«

Chris: Ich lud einmal eine Frau in ein angesagtes Fischrestaurant ein, aber sie studierte die Speisekarte, als stünden da Affenhirn und flambierter Krokodilfuß drauf. Sie bestand dann darauf, wieder zu gehen. Argument: Sie mache die South-Beach-Diät und finde auf der Karte kein kohlenhydratarmes Gericht. Sie wollte dann unbedingt ein anderes Restaurant finden, obwohl es spät war und alle Lokale überfüllt. Ein anderes Mal zwang sie mich, vorm Restaurantbesuch am McDrive anzuhalten, und sie pfiff sich Chicken McNuggets rein. Argument: Die hätten ja kaum Kohlenhydrate (was nicht stimmt, Panade!) und zügelten ihren Hunger im Restaurant. Niemand kann mir erzählen, dass zerhackte, in altes Fett getauchte Massentierhaltungshühner schlanker machen als ein Fischgericht! Eine Logik, die nur Frauen verstehen. Sie hungern spaßfrei und ungesellig, am liebsten öffentlich, und dann bekommen sie im stillen Kämmerlein Heißhungerattacken. Ich rief sie nie mehr an.

Frank: Ich habe mal für Ina ein herrliches Nudelgericht gekocht, und sie sagte nur: »Ich esse doch keine Kohlenhydrate!« Ich sagte ihr: »Man nennt es Pasta, nicht Kohlenhydrate!« Dann sagte sie: »Na gut, weil du es bist«, als täte sie mir einen Gefallen. Hatte nicht ich zwei Stunden in der Küche gestanden? Sie stocherte gequält darin herum, bis ich sie erlöste und ihr den Teller wegnahm.

Phillip: Ich mag es nicht, wenn Frauen nur noch bestimmte Lebensmittel vertragen, alle Zutaten wissen wollen, alles muss bio sein oder makrobiotisch oder sonst was. Sie erinnern mich an hochspezialisierte Tierarten wie Koalas oder

Pandas, die nur bestimmte Pflanzensorten essen. Wir wissen, dass die Evolution nicht gnädig mit ihnen umgeht. Das sind dieselben Frauen, die anständiges, unverdorbenes Essen schnell als eklig bezeichnen. Ich finde das unhöflich und undankbar.

Wahrheit Nr. 98: Männer lieben Frauen, die Freude am Essen haben. Für konfuse oder masochistische Diäten haben sie wenig Verständnis.

»Sie leidet ständig an Wehwehchen«

Mick: Birte, einer Freundin meiner Frau Vera, geht es nur leidlich. Eigentlich leidet sie immer an Grippe, oft aber nur unterschwellig. Dennoch ist Birte, nach langem Studium Hausfrau und Mutter einer Tochter, dadurch verständlicherweise erheblich eingeschränkt. Die Ruhe, die sie sich dann gönnt, ist eine wichtige Maßnahme, damit die unterschwellige Grippe nicht ausbricht. Oft ist sie ans Bett gebunden und muss sich daheim nach Kräften stärken. An ihren verschiedenen Erkrankungen lässt sie ihre Umwelt rege teilhaben. Mal gibt es Fortschritte von ihrem Gesundheitszustand zu berichten, meist aber Rückfälle oder neue diffizile Diagnosen. Der Laie hat ja oft gar keine Ahnung, aus wie vielen Höhlen und Strängen ein Mensch besteht, die allesamt chronisch vereitern können. Die leidende Haltung sorgt dafür, dass wir uns alle schuldig fühlen. Wir wissen nicht ganz, inwiefern wir für ihre verschleppten Erkrankungen verantwortlich sind, spüren aber, dass es damit zu tun haben muss, dass wir ihr die Vitalität rauben. Wenn wir dann noch, gesund auf ihre Kosten, laut sind oder uns hastig bewegen, bedeutet es für Birte reine Pein. Einmal schlug ich ihr vor, ihrem Kränkeln eine geänderte Lebensführung entgegenzusetzen: Sport, viel frische Luft, gesunde Ernährung, kalte Duschen. Sie sah mich entsetzt an, schien ich das Wesen ihres Leids doch völlig verkannt zu haben. Beispielsweise ist ja gerade Ernährung das Problem, sie ist gegen so viel allergisch, dass sie eben nicht einmal einfach einen Salat im Restaurant bestellen kann. Süßigkeiten haben den Vorteil, dass sich in ihnen keine Allergene befinden. Zumindest nicht jene, die ihr das Leben zur Hölle machen. Jahrelang hat sie sich gewundert, dass sie auf dem Paarungsmarkt nicht so gut abschneidet. Wahrscheinlich waren sie von einer verschnupften oder allergischen Birte beim ersten Date so abgeschreckt, dass sie sich nie wieder gemeldet haben. Einer rief dann doch an, und den heiratete sie zum Glück auch gleich. Ein wortkarger Computerspezialist mit einem unendlich belastbaren Gemüt. Nach einer komplett überwachten, schwierigen Schwangerschaft bekam sie ein Kind. Gut, dass ihr Kind meistens bei den Großeltern ist, wenn nicht in seiner Zwölf-Stunden-Kita. Da hat Birte etwas Erleichterung. Wenn beides nicht möglich ist, etwa an Sonntagen, an denen ihre Eltern verreist sind, kommt sie gerne verschnupft zu uns. Da wir uns ja ohnehin um zwei Kinder kümmern müssen, macht eines mehr den Braten auch nicht fett, und Birte spannt derweil auf unserem Sofa aus. Zurzeit erholt sie sich eine Woche in Italien. Mal ganz ohne Kind. Einfach nur mal ruhen.

Tobias: Gibt es eigentlich einen Grund, warum Frauen immer frieren? Warum kleiden sie sich nicht einfach mal dem

Wetter entsprechend? Aber wenn man natürlich immer das heißeste Pferd im Stall sein will, zieht man sich keine Daunenjacke an. Immer haben sie kalte Füße oder sitzen in der Zugluft und wollen Plätze tauschen.

Mary, 25, Studentin, München: Über wehleidige Männer wurde so viel berichtet, ich will mich kurz fassen. Sven brütet ständig etwas aus. Halsschmerzen hat er eigentlich permanent, und er verlangt Tees, Suppen, Gesundheitsbäder. Männer schaffen es auf diese Weise, einen zur Mutti zu machen. Komischerweise sind die Halsschmerzen aber verschwunden, wenn die Wiesn startet oder ein Skiwochenende mit Kumpels anliegt, wenn es ein Rockkonzert gibt oder ein Freund Geburtstag feiert. Wie weggeblasen!

Von Liebe und Leid

Wir alle sind Teil einer grausamen Evolution – und Gesundheit erhöht die Chance auf dem Paarungsmarkt. Allerdings sind wir Menschen, keine Tiere, und deswegen unterstützen wir uns bei Krankheiten und beißen uns nicht tot oder überlassen uns Geiern – wobei viele Tierarten, Wildhunde oder Elefanten etwa, ebenfalls kranke Rudel- bzw. Herdenmitglieder unterstützen. Jedoch ist Gesundheit keine Lotterie, und jeder kann etwas dafür tun, möglichst gesund zu bleiben. Gleichermaßen sollten Krankheiten nicht dazu benutzt werden, um bestimmte Rollenmuster (Mutti/krankes Kind, Onkel Doktor/Patientin) in einer Partnerschaft durchzusetzen, die dort nicht hingehören. Außerdem sollten Zipperlein nicht vorgeschoben werden, um sich auf Kosten des anderen auszuruhen oder seine Verweigerungshaltung durchzusetzen. Gleichzeitig gibt es eine Grenze, wie viel Leid ich mit dem anderen teilen sollte und wie viel ich mit mir ausmache.

»Sie treibt einen Keil zwischen mich und meine Pornosammlung!«

Chris: Am Abend vor Pornogate sah es zunächst danach aus, als könnte ich den Tag angenehm mit mir selbst ausklingen lassen. Klara war vor irgendeiner Jennifer-Aniston-DVD eingeschlafen, weil sie dabei eine halbe Pulle Prosecco gesüppelt hatte. Ich schlich mich an die Fernbedienung, drückte auf Stopp, gerade als Vince Vaughn zu Jennifer Aniston sagte, wie gut es sei, dass sie zurück ist, und Jennifer Aniston entgegnete, dass es gut sei, wieder zurück zu sein. Klara grunzte kurz protestierend, schleppte sich dann aber von der Couch ins Bett. Freie Bahn für mich! Ich legte Jennifer Aniston aus dem Player und »Die megageile Kükenfarm Teil 4« hinein. Das Gute an dem Film: Man versteht ihn, ohne die vorherigen Teile gesehen zu haben. Klaras griffbereite Kleenex-Packung, die für ihre Schnulzfilm-Heulattacken bereitsteht, kam mir jedenfalls sehr gelegen.

Am nächsten Abend wollte Klara mit dem restlichen Prosecco in der Hand sehen, wie es weitergeht mit Jennifer Aniston und Vince Vaughn, drückte auf Play, wurde dann aber überrascht von einer ganz anderen, ebenfalls talentierten Hollywood-Schauspielerin, nämlich Jenna Jameson, die gerade ihren Würgreflex unterdrückte. Nicht anzunehmen, dass sie sich für diese Strapaze doubeln lässt. Eine wütende Klara stellte nach diesem Vorfall die Bude auf den Kopf, leider auch mein Schreibtischunterregal, konfrontierte mich dann mit einer Kiste voller DVDs, zischte was von »widerlichem Wichserkram« und »perversem Schweinzeugs« und »Wenn die Kinder das finden!«. Ich wendete vorsichtig ein, dass wir ja gar keine Kinder haben. »Chris, das ist jetzt nicht der Zeitpunkt, mit mir Details zu diskutieren!«, schnauzte sie. Dann drückte sie drohend die DVD-Kiste an meinen Brustkorb und sagte: »Sie oder ich!« Weinerlich sah ich in die Kiste und begriff, dass es wohl hieß, Abschied zu nehmen von Jenna Jameson, Nessa Devil und leider auch von Tera Patrick. Kurz ging mir durch den Kopf zu sagen: ›Ich mag dich, aber wenn du mich so vor die Wahl stellst ...‹, ihr die Kiste aus der Hand zu reißen, zu Holger zu laufen und mit ihm und viel Bier eine astreine Pornonacht zu feiern. Doch natürlich beugte ich mich ihrem Willen und verbannte Jenna & Co. wenigstens in den Keller.

Was stellt sie sich so an? Wieso darf sie zum 100. Mal Matthew McConaugheys Bauchmuskeln in ›Surfer, Dude‹ bewundern, aber ich darf Jenna Jamesons Brüste nicht wippen sehen? Chill out, Klara! It's only porn, and I like it!

Doro: Lieber Chris, du hast also eine charmante, kluge, schöne, gebildete, vorzeigbare Freundin, die dich liebt und Kinder von dir will und sich ansonsten offenbar ganz prima mit sich selbst beschäftigen kann, nämlich mit einer Jennifer-Aniston-DVD und einem moderat alkoholischen Getränk. Und was willst du? Eine wild auf dir reitende, sich lüstern die Brüste zusammenquetschende Porno-Queen, die wie eine ausgehungerte Forelle nach den Fortpflanzungsorganen der Männer schnappt. Ihr Styling und ihr Make-up sind höchst fragwürdig, anders ausgedrückt: nuttig. Ihr ganzer Ehrgeiz scheint es zu sein, das Sperma des Mannes abzuzapfen, als ginge es darum, eine Goldmine aufzutun. Du bist ein infantiler Wicht, der nicht begriffen hat, dass Sex nichts, aber auch gar nichts mit einem Pornofilm zu tun hat. Meinst du, die Frau in dem Film hat Spaß dabei? Meinst du, sie fühlt sich nicht ausgebrannt, nach so einem Tag, in so einem Leben? Sie ist in die Fänge einer verbrecherischen Industrie geraten, die Frauen zum reinen Besamungsmaterial degradiert. Mach dich nicht zum Opfer deiner niedersten Instinkte. Sperr Jenna und die ganze Möpse-Meute in den Keller und sag deiner Freundin, wie sehr du sie begehrst!

PorNo?

Es gibt Schmetterlingsarten, bei denen das Männchen sich sein Weibchen nach seiner Flügelgröße auswählt. Je größer das Weibchen, desto heißer wird er auf sie. In Versuchen haben Forscher übergroße Schmetterlingsattrappen hergestellt. Das Schmetterlingsmännchen fand nur noch die Attrappe spannend, ignorierte dagegen die ganzen paarungswillig um ihn herumflatternden echten Weibchen. Dieselbe Gefahr ist durch Pornofilme gegeben: Deren Reize sind aus marktwirtschaftlichen Gründen so überspitzt, sei es durch künstliche Busen oder wildeste Sexualpraktiken, dass es schwerfallen kann, seine ganze Libido auf die reale Frau im eigenen Schlafzimmer zu projizieren. Es findet also eine übermächtige virtuelle Konkurrenz statt.

Außerdem bilden sich durch Pornofilme Mythen, etwa dass ein Mann immer kann und eine Frau immer will, dass Sex linear stattfindet, die Erregung sich immer weiter steigert bis zum Orgasmus, dass nur Penetration, möglichst mit einem großen Glied, befriedigend ist.

Wenn wir einen Porno jedoch als das nehmen, was er ist, eine Illusion, ein Märchen für Erwachsene, eine Phantasie, in welcher der

Sex losgelöst von jeder sozialen Komponente funktioniert, dann kann sich auch eine Frau diesem Thema nähern. Und wenn es nur deswegen ist, weil man sich immer besser selbst ein Bild macht. Einen Pornofilm irritierend oder abstoßend zu finden ist dabei als Reaktion genauso in Ordnung wie ihn anziehend zu finden oder alles auf einmal. Pornos bedienen Männerphantasien, sind visueller und auch derber, als es den meisten Frauen gefällt. Doch es gibt eine Schnittmenge, Pornos, die Frauen genauso gefallen wie Männern. Man kann diese Schnittmenge gemeinsam finden und so Neues über sich, seinen Partner und dessen Phantasien lernen.

Warum Sie sich überhaupt mit diesem Schmuddelthema auseinandersetzen sollten? Pornos bilden nicht den realen Sex ab, aber sie sind Teil der Realität, und keine Kampagne der Welt wird sie abschaffen können. Sie existieren in allen Gesellschaften und zu allen Zeiten seit der Antike. Sie scheinen ein Stück Freiheit, Selbstbestimmung und Demokratie zu sein. In undemokratischen Staaten, in denen sie verboten sind, existieren sie umso mehr auf dem Schwarzmarkt. Menschen nehmen dort Gefahren für sie auf sich. Pornographie deckt offenbar ein elementares menschliches Bedürfnis.

Und sicher gibt es, wie Doro feststellte, Darstellerinnen, die in die Pornoindustrie geraten, weil sie keine anderen Alternativen für sich sahen – so wie es auch Kassiererinnen gibt, die sich ausgebeutet fühlen. Aber es gibt auch Pornodarstellerinnen, die selbstbestimmt ihren Beruf wählten, und die wollen ungern zu Opfern gemacht werden. »Weißt du, warum ich ausgestiegen bin?«, sagte einmal eine Ex-Porno-Queen zu mir. »Nicht, weil es mich zermürbt hat, sondern weil es so durch und durch erfüllend war. Sex, Geld, Reisen, Partys, Spaß, jedes Bedürfnis wurde bequem befriedigt, jeden Tag aufs Neue. Es ist nicht gut für die Entwicklung eines Menschen, schon mit Ende 20 im Paradies zu leben. Was sollte noch kommen, was mich noch locken?«

Wahrheit Nr. 100: Jeder Mann konsumiert Pornographie, und jeder, der sagt, er tue es nicht, lügt.

Und immer mehr Frauen finden ebenfalls Gefallen daran. Trotz der Gefahren, die sie wie alles im Leben birgt. Sie gänzlich auszuklammern oder dem Partner zu verbieten ist keine Lösung. Betrachten Sie sie lieber als Möglichkeit, sich fortzubilden, als bitte nicht ernstzunehmenden Erwachsenen-Comic und als eine von vielen möglichen Bereicherungen für Ihr Sexleben. Wenn Sie sich irgendwie an den Gedanken gewöhnen können, versuchen Sie es und genießen Sie Pornographie zusammen, statt IHN dazu zu zwingen, sie heimlich zu konsumieren. Versuchen Sie, über Pornographie mehr über Ihren Partner herauszufinden, zu lernen, wie er sexuell tickt. Nutzen Sie Ihre neuen Informationen. Schaffen Sie Gemeinsamkeiten statt Tabus!

Doch trotz Ihrer Aufgeschlossenheit: Natürlich bleiben Pornos überwiegend Männersache. Gönnen Sie ihm doch seine kleine Entspannung mit Jenna, Nessa & Co. Onanie kann keinen partnerschaftlichen Sex ersetzen, aber warum sollte partnerschaftlicher Sex keine Onanie neben sich dulden? Statt also Jenna und ihre Arbeitskolleginnen in den Keller zu verbannen, werfen Sie lächelnd Ihren eigenen Sexfilm an, und wenn es nur der in Ihrem Kopf ist.

»Sie nutzt Sex, um ihren Willen durchzusetzen«

Hassan: Am Anfang sind sie Sexbomben, und dann verwandeln sie sich in Ugly Betty. Sie geben sich einfach keine Mühe mehr, wenn sie mit jemandem zusammen sind, machen sich nicht mehr zurecht, laufen meistens nur noch in den immer gleichen Leggins rum.

Tobias: Ein bisschen Geknutsche, ein bisschen Gefummel, dann wird kopuliert. Sex mit Frauen ist manchmal so überraschend wie die Anfangszeit der Tagesschau. Ich wünsche mir, dass Frauen mal von sich aus dem Sex ein Upgrade verpassen und die Verantwortung für eine ideenreiche Gestaltung nicht immer uns Männern überlassen.

Frank: Frauen sagen oft nicht, was sie im Bett wirklich wollen. Sie erwarten, dass man es errät. Ich würde mir mehr Offenheit wünschen.

Warum wir in Sachen Sex so unsicher sind

Kein menschlicher Bereich ist so sensibel wie die Sexualität. Hier offenbaren wir dem Partner unser Inneres, unsere Natur, die wir oft selbst gar nicht richtig kennen und verstehen. Wir liefern uns ihm nackt aus, und das wortwörtlich. Kein zwischenmenschlicher Bereich birgt mehr Risiken: das Risiko, zurückgewiesen, gedemütigt und verletzt zu werden. Die Chance: Kein anderer Bereich schweißt Partner mehr zusammen und sorgt für mehr Intimität. Wir fühlen uns angenommen, wenn er unter den richtigen Bedingungen geschieht.

Jeder Mensch hat in Bezug auf Sexualität mit Unsicherheiten zu kämpfen, mehr oder weniger sein Leben lang. Unsere Gesellschaft überkompensiert diese Unsicherheit: In der Werbung ist Sexualität angstfrei und perfekt, frei von Dellen, Pannen, menschlichen Gerüchen oder seltsamen Geräuschen. In der Pornographie ist Sexualität reduziert auf den nackten Trieb und drastisch übersteigert. Der Verklemmung wird durch Aggressivität und eine Überschreitung der Ekelgrenzen begegnet. Pornographie zeigt Details, aber immer nur einen Ausschnitt der Sexualität. In Literatur oder Kino ist Sexualität bedeutungsvoll stilisiert, es gibt zerkratzte Rücken und orgiastische Maskenbälle und endloses Gerolle an paradiesischen Stränden. Kurz: Unsere Kultur zeigt ein Zerrbild der Sexualität, das eine Antwort ist auf unsere Wünsche und Ängste.

Im Folgenden möchte ich einige der Mythen aufzeigen, denen wir im Bereich der Sexualität erliegen. Erkennen wir die Mythen, haben wir die Chance, ihnen Wahrhaftigkeit entgegenzusetzen. Und umso wahrhaftiger und angstfreier unser sexueller Umgang miteinander ist, desto lieber rufen wir uns nach einer verbrachten Nacht wieder an.

17 Mythen über Sex

Sex-Mythos Nr. 1:
Alle anderen haben ein erfüllteres Sexleben

Die Wahrheit: Das Sexleben von anderen ist genauso anfällig für Unsicherheiten und Störungen wie Ihres.

Kein Paar hat immer nur guten Sex. Nicht einmal Paare, die das von sich behaupten oder die so wirken, als fallen sie übereinander her, sobald alle anderen nur mal kurz zur Seite gucken. Also nicht einmal Heidi Klum und Seal, Penélope Cruz und Javier Bardem, Pink und Corey Hart oder die Effenbergs. Obwohl, bei den Effenbergs bin ich mir plötzlich nicht mehr sicher. Ansonsten gilt: Andere haben genauso Durststrecken und wie du und ich. Es ist das Wesen der sexuellen Biologie, dass wir ständig einem Versprechen hinterherjagen, das sich nie komplett erfüllt. Unser Verlangen ist nie ganz gestillt. Andere sind davon genauso betroffen wie wir selbst. Auf keinem Gebiet wird so viel tabuisiert, geblendet, auf plumpe oder subtile Weise angegeben.

Wenn Sie jedoch jemanden kennen, dessen Sexualleben Ihnen tatsächlich beneidenswert erscheint, was spricht dagegen, sich ein paar Informationen zu holen? Versuchen Sie, die Einzelbestandteile seines oder ihres Erfolgs auszumachen: Wie stellt er/sie die optimalen Bedingungen für Sex her? Welche Ideen, Phantasien, Tricks, Kniffe benutzt er/sie? Fragen Sie offen um Rat. Der/diejenige wird geschmeichelt sein und Sie gern ein bisschen in die Trickkiste schauen lassen.

Probieren Sie einiges selbst aus, lassen Sie das weg, von dem Sie merken, dass es für Sie nicht funktioniert. Verstärken Sie die Bemühungen in den Bereichen, in denen Sie das Gefühl haben, auf dem richtigen Weg zu sein.

Sex-Mythos Nr. 2:
Sex lässt sich prima als Waffe einsetzen

Die Wahrheit: Sex ist nur Selbstzweck. Er ist die beste Art, Intimität zwischen zwei Menschen zu vertiefen und zu festigen, auch wenn er kein Garant dafür ist.

Überfrachten wir Sex nicht mit Aufgaben, die er nicht hat. Sex ist nicht dazu da, eine Beziehung zu retten oder auch nur einen Streit zu kitten. Sexentzug ist keine angemessene Strafe, weil er am Kern des Konflikts vorbeiführt und nur neue Konflikte schafft. Sex ist keine Belohnung. Sex kann Zuwendung nicht ersetzen. Sex kann zwar das Selbstwertgefühl steigern. Er führt dazu, dass wir uns in unserer Körperlichkeit und Geschlechtlichkeit angenommen fühlen. Es ist jedoch nicht die Aufgabe von Sex, unser Ego zu füttern. Sex, der nur dem Ego dient, bleibt distanziert. Wir sollten Sex nicht nutzen, um unseren Willen zu bekommen. Sex ist auch das falsche Mittel, um jemanden zu erpressen oder dazu zu bewegen, etwas zu tun. Es kann zwar funktionieren, und es muss nicht zwangsläufig negative Folgen haben. Sex ist nur einfach nicht dazu da. Und wir verkomplizieren es, sexuelle Erfüllung zu finden, wenn wir Sex mit anderen Aufgaben verknüpfen.

Sex-Mythos Nr. 3:
Männer sind, was Sex betrifft, einfach gestrickt

Die Wahrheit: Männer besitzen auf sexuellem Gebiet ebenso viele Ängste, Unsicherheiten, Selbstzweifel wie Frauen. Ihre sexuelle Natur ist ebenfalls komplex und widersprüchlich.

Sex und das andere Geschlecht sind auch für Männer verwirrend. Sie machen sich genauso viele Gedanken. Die Gedanken sind manchmal nur anderer Natur, und Männer gehen anders mit ihnen um. Männer haben Angst, dass ihr Penis zu kurz oder nicht richtig geformt ist. Sie haben Angst davor, beim Zusammensein mit einer Frau nervös zu sein. Prompt sind sie oft nervös. Sie fürchten, keine Erektion zu bekommen oder zu früh zu ejakulieren und eine Frau nicht zu befriedigen. Sie haben Angst vor der Sexualität einer Frau, die ihnen rätselhaft und unfassbar erscheint. Sie sind verunsichert durch Mythen wie denen von endlosen multiplen Orgasmen, zu denen Frauen fähig seien. Männer haben Angst, dass ihre Phantasien nicht »normal« sein könnten. Sie haben aber auch Angst, es könnte nicht »normal« sein, dass sie zu bestimmten Praktiken keine Lust haben. So kenne ich Männer, die sich schuldig fühlten, weil sie glaubten, vor Glück ausflippen zu müssen, wenn sie von ihrer Partnerin oral befriedigt werden. In Wahrheit aber ließ sie diese Praktik ziemlich kalt.

Sex ist auch für Männer mit Risiken verbunden. Dazu gehört das Risiko, übergroßen Erwartungen, eigenen und denen der Partnerin, nicht gerecht zu werden und sich als Versager zu fühlen. Aber auch das Risiko, verletzt, gedemütigt oder enttäuscht zu werden. Nicht nur Frauen geben beim Sex eine Menge von sich preis.

Sex-Mythos Nr. 4:
Männer wollen immer nur das eine

Die Wahrheit: Männer empfinden Sex manchmal als eine Last.
Ihre Libido ist genauso störanfällig wie die von Frauen. Manchmal
sind die Bedingungen nicht erfüllt, die sie benötigen, um Sex genießen zu können. Manchmal fühlen sie sich überrumpelt, bedrängt,
manipuliert. Manchmal sind ihnen Erwartungen und Druck zu
groß. Manchmal genießen sie Sex nicht. Manchmal empfinden sie
Sex als Arbeit.
Manchmal rufen sie genau deswegen nicht an. Um sich vor der Arbeit zu drücken.

Sex-Mythos Nr. 5:
Männer ergreifen immer die Initiative

**Die Wahrheit: Manchmal wünschen sie sich, dass Frauen beim
Sex aktiv werden.**

> **Frank:** Manchmal stört es mich, dass immer ich den Anfang
> mache soll. Ich merke, dass sie Lust hat, aber sie schleicht
> dann rum und wartet, dass ich sie verführe. Manchmal ist
> mir das lästig, ich bin dann auch einfach trotzig.

Denn auf Männern lasten einige Aufgaben: Sie müssen ein ange-
messenes Ambiente schaffen, verführen, dafür sorgen, dass die
Frau in Stimmung kommt und in Stimmung bleibt, sie müssen sich
geschickt anstellen und zärtlich sein, aber auch wild und leidenschaftlich. Sie sind für die Befriedigung ihrer Frau zuständig und
müssen selbst zum Abschluss kommen. Sie tragen die Verantwortung und fühlen sich schuldig, wenn irgendetwas nicht so gelaufen

ist, wie die Frau es wünscht. Doch wäre es nicht gerechter, die Verantwortung zu teilen?

Sex-Mythos Nr. 6:
Männer gehen rücksichtslos vor, wenn sie Sex wollen

Die Wahrheit: Männern fällt es manchmal schwer, Signale zu entschlüsseln.

Sandra Bullock spielt in »Ein Chef zum Verlieben« eine Öko-Anwältin, die einen fiesen Baulöwen (gespielt von Hugh Grant) erst nicht leiden kann, dann Sympathie für ihn entwickelt und sich schließlich in ihn verliebt, sich aber natürlich weiter gegen seine Avancen wehrt, bis zum Happy End.

Kinofilme, Literatur oder Fernsehen vermitteln uns eine kulturelle Norm: Frauen haben gelernt, sich unnahbar zu geben, auch wenn sie interessiert sind. Und Männer haben gelernt, dass das spröde Verhalten einer Frau womöglich nur eine Fassade ist und sie am Ende dafür belohnt werden, wenn sie sich davon nicht abschrecken lassen und hartnäckig bleiben. Manchmal können sie gespielte Zurückweisung nicht von ernstgemeinter Zurückweisung unterscheiden. Daran sind weder Frauen noch Männer schuld, es handelt sich schlicht um ein kulturelles Phänomen.

Sex-Mythos Nr. 7:
Am Sexleben kann ich ablesen, wie gut unsere Beziehung ist

Die Wahrheit: Guter Sex kann, muss aber nicht ein Hinweis auf eine funktionierende Beziehung sein.

In der Zeitschrift »Neon« vom Juli 2010 stellt ein Artikel folgende These über Beziehungen auf: »Die Wahrheit: Nichts läuft gut, wenn es im Bett nicht läuft.« Sex sei der beste Seismograph der Liebe. In dem Artikel heißt es: »Das Tückische am Sex ist: Wenn man ihn mal nicht hat, dann kann man auch anders Nähe herstellen, ohne dass gleich die Liebe darunter leidet.«

Ich stimme dem zu, sehe es jedoch nicht als tückisch an, sondern als Chance, dass sich Nähe auch anders herstellen lässt als durch Sex. Das nämlich befreit den Sex von dem Druck, für das Überleben der Partnerschaft zuständig zu sein. Ich halte es für einen Gewinn, jede Form von körperlicher Nähe als gleichberechtigt zum Geschlechtsverkehr zu betrachten. Guter Sex kann anzeigen, dass die Beziehung funktioniert, aber andere Formen von körperlicher Nähe sind dazu ebenso in der Lage wie Sex im engeren Sinn. Dass sich die Qualität einer Beziehung in Penetrationen messen lässt, ist eine recht enge Betrachtungsweise. Sie erzeugt Druck.

Wichtig sei »viel Sex«, heißt es in dem Artikel weiter. Man kann sich denken, welche Gedanken solche Aussagen erzeugen: Ich muss es ganz oft machen oder meine Beziehung ist minderwertig. Fakt ist: Ganz so einfach ist es nicht. Es gibt zahlreiche Gründe, warum Paare mal mehr, mal weniger oder zeitweise auch gar keinen Sex haben. Ebenso gibt es Menschen, die zwar hervorragenden Sex haben, aber außerhalb des Betts nicht viel miteinander anzufangen wissen. Sex zwischen zwei Menschen kann auch lieblos und fremd sein. Eine einfache Formel »Viel Sex gleich gute Beziehung« gibt es also nicht.

Sex-Mythos Nr. 8:
Männer wollen keine Zärtlichkeit

Die Wahrheit: Männer haben Probleme, ihr Zärtlichkeitsbedürfnis zu erkennen.

Sie haben in ihrer Sozialisation gelernt, dass männliche Sexualität nichts mit Zärtlichkeit zu tun hat. Jungs prahlen voreinander, wen sie »flachgelegt« haben, meist in einer vulgären Sprache, die einen größtmöglichen Abstand schafft zum verwirrenden und beängstigenden Sujet und zum unbekannten Wesen, dem Mädchen. Sie schwärmen einander niemals von Zärtlichkeit und Intimität vor, die sie mit einem Mädchen erlebt haben. Jungs finden kaum Vorbilder, die ihnen zeigen, wie man ihren Wunsch nach Zärtlichkeit ausdrückt. Während sie Hunderte Begriffe für »miteinander schlafen« oder Geschlechtsorgane kennen, fehlen Männern für ihr Zärtlichkeitsbedürfnis die Worte. Häufig verwechseln Männer ihr Bedürfnis nach Berührung, Annahme oder Nähe mit dem Bedürfnis nach Sex.

Manchmal machen Männer Sex, obwohl sie eigentlich eine Umarmung wollen. Zwar gibt es den Spruch: »Die ideale Frau verwandelt sich nach dem Sex in ein paar Kumpels und einen Kasten Bier.« Tatsächlich schlafen Männer nach dem Sex lieber, als lange zu kuscheln. Daraus zu schließen, dass Männer überhaupt nie kuscheln wollen, wäre ein Irrtum. Sowohl Männer als auch Frauen haben ein Bedürfnis nach Zärtlichkeit, die nicht zum Geschlechtsverkehr führt. Und beide haben manchmal auch Lust auf Sex, der gar nicht zärtlich ist.

Sex-Mythos Nr. 9:
Männer geben Liebe, damit sie Sex bekommen; Frauen geben Sex, damit sie Liebe bekommen

Die Wahrheit: Frauen und Männer haben gleichermaßen ein Bedürfnis nach Sex und ein Bedürfnis nach Liebe.

Ich glaube nicht an diesen häufig zitierten Kuhhandel. Auch Frauen besitzen einen Sextrieb. Es ist nur möglich, dass sie ihn kulturell und gesellschaftlich bedingt viel öfter in einen Wunsch nach Liebe verpacken und vielleicht manchmal selbst beides nicht auseinanderhalten können. Erst dank des Feminismus gestehen sich Frauen zu, Sex ganz ohne Liebe zu genießen. Immer mehr Frauen haben über sich erfahren, dass sie Sex mit Männern haben können, von denen sie am nächsten Tag gar nicht angerufen werden wollen, oder sie erleben eine rein sexuelle Beziehung als gewinnend. Ohne dass sie das Opfer sein müssen, das unter falschen Versprechungen verführt wurde. Sex ohne Liebe – nicht als Dogma, sondern als Variante und Teil einer noch neuen Entscheidungsfreiheit.

Genauso haben Männer ein Bedürfnis nach echter Intimität. Es wäre nicht besonders schwer für einen Mann im 21. Jahrhundert, ein buntes Sexualleben ohne Liebe zu verwirklichen. Möglichkeiten, Frauen aufzureißen, gibt es zahlreiche, Prostituierte sind für die meisten Männer erschwinglich. Doch das scheint den meisten Männern nicht zu reichen. Deswegen reißen sie sich oft ein Bein aus, um eine bestimmte Frau zu erobern, laden sie zu teuren Essen ein, obwohl der Ausgang des Abends ungewiss ist, reisen ihr über Kontinente hinterher, leiden wie Hunde, wenn sie abgewiesen werden. Richtig ist es wohl, dass Männer ihre Sehnsucht nach Liebe häufiger zu einer Lust auf Sex bagatellisieren und manchmal selbst beides verwechseln.

Sex-Mythos Nr. 10:
Sex führt über Berührung zum Geschlechtsverkehr und steigert sich zum Orgasmus

Die Wahrheit: Es gibt keine Regel, wie Sex abzulaufen hat.

Da Männer gelernt haben, dass Körperkontakt nur angemessen ist, wenn er mit Sex zu tun hat, glauben sie, dass jeder Körperkontakt zu Sex führen muss. Dabei ist Geschlechtsverkehr nur eine Möglichkeit, Sex miteinander zu haben. Bei manchen Gelegenheiten und unter manchen Bedingungen sind andere Möglichkeiten zu bevorzugen.

Für Sex sind auch keine Erektion und keine feuchte Scheide und kein Orgasmus notwendig. Auch muss die Erregung sich nicht linear zum Orgasmus steigern. Sie kann kurvenartig verlaufen, es kann Pausen beliebiger Länge geben. Man kann Sex jederzeit unterbrechen, ohne dass man ihn als »misslungenen Sex« bezeichnen muss. Denn Sex kann auch jederzeit wieder aufgenommen werden.

Sex-Mythos Nr. 11:
Sex muss immer spannend sein

Die Wahrheit: Sex muss nicht ekstatisch sein, um seine Berechtigung zu haben.

Manchmal ist Sex reine Triebbefriedigung, manchmal ist er »irgendwie«, manchmal ist er lustig oder schräg, manchmal schnell vorüber und manchmal schnell vergessen. Wir orientieren uns jedoch mit unserer Vorstellung, wie Sex auszusehen hätte, an Vorbildern, die nicht wirklich sind: an Kinofiguren, Werbemodels oder Pornostars. Durch Kino, Werbung, Porno, Literatur haben wir ein

Bild davon im Kopf, wie Sex auszusehen hätte: rauschhaft, aufregend, rücksichtslos, mit vom Tisch gefegten Gläsern, zerkratzten Rücken und schweißnassen Haaren und einem explosionsartigen Höhepunkt. Sex kann leidenschaftlich und animalisch sein, aber er ist selten so.

Eine Aufgabe von Sex ist es, zwei Menschen aneinander zu binden. Dazu wird das Hormon Oxytocin ausgeschüttet. Eine solche Bindung entsteht allmählich, nicht durch jähe ekstatische Erlebnisse. Oxytocin wird beispielsweise auch durch Kuscheln ausgeschüttet. Viele vergleichsweise unspektakuläre sexuelle Erlebnisse mit einer Person entfalten demnach mit der Zeit erst eine große Wirkung. Sex darf also ruhig mal etwas langweilig sein, ohne dass wir besorgt sein müssen.

Sex-Mythos Nr. 12:
Man muss den Sex aufregend halten

Es gibt viele Methoden, um die Spannung im Liebesleben zu vergrößern oder zumindest zu halten: Reizwäsche, Latexbettlaken, Sexspielzeug, ausgefallene Orte, Sadomaso, Rollenspiele, man reißt sich in Bars auf oder geht ins Stundenhotel oder macht einen Dreier oder zieht sich beim Sex Tiermasken auf und schimpft sich aus. Man kann Schulsituationen, Gefängnissituationen, Ordnungsamtsituationen oder Arztpraxissituationen nachstellen, was einem gerade gefällt. Man kann die Kleidung des Partners anziehen oder ein Fest à la »Eyes Wide Shut« schmeißen, Sie wissen schon, die Orgienszene. Man kann sich beim Gruppensex zu Wesen mit so vielen Armen und Beinen verknoten, dass Hindus einen als Götter anbeten würden. Man kann es auch mit Aphrodisiaka, Drogen oder Potenzmitteln versuchen. Erlaubt ist, was Spaß und Steigerung verspricht.

Die Wahrheit: Sie brauchen nichts von alledem. Um wirklich guten Sex zu haben, müssen wir vor allem uns selbst und unseren Partner wirklich kennenlernen wollen.

Wir müssen die Bereitschaft haben, etwas über die Bedingungen zu erfahren, die wir für Sex benötigen und die unsere Partner benötigt. Es bedeutet, auf den anderen einzugehen und in der Partnerschaft aufzugehen. Sex findet nicht in den Genitalien statt, sondern im Kopf. Er ist gut, wenn eine Verbindung zwischen zwei Menschen besteht. Es ist so einfach und doch so schwer.

Sex-Mythos Nr. 13:
Wenn eine Frau nur attraktiv und schlank bleibt, wird ihr Mann an keine andere denken

Die Wahrheit: Ein Mann wird immer auch andere Frauen reizvoll finden.

Das wird sogar auf die Partner von Gisele Bündchen oder Karolina Kurkova zutreffen. Und ein Mann wird nicht nur Frauen reizvoll finden, die attraktiver sind als seine Partnerin. Im Gegenteil. Männer sind, was ihre Phantasien betrifft, erstaunlich flexibel. Sie phantasieren auch von dickeren, älteren oder auf den ersten Blick wenig attraktiven Frauen. Fragen Sie einmal in der Videothek, welche Pornos besonders oft verliehen sind. Es sind nicht die mit den perfekt modellierten Hollywood-Körpern.

Es ist einfach eine Tatsache, dass das Gehirn von Männern genauso wie das von Frauen sehr flatterhaft und die Phantasie grenzenlos ist. Wenn man das einmal akzeptiert hat, kann man sich über Wichtigeres Gedanken machen.

Sex-Mythos Nr. 14:
Entweder man passt sexuell zusammen oder nicht

Die Wahrheit: Sex ist ein Lernprozess. Viele Paare haben guten Sex nach kürzeren oder auch langen Anfangsschwierigkeiten.
Der Mensch muss fast alles erlernen, und er kann fast alles erlernen. Alles, was leicht und wie selbstverständlich aussieht, bedarf Training, Wissen und Routine. Ob Sie laufen oder sprechen oder schreiben oder im Supermarkt einkaufen und daraus eine Mahlzeit werden lassen, ob Sie ein Gemälde malen, auf einem Trapez schwingen, einen Fußball dribbeln oder Violine spielen – alles, was Sie heute wie automatisch machen, mussten Sie erst lernen. Warum sollte gerade Sex kein Lernprozess sein?

Sex-Mythos Nr. 15:
Sex entsteht spontan

Die Wahrheit: Sex lässt sich auch verordnen.
Wir sehen uns in einer Welt der Ordnung, Kontrolle und Termine und wollen, dass der Sex ein archaisches Gegengewicht bildet: Er soll sich einfach aus Impulsen ergeben. Sex ist doch ein Instinkt! Es stimmt zwar, dass der Sexualtrieb angeboren ist, aber er unterliegt langen Lernprozessen. Wenn ein Affe isoliert aufgewachsen ist und dann mit einem Weibchen zusammenkommt, weiß er nichts mit seiner Artgenossin anzufangen. Er scheint zwar einen Trieb zu haben, kann ihn aber nicht umsetzen.
Wir können lernen, unter welchen Bedingungen wir gerne Sex haben und unter welchen unser Partner, und wir können diese Bedingungen gezielt schaffen. Es hilft auch hier, unsere Sinne zu schärfen und möglichst viele Informationen zu sammeln. Sex kann vorbereitet werden. Also lässt er sich auch planen und verordnen.

Viele Paartherapeuten empfehlen ihren Klienten, sich zum Sex zu verabreden und bestimmte feste Termine dafür zu reservieren. Das Einzige, was sich nicht verordnen lässt, ist spontaner Sex. Also entlasten wir uns am besten gleich von dem Druck, Sex müsse sich spontan ergeben.

Sex-Mythos Nr. 16:
Sex muss beiden gleich viel Spaß machen

Die Wahrheit: Sex kann auch ein Gefallen sein.
Manchmal liegt der Spaß beim Sex eben darin, dem anderen Spaß zu bereiten. Das kann schon Belohnung genug sein. Deswegen sollte man sich eine größtmögliche Offenheit bewahren, was Wünsche und Phantasien des Partners betrifft.

Sex-Mythos Nr. 17:
Wenn man auf einen bestimmten Typ oder eine bestimmte Art von Sex nicht abfährt, ist das eben so

Die Wahrheit: Nicht ein Mann oder eine bestimmte Art von Sex erregt Sie, sondern die Art, wie Sie über den Mann oder die Art von Sex denken.
Was wir wahrnehmen, ist zunächst ungerichtet. Erst unsere Gedanken teilen die Reize in angenehm/unangenehm ein, in sexy/unsexy. Der Sex-Appeal eines Mannes geht nicht vom Mann selbst aus, er entsteht erst in Ihrem Kopf. Unsere Kriterien haben sich im Laufe unserer Biographie durch Lernprozesse herausgebildet. Doch unsere Biographie ist längst nicht beendet, und wir werden unser Leben lang lernen. So können Sie Ihren Pool an potenziellen

Partnern und Ihre Möglichkeiten, Erfahrungen zu sammeln, ständig ausbauen und Menschen oder Begebenheiten eine Chance geben, von denen Sie bisher dachten, sie wären nichts für Sie.

Wenn wir offen und flexibel bleiben, wird auch unser Leben bunt und vielfältig bleiben. Sie entscheiden, wer ein Prinz ist und wie Ihr gemeinsames Märchenland aussieht! Verinnerlichen Sie diese Erkenntnis. Sie könnte Sie in einen Lebensabschnitt führen, in dem Sie nie wieder neben dem Telefon auf einen Anruf warten.

Schlussworte

Doro: Manchmal bin ich ein wenig deprimiert. Die Leute wissen ja nicht, wie es in mir aussieht. Sie denken, ich bin diese fabelhafte Frau mit den geschmackvollen Klamotten, die einen vielversprechenden Job hat und tolle Freunde und eine Wohnung mit Südbalkon und hohen Stuckdecken und die kein Problem damit hat, allein nach Peru zu fliegen. Hey, wenn ich es mir recht überlege – sie haben absolut recht! Wo ist eigentlich der Haken an meinem Leben? Dass so eine Saftnase von Mann nicht anruft, kann ich doch nicht ernsthaft als Haken bezeichnen. Und wenn so ein Zahnarzt glaubt, er würde mit einer finnischen Tierfilmerin glücklicher werden als mit mir, soll er sich doch weiter selbst belügen. Einen Moment habe ich gedacht, ich müsste ihr die Zähne ausschlagen, aber das hat ja ein Gnu schon für mich erledigt. Aus Sympathie zu den Tieren habe ich einer Stiftung zur Rettung afrikanischer Nationalparks übrigens eine Spende zukommen lassen.

Es gibt noch so viele Möglichkeiten, und wenn ich die Liebe meines Lebens niemals finde, war es die Sache trotzdem wert. Manchmal beneide ich verheiratete Freundinnen wie Vera, und ich bin sicher, manchmal beneiden sie mich. Ich habe jedenfalls noch viel Zeit, und den Terror mit der biologischen Uhr mache ich nicht mit. Wenn meine Fabrik eines Tages geschlossen ist, adoptiere ich eben, was Angelina Jolie und Madonna mir übrig lassen. Wie gesagt, es gibt noch so viele Möglichkeiten. Wenn ein vermeintlicher Prinz plötzlich nicht anruft oder sich sonstwo mit seinem beknackten Gaul aus dem Staub macht, ist das eben eine Lektion, die ich zu dem Zeitpunkt lernen musste. Was ja nicht heißt, dass es nicht trotzdem weh tun kann.

Vera: Es gibt zu viele Möglichkeiten. Sie lassen mich manchmal zweifeln. Ein kleiner Flirt auf der Straße, und ich geh mit dem seltsamen Gefühl einer verpassten Chance nach Hause. Dann sehe ich meinen Mann: Gibt er sich eigentlich noch Mühe? Sollte er ein paar Zentimeter mehr haben? Groß genug ist er ja. Sollte er nicht auch mal was vorschlagen, was wir machen können? Ist es das Nonplusultra, sich abends mit langweiligen Paaren zu treffen, die es witzig finden, wenn wir herausfinden, dass unsere Kinder in dieselbe Kita gehen? Kann mir jemand sagen, was daran witzig sein soll? Hätte ich damals in Kalifornien bleiben sollen? Ist es woanders besser? Ich habe beschlossen, mich von den ganzen Möglichkeiten, die es (scheinbar) heutzutage gibt, in einer Zeit, in der sich jedes Ziel per Flugzeug und jeder Mensch per Internet oder Handy erreichen lässt, nicht terrorisieren zu lassen. Ich arbeite lieber mit dem, was ich habe, und versuche, das Beste daraus zu machen. Ich bin überzeugt davon, dass ich gerade da bin, wo das Universum mich haben will.

Ich denke, sowohl Doro als auch Vera sind auf dem richtigen Weg: Wir sollten an uns, unserem Umfeld und unserer Lebenswirklichkeit arbeiten. Das ist das Material, aus dem wir unser Schloss erbauen können. Befassen wir uns lieber mit der Wirklichkeit unseres eigenen Lebens statt mit einem Leben, das wir vielleicht führen könnten oder das andere führen.

Der Schlüssel dazu ist es, an unseren Einstellungen zu arbeiten, unsere Wahrnehmung zu schärfen, unsere Kommunikation zu verbessern und damit auch die Verbindungen zu den anderen Menschen. Sie können nicht alles ändern, aber Sie können manches anders betrachten als bisher.

Ich hoffe, dass Sie irgendwo in diesem Buch Hinweise gefunden haben, die speziell für Sie eine Anregung sind, das zu tun. Und haben Sie die Gewissheit: Wenn Sie bereit sind, immer dazuzulernen, und sich für Möglichkeiten öffnen, wird jeder Prinz, der anrufen soll, auch tatsächlich bei Ihnen anrufen. Früher oder später.

Quellen

Barthes, Roland: Fragmente einer Sprache der Liebe. Suhrkamp, Berlin, 1988.

Berger, Peter L./Luckmann, Thomas: Die gesellschaftliche Konstruktion der Wirklichkeit. Fischer Verlag, Frankfurt, 1980.

Fischaleck, Fritz: Bevor die Fetzen fliegen. Faires Streiten in der Partnerschaft. Herder, Freiburg, 1995.

Fromm, Erich: Die Kunst des Liebens. Ullstein Verlag, Berlin, 2005.

Giacobbe, Giulio Cesare: Wie Sie Ihre Hirnwichserei abstellen und stattdessen das Leben genießen. Wilhelm Goldmann Verlag, München, 2005.

Giacobbe, Giulio Cesare: Zum Buddha werden in 5 Wochen. Wilhelm Goldmann Verlag, München, 2007.

Hubbert, David/Hubbert, Wendy: Das verflixte erste Jahr. Ein Crashkurs für Hochzeits- und andere Paare. Fischer Verlag, Frankfurt, 2003.

Mannschatz, Marie: Buddhas Anleitung zum Glücklichsein. Deutscher Taschenbuch Verlag, München, 2010.

McLuhan, Marshall: Die magischen Kanäle. Verlag der Kunst, Dresden, Basel, 1995.

Schwarz, Aljoscha A./Schweppe, Ronald P.: Praxisbuch NLP. Südwest Verlag, München, 2000.

Schuldt, Christian: Klatsch! Insel, Frankfurt a. M., Leipzig, 2009.

Schulz von Thun, Friedemann: Miteinander reden 1–3. Rowohlt Taschenbuch Verlag, Hamburg, 1991–1998.

Tannen, Deborah: Du kannst mich einfach nicht verstehen. Warum Männer und Frauen aneinander vorbeireden. Mosaik bei Goldmann, München, 1998.

Watzlawick, Paul: Anleitung zum Unglücklichsein. Piper Verlag, München, 1983.

Watzlawick, Paul: Vom Schlechten des Guten. Piper Verlag, München, 2010.

Watzlawick, Paul: Wie wirklich ist die Wirklichkeit? Wahn, Täuschung, Verstehen. Piper Verlag, München, 1995.

Wolf, Doris/Merkle, Rolf: Gefühle verstehen, Probleme bewältigen. PAL Verlagsgesellschaft, Mannheim, 2003.

Zilbergeld, Bernie: Männliche Sexualität. Forum für Verhaltenstherapie, München, 1983.

Oliver Stöwing

Wann kommt denn endlich der blöde Prinz auf seinem dämlichen Gaul!

100 Tipps, wie Sie Ihren Traummann finden

Die gute Nachricht vorweg: Es gibt genügend Männer auf der Welt, die genau wie jede Frau eine Beziehung wollen. Doch wie gelingt es IHR, den Prinzen zu finden? Der »Frauenflüsterer« Oliver Stöwing weiß, wie es klappt. Auf der Basis von NLP-Techniken und Methoden aus der Kommunikationspsychologie coacht er jede Frau. Er zeigt, wie sie ihre inneren Ressourcen aktivieren kann, wie sie die Mechanismen der Dating-Welt erkennt, sie knackt und verinnerlicht, um dann mit dem Auserwählten glücklich zu werden.

KNAUR TASCHENBUCH VERLAG